唐史並不如煙

壹 大唐開國

曲昌春◎著

目錄

王朝更替，
那一場擊鼓傳花的遊戲

第一章

人生就是一杯酒

酒，毒酒！

月，冷月！

西元九〇八年三月二十六日，唐朝最後一個皇帝李柷走到了人生的十字路口，他知道這一天早晚會來，只是沒有想到來得這麼快。

屈指算來，也就是一年前，李柷接到了權臣朱溫的明示：小李，該禪讓皇位了。

「禪讓」，多麼崇高的一個詞語，此時卻變得俗不可耐，從北周到隋、從隋到唐、從唐再到朱溫的後梁，每一次權力的交替都以「禪讓」為名。一切看上去很美，一切又看上去那麼俗氣，因為誰都知道所謂「禪讓」就是虛張聲勢的一個名詞，權力交替哪次不是赤裸裸地搶奪，所謂「禪讓」就是皇帝的新裝。

對於李柷而言，這個皇帝當又何喜，不當又何憂，原本他就不想當。唐王朝在他父親李曄的末期就已經到了終點，父親和自己都不過是朱溫手裡的稻草人，除了煞有介事地以天子之名嚇唬一下藩鎮，剩下的作用大概就是恐嚇一下麻雀了。

父親李曄已經死於朱溫之手，自己這個皇帝則是比父親還要傀儡的傀儡，儘管在自己手上唐王朝又延續了三年，然而這何嘗不是行屍走肉的三年。

有的人死了，但他還活著；有的人活著，但他已經死了。

唐王朝在李柷手上只是一個活死人。他知道朱溫遲早要動手，只是時間早晚。

接到朱溫的指示之後，李柷馬上下詔禪讓皇位，沒想到居然還遭到了朱溫的再三拒絕，此時的李柷只有一個權力，那就是不准朱溫拒絕。「強迫」朱溫取代自己當皇帝，這恐怕是最無可奈何的權力，也是最欲哭無淚的權力。

西元九〇七年四月二十二日，朱溫建立後梁，改名為朱晃（取日之精華），改年號為開平。從這一天開始，中國歷史上最輝煌的大唐王朝結束了，從六一八年開始風雲近三百年的王朝終結了。

一個風雲數百年的朝代，總是以一群強者英武的雄姿開頭，而打下最後一個句點的，卻常常是一些文質彬彬的淒怨靈魂、孤魂野鬼，李柷正是其中之一。看著眼前的毒酒，李柷沒有選擇，他只能選擇喝，儘管這個選擇很難，但事已至此，他反而更加釋然。

世上最可怕的不是死，而是等死，世上最可怕的不是死亡的結局，而是在惶惶不可終日之中不知道死亡的方式。現在答案揭曉了，心中那塊忐忑不安的石頭也終於落了地。

從北周到隋、從隋到唐、從唐到後梁，世事的變換就是一杯毒酒。北周靜帝宇文闡、隋恭帝楊侑、唐哀帝李柷，他們的結局都是一杯毒酒。他們的先祖們怎麼也不會想到，他們綁架了皇位，而皇位也綁架了他們的子孫，他們騎到了皇位這隻老虎身上，而他們的子孫最終還是要被這隻老虎吞噬。

杯空，酒殘，月冷，星稀。

一個孤寂的身影在月夜中倒地，一個人的人生在無聲無息中終結，一個王朝的輝煌以一杯殘酒作為結束，從此歷史翻過新的一頁，從此唐朝已成背影，已是往事。儘管人不能改變很多東西，但時間會改變一切，時間會漸漸擦去唐朝的痕跡，直到那一切徹底成為歷史。

不過，無論過去多少代、多少年，透過歷史的塵埃，拭去歲月的浮塵，在不經意間卻會發現，其實唐史並不如煙。

誰動了我的唐朝

風雲際會的三百年結束在文弱的李柷身上，這個答案很明確，然而另一個問題的答案似乎不那麼明確，唐朝究竟是誰開創的？到底是李淵，還是李世民？

這個看似很簡單的問題被李世民搞複雜了，當時的人們都知道是李淵開創了唐朝，而李世民之後的史料卻有意或無意地告訴後人，「唐朝是李世民開創的，李淵只是沾了兒子李世民的光！」李世民開創唐朝的說法影響了無數代的人，至今還有很多人相信，唐朝就是李世民開創的，李淵是開國皇帝的爹。

大文學家、大歷史學家范文瀾先生說：「李淵只是憑藉自己的貴族身分和兒子李世民的努力當上皇帝。」事實真是這樣嗎？其實未必。

那個一生以諷諫作為事業的魏徵曾經對李世民說過一句話，「不要以為一雙手可以蒙住全天下的眼睛」，但已經貴為皇帝的李世民自然不肯相信這句話，於是他努力洗刷父親的痕跡，清除父親的影響，經過他的不懈努力，他幾乎成功了。當時的官方的每一版記錄都彰顯了李世民的英明神武，同時反襯了李淵的平淡無奇，老子被兒子算計到這個程度，李淵這個老子當得夠窩囊。

有的人一輩子活在父親的陰影下，比如康熙的兒子雍正；有的人一輩子活在兒子的陰影下，比如乾隆的老爹雍正。

李淵的遭遇跟雍正非常類似，他之前的皇帝和之後的皇帝都比他耀眼，因此注定他就要活在雙重陰影之下。

在他的前面，是罄竹難書的亡國之君，隋煬帝楊廣；在他的後面，是名垂青史的治世明君，唐太宗李世民。

兩個光芒四射的君王將李淵夾在中間，於是注定歷史上的李淵無法光芒四射，形象不會豐滿，在亡國之君與明君之間，他注定只是一個匆匆過客。

毫無疑問，唐代的史料已經經過官方修改，但真實的歷史還是會流傳，因為真正的歷史並不在官方編修的史書裡，而是在芸芸眾生的口裡、在每個人的心裡。

幸運的是，跟隨李淵起兵的溫大雅忠實地記錄了晉陽起兵的前前後後，所有的記錄彙集成冊，就成了史料價值甚高的《大唐創業起居注》。當時溫大雅擔任李淵的秘書，他的視角雖然不排除有對李淵的阿諛奉承，但還是基本真實地記錄了晉陽起兵的前前後後。

從書裡我們可以知道，建立唐朝，李淵是總設計師，李世民則是一個能力很強的泥瓦匠，而且這個泥瓦匠的功勞在起兵初期並不比隱太子李建成多，因為當時哥倆分別率領左右兩軍，他們是父親的左膀右臂。

只是李世民這個泥瓦匠最後掌握了書寫歷史的如椽大筆，於是李世民成了總設計師，而他的父親李淵變成了泥瓦匠，至於他的哥哥和弟弟則成了可有可無的建築小工。事實上也只有這樣，「玄武門之變」才有了正統的意義，「不是謀反，不是打劫，只是拿回屬於自己的東西。」

歷史從來不否認李世民的文治武功，更不曾否認李世民在唐初平定天下的功績，然而主角與配角的戲份還需要分清楚，不能因為配角的耀眼就掩蓋了主角的光芒。

我們試著將唐高祖李淵和漢高祖劉邦進行一下對比，李淵在建立唐朝過程中主要倚重三個兒子，而劉邦創立漢朝時倚重的則是漢初三傑蕭何、韓信、張良。歷史承認漢初三傑的歷史功績，同樣承認漢高祖劉邦的雄才大略，那麼歷史在承認李世民文治武功的同時，為什麼不能同樣承認李淵的雄才大略呢？

有人說李淵的功績平平，也有人說劉邦不學無術，實際上這都不影響他們成為一代開國君王。作為最高領導者不需要面面俱到，不需要獨當一面，只需要做到「融和」兩個字。這是世界上最簡單的兩個字，同時也是最難的兩個字，做到了這一點，開國並沒有想像中那麼難。

最高領袖的最高境界不是什麼都會，而是看上去什麼都不會。

這句話適用於劉邦，適用於李淵，同樣也適用於項羽。

什麼都會的項羽失去了所有的一切；什麼都不會的劉邦卻贏得了大漢江山；李淵同樣看上去什麼都不會，但並不妨礙他開創唐朝，締造大唐王朝的風雲三百年！

唐朝是李世民的，更是李淵的，別動李淵的唐朝！

李淵的前世今生

說起李淵，總體說來他是個可憐孩子。

都說人生有三大不幸：早年喪父，中年喪妻，晚年喪子，一個人一生遇上其中一件就很不幸，不幸的是李淵居然連續遇上了三次。六歲時，父親去世了，從此他成了沒爹孩子；中年時，愛妻去世了，從此他失去了一生所愛；武德九年六月四日那一天，他一下失去了兩個兒子，太子李建成和齊王李元吉，而動手的是另一個兒子：秦王李世民。人生三大不幸集於一身，李淵不是倒楣孩子誰又是呢？

倒楣歸倒楣，不幸歸不幸，面對不幸和倒楣時，人們要做的不是向命運低頭，而是微笑著面對生活。在別人看來的人生三大不幸，其實對於李淵而言又是人生三大幸。

早年喪父，讓他六歲就襲了唐國公的爵位，這為他日後的人生打下了基礎；中年喪妻，讓他在中年實現了換妻的夢想，從此可以在美女叢中為所欲為；晚年喪子也沒有讓他過度悲傷，因為他總共有二十二個皇子。

三大不幸，三大幸，事情的本身並沒有變化，變化的只是看問題的角度。

說完了李淵的三大不幸，該說說李淵的出身了，難題又來了，他究竟是漢人還是鮮卑人呢？有人說他是漢化的鮮卑人，也有人說他是鮮卑化的漢人。李淵的先祖們生活在民族大融合的年代，想說清楚他到底是鮮卑化的漢人，還是漢化的鮮卑人，這又是一個世紀難題。現在唯一肯定的是他身上至少有二分之一的鮮卑血統，因為他的父親李昞娶的是北周貴族獨孤信的四女兒，獨孤信一家具有相對純正的鮮卑血統。

說起獨孤信，這個老爺子非常神奇，他跟隨宇文泰一起打天下，後來他的三個女兒分別嫁給了北周皇族、隋朝皇族、唐朝皇族。大女兒嫁給了宇文泰的兒子宇文毓，四女兒嫁給了李淵的父親李昞，七女兒嫁給了隋朝開國皇帝楊堅。三個女兒，三個朝代的皇后，這樣顯赫的家庭恐怕只有近代的宋氏三姐妹可以媲美了。

還是回過頭來說李淵的DNA，想弄清他的DNA確實比較難。按照武德元年確認的譜系，李淵認可的譜系是這樣的：南北朝時期西涼開國皇帝李暠是李淵的先祖，而李暠追認的先祖是漢代名將李廣。李暠生子叫李歆，西涼國傳到李歆就為北涼所滅。滅國之後李歆的兒子李重耳逃到了南朝的宋國。李重耳生子李熙，李熙生子李天賜，李天賜生子李虎，而李虎就是李淵的祖父。

事實上每個開國皇帝都會弄一個自己認可的譜系表，李淵的這個譜系表其實很牽強。為了證明自己有當皇帝的命，於是認西涼開國皇帝李暠為先祖，其實李暠不是真正的皇帝，他只是一個小割據政權的代表，而這個代表的身分還是手下的段姓將領怕自己不服眾而強加給他的；這個譜系的另外一個破綻出現在李重耳身上，據《魏書》記載，歷史上根本沒有李重耳這個人。

李唐皇族的譜系一直在傳承，到唐高宗李治時代，譜系又發生了新變化，譜系從漢代飛將軍李廣扶搖直上，又找了一個更加顯赫的遠祖——老子李耳。然而老子李耳與後世的李重耳只差一個字，既然作為老子的後裔，那麼又為什麼不為祖先避諱呢？

英雄莫問出處，命運在自己手中！

中國人重出身，所以每個皇帝都想把自己的出身說的神乎其神，李淵也脫不了這個俗套。其實為李淵打下堅實基礎的不是那所謂的西涼開國皇帝李暠，而是祖父李虎。

用今天的眼光來看，李虎是李淵祖上艱難闖天下的第一代，李虎的出身是極為普通的河北趙郡李氏，而不是紅極幾百年的隴西望族李氏。李虎靠的不是出身，而是自己一刀一槍建立戰功。他一直追隨的老闆是宇文泰，後來他與宇文泰等八人並稱為西魏的八柱國，李淵一家的發跡是從李虎成為八柱國之一開始。

八柱國和十二將軍是宇文泰為「府兵制」設立，宇文泰則是「府兵制」的創始人。「府兵制」簡單的說就是平時為民，戰時為兵，農閒時集中訓練，這樣農業生產和行軍打仗兩不誤。為了管理府兵，宇文泰設立了八柱國和十二將軍。宇文泰和元氏皇族並列為最高元首，宇文泰實權在握，元氏皇族負責以皇族身分帶頭鼓掌，說穿了是個擺設。

其他六個柱國則是實打實的虎將，六柱國下面對應十二將軍，每一個柱國管理兩個將軍，每個將軍下面再管理兩個府，而在無形間也創造了北周、隋、唐三朝的貴族政治。

翻看柱國和將軍名單，會發現這個世界太小了。八柱國和十二將軍中對三朝政治有巨大影響的總共有五人。分別是柱國宇文泰（**兒子宇文覺建立北周**）、李虎（**孫子李淵建立唐朝**）、李弼（**曾孫李密起兵反隋**）、獨孤信（**三個女兒，三朝皇后**）及將軍楊忠（**兒子楊堅建立隋朝**）。

北周、隋、唐，所謂朝代更替，實際就是一場貴族後裔擊鼓傳花的遊戲。

這些顯赫貴族除了關係接近，他們中的大多數人居然都來自同一個地方——武川鎮，今內蒙古呼和浩特市的武川縣。

從武川這個地方先後走出了北周皇族、隋朝皇族、唐朝皇族，別的地方特產不是吃的就是喝的，武川的特產最特別——皇帝。或許武川的旅遊管理部門可以做一個主題宣傳，在武川的高速公路旁豎起一個碩大的看板，「歡迎來到皇帝的高產良田——武川」。

成功？
我才剛上路！

第二章

在楊家的屋簷下

說起唐朝，誰都想一下進入那風雲際會的三百年，但翻看史料卻會發現，要說唐朝始終繞不過隋朝，不把隋朝交代清楚，唐朝就如同無源之水、無根之木，想要說清楚唐朝的開創，就不得不跟隨李淵從隋朝說起。

幾乎每個朝代都是自己滋生了自己的掘墓人，隋朝同樣如此，李淵就是沐浴著隋朝的陽光，開創了屬於自己的王朝，然而李淵其實是含著黃連開始了自己的人生路。

儘管頭頂有唐國公爵位，李淵還是感受到了世態炎涼。父親尚在時，家裡高朋滿座，父親故去後，家裡有的只是淒涼，以前別的孩子看他的目光是羨慕，如今看他的目光則變成了同情。不過李淵也不是完全無依無靠，至少他的姨媽還是很關照他的生活，姨媽不是別人，正是楊廣的老媽獨孤皇后。

獨孤姨媽恐怕做夢也沒有想到，自己一直庇護的外甥有朝一日會造了自己家的反，從這個角度而言，獨孤皇后就是隋朝的隱形殺手。一方面她幫楊廣獲得了帝位，而楊廣將隋朝帶上了不歸路；另一方面她培養了顛覆自家王朝的外甥李淵。人始終無法走到時間前頭，如果知道後來的結果，獨孤皇后是否還會有當初的行為呢？

流傳至今的《舊唐書》和《新唐書》繼續著為帝王裝飾的傳統，在帝王本紀裡都把李淵說得英明神武，從小胸懷大志，實際上真實的李淵不是這個樣子。

總體來說，李淵的前半生乏善可陳，總結下來就是幾句話，一個姨媽獨孤皇后，一個愛妻竇氏，一個表弟隋煬帝楊廣，三個兒子建成、世民、元吉。

值得一提的是，這三個兒子是他與竇氏精耕細作的產品，後面那些兒子則是他與眾多美女在工業化流水線上生產。有些兒子甚至一生都沒有跟他說上幾句話，所以說皇子並不是天底下最幸福的人，一輩子跟皇上爹爹都說不上幾句話，這樣的兒子幸福嗎？

回過頭接著說李淵的前半生，李淵的前半生就是寄居在楊家的屋簷下，過的就是姨媽家的日子。姨媽家的發家過程，他看在眼裡、記在心裡，只是那個時候連他自己都不會想到，在將來的某一天他會照著姨父的方子照方抓藥。

在他剛記事的時候，他家的日子比姨媽家過得好，因為他的爺爺是柱國級別，而楊家爺爺是將軍級別。用現在的軍事編制換算，柱國相當於大軍區司令員，將軍相當於集團軍軍長，兩個老爺子級別之差非常明顯。

好景不長，隨著老爹去世，李淵家的日子就開始走下坡路，與此同時楊家的日子蒸蒸日上，表弟楊廣的頭抬得越來越高。又過了幾年，楊家的日子更加美好，楊廣的姐姐被立為北周皇后。那一年李淵十二歲，楊廣九歲，從此之後李淵需要仰視楊廣，因為人家是皇帝的小舅子。又過了三年，形勢又發生了巨變，姨父楊堅居然篡奪了北周皇位，自己當了皇帝，這下李淵只能趴在地上仰視楊廣，因為人家是貨真價實的皇子了。

有時候想想，生活很有意思。北周與隋的皇權變更，反映的竟然是李楊兩家生活品質的變遷，這大概就是人們所說的「三十年河東，三十年河西」吧！

據說建立隋朝時，原來封號為隨國公的楊堅好幾個晚上沒有睡好覺，他想把國號定為隨，可又嫌這個「隨」字有個「走之」旁，他心裡忌諱，生怕這個朝代長著腿跑了。愁白了無數根頭髮之後，楊堅想到了一個辦法，把腿去了不就好了嗎？因此「隨」就變成了「隋」，這就是歷史上隋朝的由來。

老奸巨猾的楊堅不會想到，儘管他的「隋」朝不會長腿跑了，但這個王朝卻無法抵禦民變流沙的侵襲，為這個王朝蓋上棺材板拍上最後一鐵鍬的居然是他一直重點提拔的外甥李淵，玩了一輩子鷹，最後被蒼蠅蹬瞎了眼。

我的偶像姨父楊堅

有的人一出生跟隨父親，有的人一出生跟隨母親，李淵跟隨的人非常奇怪，從他的一生來看，他跟隨的是他姨父——楊堅！

巧合的是，李淵的成長期正好是楊堅的奮鬥期，而從隋唐兩代的歷史來看，李淵和姨父楊堅有很多地方非常相似。

李淵的父親很早去世，留給李淵的記憶也是模糊的，而李淵對於姨父楊堅的印象卻是深刻的。因為他見證了姨父的步步為營，一步一個臺階，從成為皇帝的奮鬥過程而言，他與他的姨父居然有著驚人的類似。

都說每一個人從小就要有遠大理想，其實不盡然，遠大理想是要靠不斷修正，而不是一成不變的。比如楊堅、比如李淵，他們小的時候未必就有當皇帝的夢想，因為他們不是皇族，想當皇帝只能造現任皇族的反，世上有從小就以造反為遠大理想的嗎？恐怕沒有，如果有，那就是太有才了。

楊堅和李淵一樣，他們原本只是凡人，他們的生活方式也是隨波逐流，能在現任皇族的屋簷下混碗飯吃就足夠了，至於當皇帝想都別想，那可是滅族的罪。然而造化就是這樣捉弄人，兩個人都是在四十歲以後看到了當皇帝的希望，楊堅登基時四十一歲，李淵登基時五十二歲，楊堅已經不惑，李淵則是知天命的年紀。

兩個人同樣都是從短命王朝手中奪得皇位，楊堅搶劫的是北周，李淵搶劫的是隋，北周立國二十五年，隋朝立國三十八年。

兩個人搶劫的都是小皇帝，楊堅搶的小皇帝是北周靜帝宇文闡，時年九歲；李淵搶的是隋朝恭帝楊侑，時年十四歲。一個是小學生，一個是初中生，總體來看，兩個大人都挺不要臉。

兩個人還有其他的相似，楊堅搶的小皇帝從輩分上算，算是楊堅的外孫（**不是血親，女婿宇文贇的兒子，不是楊皇后所生**）；李淵搶的小皇帝從輩分上論，算是李淵的孫子輩（**表弟楊廣的孫子**）。

西元五八一年，對於李淵和楊堅都是特殊的一年，這一年，楊堅奪取了外孫家的江山自己稱帝，也是在這一年，李淵明白了一個道理，「在皇位面前，沒有道德可言。」

有樣學樣，李淵看在眼裡，記在心裡，默默地在心中念叨，「姨父，你是我的好榜樣！」

榜樣的眼淚

都說榜樣的力量是無窮的，可又知道榜樣的內心有多苦，別人都看到了楊堅吃肉，可誰又看到他挨揍呢？

楊堅奪取皇位的過程看起來很簡單，但做起來非常難。楊堅的女兒嫁給了北周宣帝宇文贇，這個宇文皇帝實在不是個令人放心的主，跟後來的隋煬帝楊廣相比，宇文贇更像一個標準暴君。

根據《資治通鑑》的記載，二十歲的宇文贇一登上皇位就暴露出自己的惡棍本性，對著老爹的棺木，宇文贇毫無悲傷之色，反而摸著被老爹體罰產生的傷疤狠狠地說了這樣的一句話，「老東西，死得太晚了！」罵完老爹，宇文毓巡視老爹的後宮，看著後宮的美女怒氣就不打一處來，一氣之下就把她們趕到了一個地方，當然這個地方也很特別。他的床上！

宇文贇的事蹟先說這麼多，總之大家記住這個皇帝不是一個省油的燈！楊堅愛女楊麗華就是嫁給了這樣的一個皇帝，儘管楊小姐是皇后，可惜是並列的，宇文贇先後封了四個皇后。按照宮裡的說法，楊小姐相當於正皇后，其餘三位相當於是副皇后，然而實際上她們的排名不分先後，因為在宇文贇的眼裡，她們都只不過是玩物而已。

因為有皇后父親的身分，楊堅受到宇文皇族的猜忌，畢竟楊堅算外戚，而外戚古往今來都是對皇權威脅最大的勢力。根據記載，有一次宇文贇在皇族的鼓動下動了殺機，他把楊堅叫進了皇宮，並吩咐左右，「如果他表情跟平常不一樣，就砍死他！」（若色動，即殺之）

事實證明，楊堅的心理素質過硬，明明已經看到了刀光劍影和宇文贇那張扭曲變形的臉，然而他愣是裝得跟平常一樣，當什麼事都沒有發生。智商不高的宇文贇想當然地認為楊堅是沒有問題的，按照他的理解，如果有問題早就扛不住了。然而這就是宇文贇和楊堅的區別，一個喜怒形於色，一個喜怒不形於色，僅僅差了一個「不」字，差的可是幾十年的功力。

楊堅能迅速奪取政權，還是要拜大頭女婿宇文贇所賜。宇文贇確實太與眾不同了，別的皇帝只有一個皇后，他一下立四個。別的皇帝不到死的那一天絕不撒手皇位，他不一樣，二十歲登基，二十一歲宣布自己為太上皇，從皇帝到太上皇居然不到一年的時間。這世界上真有願意當太上皇而不願意當皇帝的人嗎？或許有吧，宇文贇就算一個。

宇文贇可能要算北周皇帝中最荒唐的一個，他封了四個皇后還不算，他還冊封了第五個皇后。按說封皇后是他自己的事，別人干涉不了，只不過這第五個皇后封得實在有點荒唐。

事情的起因是這樣的，有一天宇文贇堂兄的兒媳婦以皇族家屬身分進宮拜見，沒想到宇文贇一眼就看上了這個侄媳婦，見色起意的宇文贇把侄媳婦灌醉寵幸了。得知消息的堂兄丟不起這個臉，於是起兵造反，最後連同兒子一起被殺，那位漂亮的侄媳婦因此也就順理成章地成為宇文贇的戰利品。為了體現對這個戰利品的重視，他愣是破了自己的規矩封了第五個皇后，由此看來，皇后職稱也太不值錢了。

了解了宇文贇的作風，就可以體諒楊堅的艱難，給一個好人打工簡單，給一個惡棍打工是難上加難。所以當劫後餘生的楊堅回首前朝往事的時候，眼淚就跟斷了線的珠子一樣，那可真不是人過的日子。

世界上從來沒有白受的苦，經過多年的煎熬，楊堅終於迎來了好日子，惡棍女婿宇文贇歸天之後，楊堅趁機奪了女婿的家產，搖身一變，隨國公就變成了大隋皇帝。

古來政權變更之易，莫過於隋！

起點：千牛備身

楊堅登上了帝位，李淵也得到了人生的第一份工作：千牛備身。

千牛備身是個什麼職位呢？說白了就是御前帶刀侍衛。千牛指的是皇家的千牛寶刀，備身指的就是帶在身上了，所以李淵第一個工作就是御前帶刀侍衛，負責保衛姨父的安全。千牛備身儘管看起來不太起眼，要求還很高，至少得達到「政治合格，軍事過硬，作風優良，保障有力」。

「政治合格」不用說了，至少祖孫三代歷史清白，不能有歷史污點，這一點李淵有優勢，而且獨孤姨媽還可以當他的保證人。

「軍事過硬」也沒問題，李淵曾經創下射箭七十發七十中的戰績，別人射完箭一般找不回來，而李淵的箭射出去肯定能在敵人的屍體上找到，而且一枝都不少，這個箭法護衛皇帝正好用得上。

「作風優良」要求能吃苦，一般貴族子弟做不到這一點，而李淵卻能做到，因為他的父親很早去世，生活的艱難讓他比其他貴族子弟更能吃苦。

「保障有力」更沒有問題，有武藝、能吃苦、政治合格，而且還有很好的提升空間，李淵的保障肯定有力。

穿上千牛備身的制服，李淵的自豪感油然而生，千牛備身相當於士兵裡的特種兵，一當兵就從特種兵當起，這個起點可比一般人高得多。不過上班的第一天，李淵發現了一個很嚴重問題。

什麼問題呢？吃飯問題！

吃飯怎麼還能成為問題呢？御前帶刀侍衛還需要發愁吃飯嗎？答案是肯定的，因為楊堅根本沒有時間觀念，一開起會來根本就停不下來。

楊堅在裡面開會，李淵在旁邊站崗，早就過了飯點，肚子鬧起了意見，李淵別過頭問一個老兵，「大哥，咱什麼時候開飯啊？」

老兵撇撇嘴，「誰知道啊！」

總算聽到裡面的大臣話說乾了，意見也提完了，李淵以為姨父會宣布散會，結果楊堅說了一句話差點沒讓李淵昏過去。

「諸位臣工，我再補充幾點，我說完了大家再補充。」

得，這飯沒指望了。

隋文帝楊堅確實如此，勤政勤得有點變態，過了午飯的點不知道吃午飯，過了晚飯的點都不知道吃晚飯，太陽都下班睡一覺醒了，楊先生才想起，「呀，時間不早了！」

楊堅這樣做的一個副作用就是大家都不能按時吃飯，李淵這些大頭兵只能站在臺階上捧著盒飯隨便吃兩口，而且常年如此，這樣幾年下來，李淵和同事們都得了胃病。

這段站著吃盒飯的歲月一直印在李淵的腦海裡，他幾乎很少跟別人談起，包括他的兒子李世民。

貞觀年間，李世民曾經問房玄齡如何評價隋文帝，房玄齡回答說，他很勤政，雖然智商不高，但也算個勵精圖治之主，幾乎從來不正常下班，御前侍衛們一般都是站著把飯吃完然後接著站崗。李世民聽了心裡非常佩服，只是他不知道，在那群站著吃盒飯的侍衛中有一個就是他的父親李淵。

不過那時的李淵心中還是幸福的，畢竟能在皇宮裡站著吃盒飯也是一份不小的榮耀，不過對於皇帝這個職位，他有自己獨到的見解。在他看來，皇帝這差事實在太苦了，天天加班還沒有地方領加班費，上哪說理去呢？

豔遇：射出來的愛情

工作有著落，愛情也要抓緊。

李淵的愛情來得很突然，也很傳奇，他的愛情居然來自一場有獎射擊遊戲。

有一天李淵正在路上閒逛，突然發現前面圍著一群人，這些人正在對著屏風上的兩隻孔雀射箭，前面幾十個人都射完了，沒有一個人中獎，一個個垂頭喪氣地走開了。

李淵上前看看屏風上畫著的兩隻孔雀，心想這有什麼難的呢？抬手兩箭，兩枝支箭分別命中了兩隻孔雀的眼睛。射完箭的李淵並不知道，這兩箭居然為他帶來一生中最為美好的東西——愛情。

射完箭後，李淵也沒當回事，轉身要走，有人攔住了他。

李淵一愣，沒說射箭要收費啊，難道要收費不成？

來人不動聲色的說到，「不收費，只是恭喜你中獎了。」

「什麼獎品？」

「美女一名！」

李淵簡直不相信自己的耳朵，仔細一看，沒錯，一個長髮飄飄的美女正望穿秋水般看著他，這個美女就是李淵一生的所愛——竇氏。

說起竇氏也很傳奇，她的父親是隋朝定州總管竇毅。竇毅還有一個身分，前朝駙馬，因為他娶的是宇文泰的女兒襄陽長公主。

竇氏從小就具有神童的一切潛質，讀《女誡》、《周禮》過目不忘，三歲的時候頭髮與身齊，烏黑亮澤。她的舅舅北周武帝宇文邕非常疼愛她，從小把她養在宮中，在諸多外甥女中，她的待遇是最高的，等同於公主。

舅舅的疼愛也換來了竇氏的回報，小小年紀的竇氏居然還給皇帝舅舅提過建議。竇氏語重心長地對舅舅說：「舅舅啊，現在國家還不穩定，還得依靠突厥對咱們支持，所以你還得疼愛那個從突厥來的舅媽，儘管你不一定喜歡她！」說這話的時候，竇氏只是幾歲的黃毛小丫頭。

此語一出，宇文舅舅驚呆了，這丫頭是人嗎？簡直是神啊！從此之後，皇帝舅舅更加刮目相看，在他看來，這個女子不簡單。

有了這些傳奇墊底，竇毅竇老爺子更加疼愛這個女兒，心裡總惦記著給她找個好人家，還經常囑咐老婆說，「這個孩子貴不可言啊，可不能隨便嫁人了！」等到楊堅奪了宇文家的帝位，竇小姐在家裡憤怒異常，氣憤之餘扔出了一句話，「恨我非男子，不能救舅家禍」。

此言一出，又把竇毅給驚著了，「姑奶奶，可別說了，這可是要滅族的！」

歷史有的時候就是這樣，巧合得無法解釋，竇小姐的氣話在二十多年後居然成為了現實，他的丈夫李淵起兵推翻了隋朝，算是替她報了舅舅家的血海深仇。宇文泰如果泉下有知的話也該欣慰了，他的外孫女婿李淵替他滅了隋朝，也算了了一個心願。

經過多年醞釀，竇毅為女兒設計了「射孔雀招親」。「射孔雀招親」考兩方面能力，一是武力，一是智力。本次考試隨意發揮，應徵者每人兩枝箭，對著孔雀想射哪射哪，然而話雖然這麼說，但他的心裡早有了標準答案：射中眼睛最為優秀。

前面幾十個根本不知道該怎樣答這道題，同時那些人的箭法也無法精準射中孔雀的眼睛，結果幾十人射下來射的地方都不對。李淵最後一個出場，兩枝箭命中兩隻眼睛，竇毅一看一表人才的李淵，心中暗喜。

拉著李淵再一盤問，竇毅激動地幾乎說不出話來，原來這個獲勝者正是北周八柱國之一李虎的孫子，六歲就襲了唐國公的爵位，現在擔任皇帝楊堅的千牛備身，更關鍵的他還是獨孤皇后的嫡親外甥。

什麼是緣分，緣分就是隨隨便便射兩箭就能射出一生所愛；什麼是緣分，緣分就是在人生的拐角不經意就遭遇愛。

竇毅的驚喜還遠遠沒有結束，不久之後，已經完婚的竇小姐羞澀地告訴母親，李淵「體有三乳」（《新唐書．高祖本紀》），竇毅興奮得已經忘乎所以了，因為他知道，歷史上的周公「體有四乳」，如此說來，李淵比周公其實只差一點！

原來，這女婿真不是一般人。

尷尬：姨父離家出走了

成婚後的李淵非常幸福，因為竇小姐不僅人長得好，而且心眼也好，把全家照顧得無微不至，李淵的母親更是笑得合不攏嘴。這位苦命的獨孤皇后遠沒有妹妹風光，妹妹的皇后身分是現任，而她的皇后身分是追認的，而且她的一生也很坎坷，四個兒子，李澄、李湛、李洪、李淵，前三個全部早卒，而且李澄和李洪連子嗣也沒有留下，這無疑是老太太一生中最深的痛。還好現在有了竇氏，老太太的心情才逐漸平復了下來。

李淵一家過上了幸福的生活，姨父一家卻出了狀況，什麼狀況呢？

姨父楊堅離家出走了！

皇帝居然離家出走，這是什麼世道啊？

為什麼？被獨孤皇后逼的！

獨孤皇后這個人什麼都好，就是有一點不好，嫉妒，而且越老越嫉妒。隋文帝楊堅總共有五個兒子，這五個兒子都是獨孤皇后所生，並不是楊堅不想廣有子嗣，實在是獨孤皇后看得太緊，管得太嚴，久而久之楊堅心中也有了心理障礙。即使跟別的美女雲雨，品質也不高，再加上年齡也不饒人，所以楊堅的兒子數量就定格在五個，一統天下二十多年，居然一個子嗣也沒有增加，這注定是他心中永遠的遺憾。

本來情況還有改觀的可能，可惜這個趨勢還是被獨孤皇后給無情中止了。

這些天楊堅正寵幸一個姓尉遲的女子，彼此感覺非常不錯，可能是尉遲小姐被寵幸之後有點高調，讓獨孤皇后很不舒服，索性趁著楊堅上朝的工夫，獨孤皇后處死了尉遲小姐，就這樣楊堅和尉遲小姐的愛情剛開了個頭就收了尾，楊堅能不崩潰嗎？

太過分了，太過分了，有這麼欺負人的嗎？

一氣之下，楊堅打馬出了皇宮，李淵和其他千牛備身只能遠遠地在後面跟著，誰也不敢上前去勸，這節骨眼皇帝正在氣頭上，誰上去勸就等於給九族找墳地，誰去找那不痛快呢？

還好有高熲、楊素，兩個老臣衝了上去，楊堅看著兩個老臣，一聲歎息，「我貴為天子，怎麼連泡妞的權力都沒有呢？」（吾貴為天子，而不得自由！）

高熲趕緊接話，「陛下啊，你怎麼能為一個老娘們而輕視天下啊！」（陛下豈以一婦人而輕天下！）哎，禍從口出，高熲高大臣就因為這句話被獨孤皇后記恨了一輩子，「敢說本宮是老娘們！」

原本高熲和獨孤皇后之間還是非常有情誼，高熲的父親曾經長期為獨孤信老爺子效力，後來一度還被賜姓獨孤，因此獨孤皇后稱呼高熲從來都是「獨孤」，意思是根本不當外人。現在高熲一句話把幾十年的感情給喊沒了，所以說言多必失，尤其是皇帝面前，少說兩句沒人把你當啞巴賣了。

最後，在高熲、楊素的調解下，獨孤皇后痛哭流涕地向皇上承認了錯誤，兩人重歸於好，只是嫉妒的種子自此在孤獨皇后的心裡紮了根。

外放，插上夢想的翅膀

目睹了姨父與姨媽的戰爭，李淵著實有點尷尬，姨父和姨媽也有點彆扭，弄點緋聞馬上就傳到親戚耳朵裡，以後家庭聚會實在不好意思打招呼。再說李淵當千牛備身已經有幾個年頭了，是時候給李淵升個官。

說起官職，李淵心裡也有點不自在，自從姨父當上皇帝之後，李淵在表弟楊廣面前頭就沒抬起來過，人家楊廣十三歲就被封為晉王，并州總管（大軍區司令級別）。自己呢，十六歲才當上大頭兵，而且每天還得站著吃盒飯，所以這個世界是不公平的，人比人就得氣死人。後來經過了三十來年的努力，李淵終於當上太原留守，這下才勉強追平了楊廣十三歲時的紀錄。

對著大隋地圖，姨父楊堅在「譙州」這個地方劃了一個圈，就去那裡吧，先從刺史做起。

楊堅廢除了州、郡、縣三級體制，改成了州、縣兩級體制，相當於現在的地級市、縣級市。李淵外放的起點是譙州刺史，按照隋朝官制，譙州這樣的州屬於中等，州刺史的級別為正四品，這個級別可不低了，比御史大夫也就低一個級別。當然楊堅不會想到，自己給李淵插上夢想的翅膀之後，李淵居然有一天會用翅膀掀翻了自己的王朝。

李淵的譙州是個什麼樣呢？這個州對應的是現在安徽省的亳州市，當時管著六個縣，七萬四千多戶，在當時算是比較大的州了。

從長安來到譙州，李淵感到重任在肩，從一個管刀的上升成一個管幾十萬人口的地方大員，這個擔子可不輕。當時的李淵實在太不起眼了，甚至在歷史上都沒有留下他在譙州的事蹟，我們只知道他豁達開朗、性格率真，領導關係和群眾關係都非常好（**倜儻豁達，任性真率，寬仁容眾，無貴賤咸得其歡心。**《新唐書·高祖本紀》）。

經過多年的努力，李淵從譙州調到了隴州，又從隴州調到了岐州，岐州對於首都大興而言，相當於現在河北對北京的作用一樣：拱衛京畿。

岐州是現在的陝西鳳翔縣，管著九萬多戶，在當時算得上等州郡，州刺史級別為從三品。

岐州太守並不是一般人能當的，因為李淵是本朝的外甥，再加上群眾關係比較好，李淵便插著夢想的翅膀從不起眼的譙州飛到了皇帝楊堅的眼皮底下。他的翅膀也一天天硬了起來，在他看來，接下來自己進入中央系統，進入六部甚至三省只是時間問題。然而，這僅僅是他的一廂情願，接下來等待他的又是什麼呢？

奪嫡，
皇子的內戰

第三章

奪嫡，一場旁觀的鬧劇

李淵插著夢想翅膀當天使的時候，楊家的日子卻平地起了波瀾，隋朝第一家庭在經歷了夫妻感情危機之後，又出現了更大的危機——繼承權危機。

凡是皇帝一般都要遇到這天下第一頭疼的難題，到底選誰當繼承人呢？儘管有「立嫡、立長、立賢」這些所謂的標準，然而標準是死的，人是活的，只要老皇帝一天不死，太子沒有從準皇帝變成皇帝，那麼這場繼承權的鬥爭就永遠沒有停止的那一天。

李淵站在李家的平行線上，平靜地看著楊家的這場鬥爭，他的身分就是光看不說的看客。這場奪嫡鬥爭跟他一點關係都沒有，五個表兄弟誰當皇帝都沒有關係，他的身分無非是從當朝外甥變成當朝表哥。而對於楊家五兄弟來說，他們每個人都想當皇帝，誰都想一統天下，可惜千古難題就在這裡：僧多粥少。

僧多粥少還有解決的餘地，大不了大家吃大鍋飯，平均分配也就完了，可惜皇位這個東西恰恰不能分，要能分楊堅早就分了。

天做孽，猶可違，自做孽，不可活。楊氏五兄弟的爭奪其實是楊堅一手造成的，根本原因就是他對封建制還有一絲留戀，這跟他自身經歷有著莫大的關係。

眾所周知，在楊堅奪取北周政權時沒有遇到多大抵抗。這是因為北周實行的是郡縣制，北周皇族儘管地位崇高，但大多數皇族根本沒有獨立的兵權和領地，楊堅奪得中央大權之後，北周的宇文皇族全都成了待宰的赤裸羔羊。有了自己的親身經歷，楊堅一直對封建制度耿耿於懷，要是國家有個災難，連個管用的自己人都沒有，這可怎麼辦呢？

終楊堅一生，他都沒有解決好這個問題，在他的治下，一直都留有封建的痕跡。太子留守中央，其餘四個兒子分別鎮守四個重點地區，這些地區一律為總管體制，相當於大軍區的建制，相當於歷史上的割據諸侯。直到楊廣上臺才徹底廢除了四個地區的總管體制，這才算徹底消滅了封建制，不過同時也消滅了在危機關頭可以救命的稻草。試想，如果在李淵佔領長安以後，還有幾個管用的楊姓總管（**大軍區司令**），那麼隋朝的國運是否還能延續呢？

當然也有另外一種可能，那就是沒等李淵起事，幾個楊總管已經跟楊廣打得跟烏眼雞一樣了，西晉的八王之亂就是證明。

楊氏五兄弟的繼承權之爭主要集中在長子楊勇和次子楊廣身上，至於楊俊、楊秀、楊諒因為年齡太小，兩位大哥根本不帶他們玩，他們三個只有在旁邊鼓掌加油的份。

楊勇與楊廣的繼承權之爭開始的準確時間點已經無法可考了，總之是隨著楊廣的成長和功績的突出開始的。這一點跟李建成和李世民一樣，初期相安無事，中期矛盾漸起，後期你死我活。

開皇元年到開皇八年（五八一～五八八年）這一時期應該是楊勇和楊廣的平靜期，這個時期楊勇安心做他的太子，楊廣則在父親的安排下當親王、總管、尚書令，兩個人井水不犯河水。從開皇八年冬滅陳開始，兩個人的矛盾出現了，楊勇作為儲君儘管安穩，而楊廣作為親王已經迅速積累了功績，南下滅陳，北上防範突厥。這些功績安在大將身上已經多到「功高不賞」，而安在親王身上那就是「功高震太子」了。

風起，老二也能當皇帝

楊廣的戰功震動的不僅是太子，同時震動的還有自己的內心。

開皇九年（五八九年）四月，楊廣率領平陳大軍威風凜凜地進入大興城，此行的目的是展示平陳的戰果，在他前面走的是南陳亡國君臣，他們將被作為戰俘獻給太廟。陳氏亡國君臣低著頭走完這條路之後，晉王楊廣高昂著頭，享受著圍觀者的歡呼，就在這一瞬間，他的心中起了波瀾：「我是應該擁有這樣大場面的人！」

也許就是從此時起，楊廣的心開始不平衡了，憑什麼早出生幾年就可以當太子、做儲君？所謂「立長」就是亙古不破的嗎？非長子難道就沒有機會嗎？

機會總是有的，就看你能不能把握，楊廣暗暗下了決心，並且以行動給自己未來的女婿李世民做了榜樣，「小子，看好了，咱做次子的一樣能當皇帝！」

說機會，機會就來了，楊廣的戰功是靠平定陳國取得，而他獲得爭取皇位的機會也跟陳國有關，平定陳國的第二年，原來陳國的那片地區又出事了。

開皇十年（五九〇年）十一月，原陳國地區的蘇州、婺州、會稽州都反了，這下楊廣的機會來了。眼看這些地區不安穩，不弄個管用的皇子過去鎮著是不行了，派誰去呢？當然還得是楊廣，陳國就是他平定的，那麼穩定陳國還得靠他。

從這個月起，楊廣由并州總管改任為揚州總管，從此開始了長達十年的揚州總管生涯，也正式拉開了楊氏五子奪嫡的序幕，當然主角還是楊勇和楊廣。

楊廣長得帥、聰明，這在《隋書》中有明確記載，《帝王本紀》中說得很清楚，「上美姿儀，少敏慧」。說起來楊勇也差不到哪去，一樣的父母，一樣的教育，而且還按照國之儲君的模式培養。

後世把楊勇說得頑劣不堪，把楊廣說得荒淫無道，這都不太可靠，主要原因是隋朝太短了，一般短命的王朝都會給人「沒幾個好皇帝」的感覺。另外一個最關鍵的原因則是書寫歷史的筆掌握在唐朝統治者的手中，不把前朝寫得一塌糊塗，怎能樹立本朝光輝形象。

可惜歷史永遠是一條單行道，容不得我們假設。如果隋朝的國祚可以再長一點，那麼我們今天所看到的隋煬帝或許不是這個模樣，隋煬帝顯然是被唐王朝精心打扮過的，免費化妝師就是他的表哥李淵，再加上他的女婿李世民。

歎息，那個被冷落的女子

開皇十一年正月，一個在歷史上沒有留下名字的太子妃離世了，我們只知道她的父親是隋朝大臣元孝矩，所以這個可憐的太子妃姓元。

太子妃元氏是楊堅夫婦為楊勇選定的，只可惜這段包辦的婚姻並不幸福，在太子眾多的女人中，元氏儘管是正妃但並不得寵，甚至沒有為楊家留下一男半女，她本人也是鬱鬱寡歡，在這一年的正月因心臟病突發去世，不用問，多半是憋屈造成的。

元氏的離去對太子楊勇而言並沒有太多的意義，只不過死了個正妻而已，再從其他女人中立一個就可以了。楊勇想得很簡單，然而別人卻想得很複雜，這其中就包括他的老媽，瘋狂的女權衛道人士獨孤皇后。在獨孤皇后看來，楊勇對父母為他選定的正妻不用心這本身就是一種罪，而不好好對待正妻還去寵幸其他小老婆，這更犯了獨孤皇后的大忌。

而楊廣善於經營、長於掩飾，同時他還有兩個優勢，一是用心，二是揚州與首都大興有很長的距離。

楊廣用心做好每一件事，這讓父母挑不出毛病。再者，他的總管府遠在揚州，那個年月又沒有遠端監控錄影，所以只要做好表面功夫，他的成績就比哥哥楊勇好得多。太子的東宮離皇帝寢宮實在太近了，冬至時奏個樂曲都被楊堅聽得一清二楚。

近，近得讓人窒息。

從開皇十一年到開皇二十年，楊廣和哥哥楊勇開始了長達十年的奪嫡賽跑。在這十年裡，楊廣一直在加分，楊勇一直在減分，一直到減到楊勇眼睜睜看著楊廣超越他衝過了終點。

楊廣的策略很簡單，那就是在父母面前真情打動，在父母的隨從面前以禮待人、以情待人，樹立自己的嫡系，瓦解別人的嫡系，此消彼長，最後勝利就是自己的。

楊廣每次從大興返回揚州都要深情地與父母辭行，在朝中是君臣，下了朝則是父子，這個時候不談國事、不談工作，就得以情動人，這一招三國時曹丕對曹操玩過。給曹操遠征送行，曹植作詩，曹丕流淚，結果流淚是父子，作詩是君臣，最終曹丕以情動人得以繼承大統。好的經驗要代代相傳，這一點楊勇怎麼不長記性呢？不過也委屈他了，他天天在父母跟前，哪有楊廣那麼多深情辭別的機會呢？

再者，每逢父母或者父母的隨從到府，楊廣馬上緊急疏散府中美女，代以老弱婦女，樂器也經過做舊，這是向父母表明自己從不沉溺於聲色犬馬。楊勇則不同了，父母都知道他喜好美女，那個姓雲的美女一個人就給他生了三個，這已經讓獨孤皇后心生不滿。獨孤皇后的不滿還在後頭，據說這位姓雲的美女本身還是個私生女，這個身分又犯了獨孤皇后的大忌，將來有一天讓這個私生女當我朝的皇后，那老楊家和獨孤家的臉往哪擱呢？

有道是，任何時候都不能得罪領導身邊的人，這一點楊廣和楊勇又是高下立見。楊勇對父母的奴才也就當他們是奴才，公事公辦，愛搭不理。楊廣呢，每逢有父母的下人受命到揚州，他必定親自到揚州邊界迎接，親王屈尊迎接奴才，效果自然是「當場受寵若驚，回去廣為傳播」。遇上皇后的婢女探訪，楊廣的正妻蕭妃則是與欽差婢女同吃同住，同榻而眠，這是什麼待遇啊？這樣做下來，效果也非常不錯，讓欽差婢女感動得「熱淚盈眶，肝腦塗地」。

儘管沒有大是大非，但細節已經決定成敗，三項指標綜合起來楊廣完勝，楊勇慘敗。此時的天平已經悄悄地向楊廣傾斜，只要再加上一點砝碼，楊廣就將贏得這場比賽的勝利。

那會是什麼砝碼呢？這個砝碼很簡單，就是皇帝的安全感。

風，從耳邊吹起

楊廣想營造父親的不安全感，這並不是一件簡單的事情，首先他不能直接去跟父親說「你得小心太子」。再者，想找個合適的人傳話也比較難，畢竟不是誰的話楊堅都聽，到底應該找誰去當傳聲筒呢？

正在他愁眉不展的時候，死黨宇文述來了。宇文述這個人在隋朝算個人物，算個猛將，不僅打仗是個猛將，玩弄起陰謀詭計來更猛，宇文述這個名字大家或許還有點陌生，只要一說出他兒子的名字大家就有似曾相識的感覺，他的兒子是誰呢？就是那位江都兵變殺掉楊廣的宇文化及！

宇文述祖上並不姓宇文，姓破野頭，後來祖上給宇文家族打工打出了感情，這就隨了宇文的姓。楊堅在清算宇文皇族的時候根本沒有把宇文述一家算上，畢竟他們家只能算宇文家的奴僕，不算直系親屬。然而歷史就是這樣，看似不可能的事情往往最有可能發生，恰恰是宇文述的兒子宇文化及這個假皇族家庭的逆子謀殺了楊廣，結束了隋朝，也算變相為宇文泰報了仇。哎，誰說宇文述不是宇文家的人。

不過這時候的宇文述還是一門心思地支持楊廣，在他眼裡，楊廣就是他的奇貨，他得靠這個奇貨贏得家族富貴。

看楊廣正在發愁，宇文述心裡很清楚是關於太子的事。不過這也不難，要想把現在的太子搞倒辦法只有一個，那就是從皇帝身邊的人下手，讓他們去營造「三人成虎」的局面，只要製造出一定的輿論，多疑的楊堅自然會解決掉太子。

去找誰呢？宇文述說出了兩個字：楊素。

楊素這個人在隋朝實在太強了，總結起來四個字，「文武全才」。

文：此人善屬文，工草隸，頗留意於風角，帝命素為詔書，下筆立成，詞義兼美。

武：殺人如麻，有進無退。有犯軍令者立斬之，一個不饒。每次大戰之前就是楊素殺人之時，只要有點小錯馬上處斬，最多一次殺了一百多個，最少一次也殺了好幾十個，殺到最後血都流到他腳跟了，他依然談笑風生。等到對陣時，先令一二百人衝鋒，如果完成任務，立刻重賞，如不能完成任務敗退回來，不論剩下多少，一個字：斬！由是戰無不勝，稱為名將。

貌：美鬚髯，有英傑之表。

識：看人眼光非常獨到。他曾經拍著自己的椅子對年輕的李靖說，你遲早會坐到這個位子的，果不其然，李靖後來在唐朝風生水起；他曾經對隋唐兩代的老油條封德彝說，你會做到僕射的。有一次封德彝坐船掉進江中，不知死活，楊素說：「不急，封德彝是當僕射的命，一定沒事。」沒過多久，封德彝自己從江中爬了上來，後來官至僕射。

情：「破鏡重圓」的故事裡那個成全別人破鏡重圓的，就是楊素。

膽：跟皇帝硬碰硬。楊素的父親楊敷為國盡忠，死於戰亂，然而沒有得到朝廷的表彰，楊素上表申理，皇帝不許。至於再三，帝大怒，命左右斬之。楊素乃大言曰：「臣事無道天子，死其分也。」帝壯其言，由是贈楊敷為大將軍，謚曰忠壯。拜楊素為車騎大將軍、儀同三司，漸見禮遇。帝嘉之，顧謂楊素曰：「善自勉之，勿憂不富貴。」楊素應聲答曰：「臣但恐富貴來逼臣，臣無心圖富貴。」

六項指標衡量下來，就不能說楊素有才，得說太有才了。

本來楊廣想同時吃掉父親兩個寵臣（楊素和高熲），仔細一盤算卻發現，高熲死活也吃不掉。高熲為人非常正直，認死理，一向堅持長幼有序，年長的就應該是太子，其餘的免談。獨孤皇后本來還想爭取高熲的支持，結果還是被他硬生生地頂了回去。

獨孤皇后自說自話：「哎，晉王妃做了個夢，說上天告訴他晉王有朝一日會統治天下。嗨，這不就是個夢嘛，哪能當真。不過話說回來，我這五個兒子誰當不是當啊，反正都是老楊家當。」

高熲聽了，不動聲色，「臣只知道長幼有序，而且太子品德受到眾臣稱讚。」

指望高熲是沒戲了，後來宇文述又給楊廣點破了一點，「大王，你怎麼忘了太子還娶了高熲的孫女啊！」

是啊，怎麼把這茬給忘了。得，高熲算是指望不上了。

那剩下的就只有楊素了，這個老傢伙能搞得動嗎？

宇文述眨眨眼睛，只說了一句話，「一切皆有可能。」

管用的工作麻將

宇文述想搞定楊素，說起來簡單，做起來也難。楊素在朝中已然呼風喚雨了，在楊堅面前是第一紅人，宇文述打著楊廣的名頭拉攏他管用嗎？答案是肯定的，當然管用，因為楊素也有軟肋。

宇文述的突破口恰恰選在了楊素的弟弟楊約身上，楊約雖然官沒有哥哥大，名望沒有哥哥高，不過他的點子比哥哥多，老哥楊素對他言聽計從。

宇文述能攻得動楊約嗎？經過調查發現，楊約沒有軟肋，但卻貪財好賭。

於是宇文述拿著楊廣提供的活動經費一有時間就跟楊約對賭，屢戰屢敗，屢敗屢戰，經過不斷努力，經費總算都送完了。楊約也覺得有點奇怪，什麼時候自己變成賭神了呢？本來他還象徵性地向宇文述表示歉意，「您看，不好意思，誰讓我的技術這麼好呢？」

宇文述微笑著點了點頭，「楊兄的技術是沒得說啊，不過還是跟你說句實話吧，這錢是晉王讓我孝敬您的！」得，白高興了一場，不是因為你楊約的技術提高了，而是對方放水了。

楊約一聽這話有點不爽，不過也明白了宇文述的用意。看著楊約一臉疑惑，宇文述索性打開天窗說亮話，進一步點撥楊約。

「雖然你哥倆現在紅得一塌糊塗，可是皇上百年之後呢？你們還指望著太子登基後繼續重用你們嗎？那現在太子宮那批人喝西北風去？再說了，眾臣現在對你哥倆都有意見，一旦皇上不在了，那些大臣能放過你們哥倆嗎？」

「也不盡然，太子繼位也得需要楊素這樣的重臣啊！」楊約接話。

「算了吧，太子憑什麼還重用楊大人呢？人家的親戚高熲高大人在那等著呢，還有楊大人的位置嗎？再說了，太子繼位，楊大人一點功勞都沒有，你們還能指望太子對你們楊家還跟當今皇上一樣好嗎？」

「這個，這個……」楊約語塞。

「別這個，那個了，如今皇上和皇后其實最喜歡晉王，皇后非常希望晉王繼位，只要我們一起去做皇上的工作，晉王如果能登大位，那你們哥倆就立下不世之功，還怕富貴不延續嗎？」

楊約迅速地在腦子中擺了擺三個人的位置，楊堅、楊勇、楊廣，楊堅身後就是楊勇、楊廣二選一，他們哥倆跟楊勇沒交情，跟楊廣也沒交情，而如果現在跟楊廣培養交情似乎也不晚。嗨，都是皇子，誰當不是當啊，當然選個對自己有好感的最好。

一桌工作麻將，一番肺腑之言，一盤奪嫡好棋，看似複雜的事情用一桌工作麻將就解決了。所以說不怕天，不怕地，就怕領導沒愛好。

口水向太子噴去

楊約被宇文述說服後，沒用多長時間就把老哥說服了，並不是因為楊素耳根軟，而是因為楊約說的實在有理。

楊素看起來沒有軟肋，其實他的軟肋很明顯，那就是擔心富貴不長久。像楊素這樣享盡富貴紅得發紫的人，往往最擔心的就是失去手中的一切。

楊素就此準備加入晉王楊廣團隊，不過他還要親身驗證一下，測試一下獨孤皇后的態度。

楊素與獨孤皇后的私人關係還是很不錯的，當初楊素督造宮殿，勞民傷財，楊堅嫌楊素造的宮殿過於鋪張浪費，臉色非常難看。等楊素在獨孤皇后面前一哭訴，獨孤皇后跟楊堅說：「貴為天子，當然要有天子的氣派。」一句話，讓楊素從有過變成了有功，由此可見，楊素與獨孤皇后兩人的私交不一般。

楊素與獨孤皇后在輕鬆祥和的氣氛中開始聊天，不經意間把話題扯到了楊廣身上，這下獨孤皇后的話擋不住了，因為她太喜歡這個兒子了，也最擔心這個兒子，讓這麼優秀的兒子將來受制於楊勇和那些小老婆群，那種場面想想都可怕。說著說著獨孤皇后的眼淚就下來了。

哎，可憐天下父母心啊！

楊素沒有急於表態，他的心裡已經有了底，看來皇后還是支持楊廣的，人家娘倆負責上柴火，我楊素也就負責點個火吧，至於燒著誰，就跟我沒關係了。

楊素入圍，楊廣的團隊成型了，楊素和宇文述是團隊的核心幹將，也是楊廣最信任的人。不過楊廣也挺可憐的，一生信任的幾個人最後都以各種方式背叛了他。

奪嫡功臣楊素，本人沒造楊廣的反，而他的兒子不消停，這個不消停的兒子叫楊玄感。

奪嫡功臣宇文述，本人忠心耿耿，兒子三心二意。楊廣看在宇文述的份上最終解除了宇文述兒子宇文化及、宇文智及的監禁，結果這兩個活寶在一年後就謀殺了楊廣。

還有那個肱骨之臣，本朝外甥兼表哥李淵，本來沒把他當回事，結果起兵造反徹底摧毀了隋朝。

楊素加入了晉王團隊，形勢變得大好，從此關於楊勇的各種消息都源源不斷地進入了楊堅的耳朵裡，楊堅的耳朵空間是有限的，注定有爆炸的那一天。

前面我們已經說了，楊勇的過錯根本沒有什麼大不了的，只是因為他這個人小處過於隨便，而這些小事積累起來就漸漸地變成了大事。

說起來，楊勇的罪過實在都是一些提不起來的雞毛蒜皮。

比如不知道節約，熱衷於複雜的裝飾，連鎧甲都要精心裝飾一番，這跟老皇帝楊堅的節約治國理論相違背，作為儲君怎麼能失去勤儉節約的美德呢？

比如逢冬至的日子，群臣居然成群結隊的到太子府拜見，這要是三個兩個去也就罷了，成群結隊的算怎麼回事呢？而且還有正規的儀式和音樂伴奏，這是什麼意思呢？（**難道是嫌老皇帝活得太長了，迫不及待想督促太子即位？**）

各種比如，總之太子府上到國家大事，下到雞毛蒜皮，各種八卦猛料都飛進了楊堅的耳朵裡。

太子，天下最難當的兒子

皇帝和太子，看起來關係很簡單，實際上卻是天下最複雜的關係，從血緣上說是父子，從朝堂上說是君臣，從國家領導人設置上說則是一線和二線的關係，要命就要命在一線和二線的關係。

父子關係很簡單，父親是父親，兒子是兒子，有正常的倫理道德管著；君臣關係更簡單，皇帝一瞪眼，大臣抖三抖；一線和二線的關係就微妙了，既不能是純粹的父子關係，也不能是純粹的君臣關係，這是一種極為複雜的關係。一方面老皇帝希望太子盡快成長，有能力接自己的班；另一方面又不希望太子過早成熟，過早接班，因為中國的皇帝是終身制，兒子接了班，老子幹什麼去呢？

一線希望二線做好準備，同時又不希望二線干擾自己的生活；而二線呢，一方面積極準備，一方面心裡打鼓，「什麼時候才能輪到我替補呢？」

有一線和二線的關係，皇帝和太子的關係就好不了，畢竟誰都想當一線，誰也不願意一直當二線，而且這個二線還朝不保夕。

一線的楊堅，二線的楊勇，再加上三線的楊廣，三者的關係根本就和諧不了。不僅他們和諧不了，歷朝歷代都和諧不了，即便英明如康熙，神武如李世民，他們都解不開這道結，因為他們本身就是這道結的一個繩頭，所以這就注定是個死結。

在一線的挑剔和三線的擠壓下，處於二線的楊勇有些坐不住了，怎麼辦呢？他想到了一個辦法——避邪。

避邪自古以來非常流行，尤其是皇宮之內，有玩詛咒的，就有玩避邪的。楊勇既無法向老爹解釋（老爹本身就多疑，越解釋越多疑），又無法向老媽告狀（老媽討厭自己生那麼多庶出的兒子），更無法拉大臣幫自己（那樣就是拉幫結派），最後沒辦法只能求助神仙姐姐。

楊勇在府中建了一個平民村，房屋非常簡陋，他經常穿著布衣，鋪著草褥在裡面睡覺，據說這樣可以避邪，抵禦外來的詛咒。另外他還設計了一些避邪的物件，這些東西對楊勇最終沒有起作用，卻對楊堅卻起了大作用，「小子，你避了邪，老子怎麼辦？」

神仙不知，小鬼不覺，太子楊勇已經觸上了高壓線，這條高壓線就是「占卜避邪」，歷代太子只要觸上了這條高壓線，後果……

壓垮楊勇的最後一根稻草

爹不高興了、娘不高興了、大臣也站到對立面，楊勇已經成了孤家寡人，廢立只是時間問題，等待的是最後一根稻草壓下來。

從心理上說，楊堅不想廢太子，畢竟楊勇是他平民時期所生，而且近二十年來一直作為儲君培養，不到萬不得已楊堅不願意親手廢掉自己辛苦培養二十年的儲君。只可惜獨孤皇后不這麼想，楊廣不這麼想，楊素同樣也不這麼想。

住在仁壽宮（離長安一百多公里的行宮）的楊堅想了解一下楊勇的動態，就讓楊素回長安探聽，這次探聽讓楊勇雪上加霜的日子又加了一層霜。

楊素到了東宮門口故意在外面磨蹭半天，裡面的楊勇穿戴整齊一直在耐心等待。等待等待著，好幾杯熱茶都變成了涼茶，楊勇的耐心也隨著茶的涼去磨沒了，煩躁的表情溢於言表。

磨磨蹭蹭的楊素進來拜見時，楊勇已經煩躁到了極點，「這些人怎麼一點時間觀念都沒有呢？」

楊素不是沒有時間觀念，只是故意磨蹭激怒楊勇，進而造成楊勇憤怒的事實。果不其然，楊素回去報告楊堅，「太子面有怒色，似乎很不滿。」

什麼是小報告，這就是小報告。省略了前因，直接描述過程，最後誇大後果。「太子面有怒色」不假，但起因是楊素磨蹭耽誤時間，「太子很不滿」是對你楊素狗眼看人低不滿，而不是對皇帝不滿。不過這些已經解釋不清楚了，在楊堅看來「太子面有怒色」就是對自己不滿，現在的結果已經不是「太子很生氣了」，已經轉化成「皇上很生氣」，後果嘛，等著看。

雖說在廢立太子的問題上，獨孤皇后是主張廢的，但拿定主意的還是楊堅，獨孤皇后的喜歡與否只是廢立的一個指標，而楊堅的安全感則是廢立的根本。楊堅最終有了廢立之意，最根本的原因還是沒有了安全感。一個皇帝沒有了安全感，那什麼事情就都有可能發生了。

在不安全感的支配下，楊堅開始行動，首先在皇宮附近、東宮左右安插了很多眼線監視太子。接著太子宮中軍官以上的兵籍全部回歸十二禁軍府管理，這就意味著這些軍官以後不再歸太子直屬管理，而只是作為禁軍派駐，這等於解除了太子府的武裝。這還不算完，即使作為禁軍派駐，楊堅還把精壯士兵全部抽走，留下來守衛太子府的全都是老弱病殘。

解除了太子府的武裝，楊堅還是不想廢太子，急得楊廣這一方直撓牆，在快撓破最後一堵牆之時，他們又想了一招——無間道。

何謂「無間道」呢？就是策反太子宮的官員。只要太子宮的官員出來指證楊勇謀反，看你楊勇還能往哪裡逃呢？

古往今來的事實證明，適當的恐嚇加上適當的威逼利誘之下，總有一小撮要錢不要臉的人脫穎而出，太子府裡一個叫做姬威的人就這樣成了無間道，他的上書讓楊勇與楊堅的矛盾不再是父子矛盾，搖身一變成了你死我活的敵我矛盾。

上書內容很簡單，「太子謀反」。看到這幾個字，地球人都知道接下來要發生什麼事了。

崩塌，以廢立之名！

「太子謀反」觸動了楊堅原本就脆弱的神經，從西元五八一年開國以來他一直生活在忐忑不安中，二十年的神經緊繃讓他有些緊張過度了，這時候的他已經沒有可以信任的人了。

一個沒有了安全感的皇帝是最可悲的，普通人生存在世界上的第一要素就是生存的安全感，而富有四海的楊堅恰恰沒有。

即便如此，楊堅還是不想廢太子，因為廢太子成本實在太高、風險太大了，廢太子不是簡單的一紙詔書，其重要程度不亞於訂立一條基本國策。翻看前朝的歷史，楊堅有些戰戰兢兢，歷史上廢太子的朝代不少，因為廢太子而亡國的也不在少數。比如，秦朝廢太子扶蘇，東吳廢太子孫和，西晉廢太子司馬遹，這些王朝都是因為廢立太子最後導致亡國。

正當楊堅猶豫不決時，一個小人物走了進來，小人物品級比較低，從七品下，然而他研究的項目很宏大，天象！在那個科技還不發達的年代，研究天象的人就介於半人半神之間，遇到什麼重大問題，他們都想摻和一下，這一次也不例外。

這個叫做袁崇的太史令（**相當於天文臺長**）對楊堅說，「我夜觀天象，皇太子應該廢除！」楊堅一聽，心裡有了底，「原來我們楊家這點事不僅地球人知道了，全宇宙都知道了啊！」

宇宙知不知道並沒有關係，關鍵在於這次天文報告堅定了楊堅廢除太子的決心，至此楊勇二十年的儲君生涯就這樣被一次天文研究報告給毀了。

儘管袁崇的天文報告有投機的成分，但楊勇的廢立還真跟天文有一點聯繫。《隋書》高祖本紀上說，那些天，「太白晝見」，說明當時確實有不尋常的天文現象發生。事情到了這個程度，廢立太子正式進入了議事日程，再也沒有人能夠阻擋楊堅廢立太子的腳步。

西元六〇〇年九月二十七日，楊堅主持召開朝會，廢除太子楊勇進入司法程序。首先楊堅痛陳了自己的不安全感，「每次從仁壽宮回大興，都像進入敵國，都得戒備森嚴」，「晚上鬧肚子本來想就近住在後殿方便上廁所，怕不安全還得住在前殿」，總之核心就是皇帝感覺很不安全。

皇上開始控訴，做下屬的也沒閒著，楊素和姬威分別就自己掌握的證據開始控訴。

「太子經常抱怨皇上對他不好。」

「太子經常說誰規勸他，他就殺誰，殺一百來個這個世界就安靜了。」

「太子還請人占卜算卦，據說推算出皇帝駕崩日期。」

這是一場控訴大會、審判大會，在場的大臣完全扭轉了以前對太子的良好印象。

「欲加之罪，何患無辭」，指證或許事出有因，但查無實據，這些已經都不重要了，只要楊堅相信就足夠了。

當什麼都好，別當廢太子

如果說廢品還有回收利用價值，那麼廢太子還有什麼價值呢？

西元六〇〇年十月九日，楊堅召見楊勇。

楊勇見到傳召使節的第一反應是「不會是要殺我吧？」

還好，楊堅註銷的是他的太子之位，而不是他的命。楊堅全副武裝地坐在武德殿上，全副武裝下面掩蓋不住的是他忐忑不安的心，對於他而言，廢太子何嘗不是一次冒險。

文武百官站在左邊，皇室親屬站在右邊，楊勇和他的家屬站在中間，現在他們是這個帝國最孤立的人，他們最親近的人正全副武裝地坐在上面，他們之間的距離如此之近，卻又如此之遠。

這是一個哀傷的場景，二十年的儲君被聲明作廢，楊勇的兒子和女兒也被免除了「親王」和「公主」的名號。在這場朝會前他們還是貴不可言的金枝玉葉，而在這場朝會之後，他們就變成了一群高級政治犯。在那個年代，廢太子還不如廢品，廢太子就是高級政治犯的代名詞，至於能夠活多久不取決於他們自身的生命力，而取決於新、老皇帝的意願。

楊勇已經身心俱疲，自始至終他都知道這是一個陰謀，一個足以毀滅他的漩渦。然而他無能為力，他想反抗，他想拼命解釋，最終結果卻是他陷入了別人精心製造的流沙之中，越掙扎越沉陷，最後只能聽之任之，聽天由命。

雖然是一母所生，楊勇和楊廣完全是兩路人，楊勇活得真實，他不會委屈自己去迎合別人的標準；楊廣恰恰相反，他可以為了迎合別人的標準委屈自己。這就是兄弟倆的差距，可以說楊勇適合平淡生活，楊廣適合政治生活，楊廣比他的哥哥更能讀懂遊戲規則。

相比唐太宗的太子李承乾，楊勇表現得太溫順了，最後他甚至放棄了為自己辯護的機會。李承乾則不然，在被廢之後他使出一個狠招，恨恨地對李世民說了一句話，「我並不想如此荒唐，都是老四李泰給逼的！」這句話儘管沒能挽救李承乾，卻直接把李泰拉下了水，結果李承乾和李泰白鬥了多年，生生地讓李治撿了個大便宜。

當狼愛上羊

楊勇被廢了，楊廣在這場兄弟之爭中終於笑到了最後，不過贏得也很辛苦。

西元六〇〇年十一月三日，楊堅立楊廣為皇太子。值得一提的是這一天全國地震了。（**其夜，烈風大雪，地震山崩，民舍多壞，壓死者百餘口**）不過沒有楊堅授意，誰也不敢把皇太子和地震聯繫到一起，所以說地震也是可以有政治意義的。

楊廣得到了夢寐以求的太子之位，馬上就用更嚴格的標準要求自己，主動要求太子宮車馬用度再減一等，大臣晉見太子不能稱「臣」等等。這幾條標準算是提到楊堅的心窩裡去了，「看，還是老二懂事啊！」

看楊廣如此懂事，楊堅也投桃報李，把看押廢太子楊勇的任務交給了楊廣，這是交心的姿態，「你就踏踏實實做太子吧，天下遲早是你的。」

楊堅的此舉就是讓狼去看羊，在楊廣的手上，楊勇再也沒有翻身機會了。

被拘押起來的楊勇反思了自己的前半生，展望了自己的後半生，反思了半天也沒有發現自己足以被廢黜的理由，最終的結論是自己不應該被廢，只可惜沒有人再聽他的解釋。

楊勇不斷上書給楊堅，然而楊堅半個字也沒有看到，楊廣是不可能讓那麼扎眼的東西呈現到父親面前。

上書不行，楊勇採用了最原始的方法，上樹。上樹不是為了逃跑，而是為了呼喊。從此楊勇經常在樹上呼喊，期待著用這種方法讓楊堅聽到，而一旁看守的人像看瘋子一樣看著他，誰都知道楊勇不會千里傳音，想用這樣的方法傳遞消息？太異想天開了吧！

或許是父子之間有特殊的心靈感應，不久之後楊堅果真過問了楊勇的現狀，頗有接見的意願。然而此時楊堅身旁的多數人已經成了楊廣的死黨，吃了楊廣無數黑錢的楊素更是徹底鐵了心，他知道一旦楊勇活過來了，他就得死。所以為了自己能活命，就不能讓楊勇見到皇上，回頭皇帝心一軟復立太子，那自己的身家性命就算是報銷了。

楊素很平靜地回覆楊堅：「楊勇已經不是一個人在戰鬥了。」

「什麼意思？那他是幾個人？」

「他已經神經錯亂了，可能是靈魂附體了，太醫說沒希望了。」

楊堅聽了默然，心想，可能是這個兒子虧心事做多了吧。

謎案，
永遠沒有答案

第四章

這個孩子將來會死的

有一個經典的笑話叫做「這個孩子將來會死的」，說的是一個不會說話的人去參加一個新生兒的滿月酒席，別人都恭維年輕的父母說，「這個孩子將來會成為將軍」，「這個孩子將來會成為音樂家」，恭維的話就是聖誕老人手裡的氣球，不值錢但讓人很受用。這個不會說話的人憋得兩臉通紅，端著酒杯就說了一句，「我這人不會說什麼好聽的，就一句話，這個孩子將來會死的！」話是實話，可你不說話沒人當你是啞巴。

從壽命而言，楊堅建立的隋朝也是個孩子，然而現在也有人看出這個孩子將來會死的，當然這話不能說給楊堅聽。

早在隋朝平定陳國時，隋朝監察御史房彥謙就曾經對自己的親信說，「人人都說將要天下太平，我看未必。皇上嫉妒刻薄，太子地位卑微，親王手握兵權，天下恐怕大亂。」他的兒子也隨聲附和，「皇上靠詐術獲得皇位，幾個兒子驕奢淫欲，表面看著一團和氣，實際他家的滅亡踮腳可待。」

在大隋蒸蒸日上的時候，就敢斷言這個孩子將來會死，房氏父子可以當預言家了。順便說一下，儘管房氏父子中父親的名號大家可能很陌生，但兒子的名頭說出來大家都知道，這個兒子就是後來的唐朝名相房玄齡。

當時房玄齡和另一個年輕人一起等待朝廷分配工作。負責分配工作的是吏部侍郎高孝基，此人閱人無數，吏部侍郎當久了練就了一雙火眼金睛，看見兩個年輕人時大吃一驚。

他指著房玄齡對自己的同事裴矩說：「僕閱人多矣，未見如此郎者。必成偉器，但恨不睹其聳壑凌霄耳。」（此人必成大器，只可惜我有生之年不能看到。）

接著對另一個年輕人說，「公有應變之才，當為棟樑之用，願保崇令德。今欲俯就卑職，為須少祿俸耳。」（你有應變的才能，將來必為棟樑之才。）隨即安排這個年輕人出任滏陽尉，沒想到沒過多久，這個年輕人棄官而去。這個年輕人就是杜如晦。

多年之後，兩個年輕人成為唐朝歷史上有名的宰相組合，「房謀杜斷」，由此可見吏部侍郎高孝基眼光確實獨到，只是不知道他有沒有看出楊廣這個孩子將來會死。

楊廣不會理會民間的議論，他在乎的只是兩個人的評語，一個是父親楊堅的，一個是母親獨孤皇后的，只要這兩個人的評語是「優秀」，那麼天下就是自己的，區別只是等待時間的長短。

當上皇太子的楊廣度過了初期的興奮，冷靜下來後才發現，當皇太子遠遠沒有當揚州總管自在。在大興城，他只是皇太子，儘管是未來的皇帝，但這個未來究竟有多遠呢？大臣對他只是維持著表面的尊重，因為帝國的重心還在皇帝楊堅那裡，楊廣只是給皇帝搭戲的配角，或者說龍套，而尷尬的是還有另外三個龍套在一邊等著呢，那就是楊廣的三個兄弟。

回想當揚州總管的日子，那日子才叫舒坦，關起門來自己就是絕對主角，只要控制好輿論導向，就能維持在父母心目中的良好形象。現在得同時應付那麼多雙監視的眼睛，累，太累。

既然已經開始了這場遊戲，楊廣就沒有退出的權力了，要麼成為皇帝，要麼成為與楊勇作伴的廢太子，人在朝堂，身不由己。

大興向左，楊廣向右

身在大興，心在揚州，在大興不自在的楊廣不喜歡大興這個城市。

楊廣出生在長安，他的少年時代在這裡度過，他對長安的感情主要來自少年時代的感覺。然而那個時候，他的父親還在險惡的官場苦苦掙扎，一度還有可能被女婿宇文贇殺掉，如此動盪經歷同樣也會影響楊廣。

十三歲時，父親奪權成功，隨後楊廣被任命為晉王，後來又出任并州總管，再後來隨大軍平陳，再後來作為揚州總管鎮守揚州。在他成長的關鍵時期，他都沒有在大興，因此他對於這個城市逐漸沒有了認同感。

揚州取代大興成為楊廣心目中的第一城市，則是在他鎮守揚州期間，對他影響最深的關鍵人物就是他的正妃——蕭妃。

蕭妃是南梁皇帝蕭巋之女，在晉王妃海選比賽中脫穎而出。楊堅讓手下根據生辰八字占卜了半天，最後蕭妃各項指標都獲得了第一名，在楊廣十三歲的時候，蕭妃成了楊廣的王妃，那個時候蕭妃剛剛滿十二歲。

在以後的歲月裡，無論楊廣當親王還是當皇帝，蕭妃一直都是楊廣的最愛，儘管後世的人都說楊廣荒淫無度，但很難解釋的是，他為什麼始終對蕭皇后不離不棄，恩愛如初，或許只有一種解釋，別的女人吸引楊廣的是色，而蕭妃所給予的是愛。

在蕭妃的影響下，楊廣學會了南方方言，可以熟練地使用南方方言與當地人交流，這是一個了不起的成就。要知道之前楊廣的父親跟陳朝末代皇帝陳叔寶之間很可能根本就無法交流，陳叔寶不會說普通話（**當時的北方話**），楊堅也不會說江南方言，兩個人交流就是雞同鴨講，而楊廣卻能流利地使用這兩種語言，而學會南方方言的楊廣對穩定南方局勢發揮了至關重要的作用。

國民認同一個領袖其實並不需要太多道理，有時候只需要能講同一種語言就行。一九九二年巴賽隆納奧運會，西班牙國王胡安卡洛斯在致開幕詞時，故意說了一句加泰隆尼亞語，這句話勝過了所有口號，無數加泰隆尼亞人深深喜歡上這個國王，他們說，「這是我們的國王！」（**加泰隆尼亞地區是西班牙非常特殊的一個民族地區，與中央政府的關係相對比較微妙**）

正是揚州十年的生活讓楊廣深深地喜歡上了揚州，後來他有詩云，「我夢江都好，征遼亦偶然」。揚州取代大興成為楊廣生命中最重要的城市，因此在民變四起時，他選擇住在揚州，而不是大興或者洛陽，也正是這個決定影響了隋朝的王朝走勢。

壞了，我們都成了失學兒童

轉眼間，楊廣當太子已經一個多月了，這一個多月過得有點漫長，原來國之儲君的日子挺難熬的。回想這一個多月，楊廣有點同情楊勇了，自己才被折磨了一個多月，而他卻被折磨了二十年，誰說當太子是好事呢？往壞了說當太子就是前途不明的有期徒刑，運氣好的刑滿釋放登基加冕，運氣不好的直接轉死緩甚至斬立決。

然而無論楊廣多不自在，太子還得接著當下去，朝廷的布局也朝著有利於楊廣的方向發展。

西元六〇一年正月初一，這一年楊堅六十一歲，楊廣三十二歲，老皇帝楊堅改了年號，由開皇改成了仁壽，六十一歲的人，開始在意自己的壽命了。

在宣布改年號的那一刻，楊廣意識到父親老了，以前他在乎的只有工作，現在似乎更在乎自己的壽命。想想也可以理解，四十不惑的年紀登基，六十一歲的年紀也該耳順了，該考慮一下自己的壽命問題了，累死累活圖什麼呢？

改完年號，楊堅任命楊素為左僕射（**相當於中國國務院常務副總理**），隨後又晉封楊廣的長子楊昭為晉王，顯然這樣的布局是在為交班做考慮。

相比之下，這一年大隋比較平淡，不過平淡中也有一件大事。

什麼大事？全國的學校都解散了，除了七十名貴族子弟，剩下的都是失學兒童。

從表面看，事情的起因是學生素質太低了，楊堅不高興了，在六月十三日這一天，頒布詔書，除國子學（**國立貴族大學**）保留七十名學生外，其餘的如太學、國立四門專科學校、各州縣學校全部撤銷，全體學生回家，愛幹啥幹啥。

詔書一下，天下譁然，隨之便是幾家歡喜幾家愁。不愛學習的理直氣壯跟家長說，學校都撤銷了，還讀哪門子書啊；愛學習的則哭天搶地，上哪說理去呢？

嚴格說起來，中國的大學傳統源遠流長，只是因為自古以來名稱不一樣，很多人還以為只是在近代中國才有大學。實際上不是，早在西漢時，就設立有太學，太學就相當於國立中央大學，要從西漢算，那中國的大學歷史那就長了去了，一千年那是剛起步，兩千年才是剛剛好。

從西漢起，大學時而興立，時而廢除，廢除的原因不外乎內憂外患，國家已經沒有精力管理大學了。而楊堅治下的大隋卻完全不同，此時的隋朝蒸蒸日上，在這個時候關閉全國的學校，莫非是吃錯了藥？

楊堅也有自己的想法，他覺得這些學生知道的太多了。楊堅確實覺得天下的百姓知道的太多了，怎麼忽悠都忽悠不住。從西元五八一年以來，他不斷讓人上報祥瑞，以證明「隋代北周」是歷史選擇無比正確、無比英明。祥瑞的歷史很悠久，遠的可以追溯到上古，各種稀奇古怪的東西都可以成為祥瑞。比如親眼看見自家房頂上空有鳳凰飛過，路邊揀到一塊石頭上刻著「隋朝萬歲」，只要是有利於隋朝發展的，隨你怎麼說，心有多大，牛皮就有多大，祥瑞也就有多大。

然而在這麼多祥瑞的忽悠下，楊堅還是覺得民心不穩，索性把全國的學校都解散了，讓全國人民都變成文盲，就剩楊家一家明白人，其他都是糊塗蛋，這下國家就好領導了。

世上最疼我那個人去了

就在全國人民還在爭論應不應該保留學校的時候，獨孤皇后去世了。這一年是西元六〇二年，獨孤皇后五十九歲。

在成為皇后的姐妹中，獨孤皇后是最長壽的，也是生前最榮光的。她伴隨著丈夫經歷了人生的起起伏伏，也曾在最危險的時刻進宮，向自己那個混蛋女婿宇文贇拼命磕頭，用血流滿面的代價保住了一家的平安，可以說她的一生是革命的一生、光榮的一生，同時又是留下無數隱患的一生。

獨孤皇后與楊堅總共育有五子，分別是楊勇、楊廣、楊俊、楊秀、楊諒，在這些兒子中最不受侍見的是楊勇，最受疼愛的是楊廣。在獨孤皇后的影響下，楊勇的私生活受到了父母的指摘，而楊廣卻樹立了良好的形象，最後奪嫡成功。在楊廣被立為太子之後，獨孤皇后長長出了一口氣，只是她並不知道，她已經為大隋埋下了一顆隱形炸彈，這個炸彈就是大隋皇室的子嗣問題。

按理說，在一夫多妻的體制下，子嗣一般是不成問題的，比如楊勇一鼓作氣生下了十個兒子，女兒還沒有計算在內。奪嫡成功的楊廣呢？終其一生，子女只有五人，對比唐朝皇帝動輒幾十個皇子，楊廣的子嗣太單薄了。當然並不是楊廣無能，而是他不能，這一切都是獨孤皇后惹的禍。

由於獨孤皇后嫉妒成性，她的嫉妒範圍不僅包括楊堅的小老婆群，還包括皇子的小老婆群，大臣的小老婆群，只要是小老婆生的孩子她都討厭，所以前太子楊勇儘管有十個兒子，但是因為都是小老婆生的，所以獨孤皇后對他的討厭程度達到了十倍。

而楊廣呢，他小心翼翼迎合母親，凡是嫡出的，他百般呵護加以撫養，凡是小老婆懷孕的，要麼人工流產，要麼生下後處理掉，總之在他名下的兒子都是嫡出，因為這才符合獨孤皇后的標準。

然而要命的是，到楊廣奪嫡成功的時候，他的名下還是只有兩個兒子，長子楊昭，次子楊暕，按說有兩個兒子做梯隊也勉強夠用，然而楊廣的兒子梯隊很快發生了變故。

大業二年，太子楊昭死了，楊廣的名下只剩下楊暕和嬰兒楊杲。沒過幾年，次子楊暕也出現了問題，他倒是沒死，不過生命保住了，政治生命卻結束了。

老二楊暕以為自己是天然的太子，便放鬆了對自己的要求，荒淫無度，結果沒幾年就被老爹棄用了，雖然楊暕是最年長的兒子，然而在楊廣的心裡卻給楊暕下了兩個字的評語：不配！

楊暕遭冷落，楊杲還只是一個長相喜人的幼童，這樣大隋就沒有太子了，以致到後來只能用皇孫鎮守大興和洛陽，皇帝子嗣問題徹底暴露出來。倘若當年沒有獨孤皇后的嫉妒成性，楊廣能多生幾個皇子，或許隋朝還不至於兩世而斬，這不能不說是獨孤皇后惹的禍。

對於楊廣而言，獨孤皇后去世，世上最愛他的那個人就去了。對於李淵而言，同樣也是如此。這些年在姨媽的照顧下，李淵已經從千牛備身奮鬥成譙、隴太守，作為一個沒落貴族的後裔已經非常不易，這一切都是拜獨孤姨媽所賜。

跪在獨孤姨媽的靈前，李淵如喪考妣，這些年來姨媽對他的種種好歷歷在目，他在內心中也發誓，這一生一定誓死效忠姨媽一家，以報答姨媽的恩情。

人世間很多事情都會變，包括愛情、包括誓言，在場的人看著哭天搶地的李淵都被他感染，都為獨孤皇后感到欣慰。然而世事難料，十五年後，也是這個忠厚的外甥吹響了埋葬隋朝的號角。

男人對自己應該悠著點

獨孤皇后走了，楊堅感到內心空蕩蕩的。獨孤皇后從十五歲就嫁給了他，兩個人一起走過了四十四個年頭，儘管有磕磕絆絆，儘管有一怒之下離家出走的先例，但兩人的感情還是經受住了時間的考驗，在獨孤皇后有生之年，後宮的美女幾乎沒有機會，即使偶爾有也是獨孤皇后恩賜。

皇后走了，失落的楊堅難過了一段時間，隨後他驚喜地發現自己終於有了自由，這個自由就是終於可以隨心所欲的泡在美女堆裡了。

對比起來，楊堅挺可憐的，四十一歲登基當皇帝，六十二歲才得到了一個皇帝真正的福利：隨心所欲。不過楊堅很快發現，「不遇到成群美女，真不知道自己身體不好！」

讓楊堅體會到身體不好的美女主要有兩位，一位是宣華夫人陳氏，一位是容華夫人蔡氏，兩位夫人入宮已有很長時間了，但一直等到獨孤皇后退場之後，兩位才有機會替補。

在美女的催化下，再加上年齡的原因，楊堅對國事已經沒有以前上心了。在這幾年裡，他經常半年住在離大興一百多公里外的仁壽宮，半年住在大興，住在仁壽宮的時間裡，就讓太子楊廣監國，這樣基本是爺倆各當半年的家，當然大主意還是楊堅拿。楊廣在自己負責那半年裡主要處理日常事務，他知道「爹不給，兒子不能搶！」自古以來皇帝都是一樣，在放權給太子的同時也不忘告誡太子，「朕不給，你不能搶！」

等待，等待，等待總有結束的那一天。

時間到了西元六〇四年，兢兢業業一輩子的楊堅快要走到生命的終點。這一年的春天，按照計畫，他將前往仁壽宮避暑，法術師章仇太翼居然出來阻攔。

什麼世道，皇帝避個暑還得法術師同意？

楊堅避暑的態度很堅決，章仇太翼反對的態度也很堅決。雙方擺事實、講道理，最後章仇太翼實在沒辦法了，冷冰冰地扔出一句話，「陛下這次出去，恐怕再也回不來了！」

什麼話？這不是咒皇帝嗎？忍無可忍的楊堅大發雷霆，一指章仇太翼，「把這個人拿下，等朕回來再砍！」

楊堅沒有等到砍章仇太翼的那一天，六個月後，他在仁壽宮與世長辭。值得稱道的是，臨終他還交代太子楊廣：「把章仇太翼放了吧，他是對的。」

關於章仇太翼的記述儘管有些神乎其神，但在我看來可以從中醫的角度加以解釋，法術師章仇太翼很有可能學過中醫，而且已經達到了比較高的水準，扁鵲的「望聞問切」已經被他熟練掌握。他判斷楊堅可能回不來，很可能是從氣色上判斷的，這就是中醫裡面的「望」。關於這方面的記載，《扁鵲見蔡桓公》有明確的描述。像扁鵲這樣的神醫可以從氣色上看出患者的病情，並且把病情分為兩類：「有病但有藥可醫」、「有病已經無藥可醫」。

總結下來，章仇太翼可能已經判斷出楊堅是「有病但有藥可醫」，但是由於這個病涉及到皇帝的私生活，他又不能說。或許在他看來只要適當用藥，暫時遠離美女，楊堅還是有藥可醫的。只可惜忠言總是逆耳，在後宮美女這些藥引子的催化下，楊堅終於無藥可醫了，所以說男人不能總是對自己狠一點，關鍵時還要悠著點。

據說在生命的最後時刻，楊堅曾經感慨，「倘若獨孤在，我不至於到這個地步。」（使皇后在，吾不及此。）

謎案，謎案

謎案，永遠的謎案，中國的歷史就是由一串串謎案連接而成，當世的人看不透，後世的人更看不透，以至於蔣介石在一九二六年的日記裡也曾寫下這樣的語句：歷史無事實，事實絕不能記載也。知我者其惟鬼神乎？

或許，也只有鬼神能解釋清楚，到底在隋文帝楊堅駕崩的時候發生了什麼？宋太祖駕崩的時候發生了什麼？康熙帝駕崩的時候發生了什麼？沒有人能說清楚，鬼神能嗎？問題是有鬼神嗎？

關於隋文帝駕崩的記載，有很多版本，正史中的記載很正常：

夏四月乙卯，上不豫。

六月庚申（六月六日），大赦天下。有星入月中，數日而退。長人見於雁門。

秋七月乙未，日青無光，八日乃復。

己亥，以大將軍段文振為雲州總管。

甲辰（七月十日），上以疾甚，臥於仁壽宮，與百僚辭訣，並握手歔欷。

丁未（七月十三日），崩於大寶殿，時年六十四

而在其他記載中，就有了很多版本。下面就羅列幾個。

《后妃傳》言：宣華夫人陳氏，陳宣帝女，陳滅配掖庭，後選入宮為嬪，有寵。高祖寢疾仁壽宮，夫人與太子同侍疾。平旦出更衣，為太子所逼，上聞之恚，使兵部尚書柳述、黃門侍郎元岩召勇，述、岩為敕，以示左僕射楊素。素白太子，太子使張衡入寢殿，俄而上崩。

《廢太子》、《柳述傳》與這個版本大致相同。

《楊素傳》：上不豫，素與柳述、元岩等入閣侍疾。皇太子慮上有不諱，須預防擬，手自為書，封出問素，素錄出事狀以報，宮人誤送上所，上覽而大恚。所寵陳貴人又言太子無禮。上遂大怒欲召勇，太子謀之於素。素矯詔，追東宮兵士帖上臺宿衛。門禁出入，並取宇文述、郭衍節度。

又令張衡侍疾。上以此日崩。

《大業略記》：楊堅病重，太子侍疾。期間召蔡夫人到另一個房間，蔡夫人出來後臉上有傷。楊堅過問，蔡夫人說，「太子無禮！」楊堅遂讓柳述等召楊勇，欲廢楊廣。楊廣緊急召集楊素、宇文述、張衡等攜帶毒藥，三十名侍衛穿女人服裝站在門口和巷口，嚴密戒備。楊素等人進寢殿後，楊堅暴死。

《通曆》：楊堅病重，太子與陳夫人侍疾。太子非禮，陳夫人上告楊堅，楊堅怒而召楊勇進殿。楊素密不發詔，遣散宮女，遣張衡進殿，張衡猛擊楊堅前胸，鮮血噴出，濺灑屏風，楊堅慘呼怨痛，聲音傳至戶外，遂死。

以上是關於隋文帝駕崩的幾個比較流行的版本，究竟哪個是真，哪個是假，恐怕只有天知，地知了。你不知，我也不知。

儘管我不知道真實的情況，但倒可以提幾個疑問。

疑問一：假使楊廣真的垂涎於兩位夫人的美色，大可以等到楊堅駕崩之後，何必急於一時呢？西元六〇四年，楊廣已經三十五歲，一個成年人，一個非常善於隱藏自己內心的成年人會在那麼敏感的地方做那麼敏感的事情嗎？值得注意的是，兩個版本中，楊廣非禮的夫人還不一樣，多數版本說是非禮陳夫人，《大業略記》說是非禮蔡夫人，到底是哪個呢？難道還一下兩個？

疑問二：如果楊廣與楊素互通消息，他們選擇的快遞員素質會那麼低嗎？居然分不清信是送給太子還是送給皇帝，這個玩笑開大了。但凡敢幹這種高風險事情的人，必須是膽大心細之人，太子和皇帝都分不清，這就不是能力問題了，而是智商問題。

疑問三：無論哪個版本都顯示，在生命的最後時刻楊堅的頭腦都是清醒的，以如此清醒的頭腦，會沒有任何防範？

所有的謎案都沒有完美的解釋，所有的疑問也都沒有標準答案。倘使楊廣的身後，繼位的是他的子孫，那麼關於隋文帝的駕崩必然沒有那麼多香豔與血腥並存的版本。

所謂歷史，只是當世人給出的一個當時認可的解釋，所謂真相，其實沒有公開。

弒父淫母？楊廣留給後世的問號

世間的真相沒有多少，傳聞卻是一籮筐，關於楊廣的傳聞，「弒父淫母」是最大的猛料，究竟誰是小道消息的第一傳播者已經無據可考，只是後世的人都或多或少知道楊廣「弒父淫母」，真是好事有腿不出門，壞事無腿走千里。

關於楊廣弒父的情節已經在謎案中有所涉及，接下來該說說「淫母」的情節了，對象是楊堅寵愛的兩位夫人，一位是宣華夫人陳氏，一位是容華夫人蔡氏。

《后妃傳》的記載是這樣的：

俄聞上崩，而未發喪也。夫人（宣華陳夫人）與諸後宮相顧曰：「事變矣！」皆色動股慄。晡後，太子遣使者齎金合子，帖紙於際，親署封字，以賜夫人。夫人見之惶懼，以為鴆毒，不敢發。使者促之，於是乃發，見合中有同心結數枚。諸宮人咸悅，相謂曰：「得免死矣！」陳氏恚而卻坐，不肯致謝。諸宮人共逼之，乃拜使者。其夜，太子烝焉。及煬帝嗣位之後，出居仙都宮。尋召入，歲餘而終，時年二十九。帝深悼之，為製《神傷賦》。

容華夫人蔡氏，丹陽人也。陳滅之後，以選入宮，為世婦。容儀婉嫕，上甚悅之。以文獻皇后故，希得進幸。及后崩，漸見寵遇，拜為貴人，參斷宮掖之務，與陳氏相亞。上寢疾，加號容華夫人。上崩後，自請言事，亦為煬帝所烝（烝，指與母輩淫亂）。

以上記載來自《隋書》，說得有鼻子有眼，或許就是真的，不管怎麼說，楊廣與庶母苟且，確實不是什麼光彩的事情。不過在這個問題上，唐王朝是沒有資格指摘楊廣的，因為他們自身更加不堪。

在大唐近三百年的歷史中，有的皇帝把父親的才人封為皇后（唐高宗與武則天）；有的皇帝把兒媳提拔成了貴妃（唐玄宗與楊玉環）；有的皇帝把祖父的才人作為自己的妃子（孫子唐順宗的妃子王氏曾為祖父唐代宗的才人）；有的皇帝把自己的孫子升格為兒子（唐德宗把兒子唐順宗的兒子升格為自己的兒子）。總之不少稀奇古怪的事，唐朝都發生過，以五十步的境界去笑隋的一百步，楊廣只能揮揮手，彼此，彼此！

兄弟，天敵！

兄弟，可以彼此依靠；兄弟，可以同舟共濟；兄弟，也可以自相殘殺。

帝王的兄弟，不是兄弟，是天敵。

楊勇、楊廣、楊俊、楊秀、楊諒同父同母，在歷朝歷代的開國皇帝中都比較少有，楊堅和妻子獨孤皇后曾經發誓夫妻相親相愛，兒子們相敬友愛，可惜的是理想與現實之間總是有著差距，理想中五兄弟應該相互友愛，現實中五兄弟自相殘殺。

楊氏五兄弟中最先去世的是楊俊，死於西元六〇〇年，他沒有死於戰火，也沒有死於意外，他死在了一個特殊人物之手。

這個特殊人物是誰呢？他的妻子崔氏。

楊俊的妻子也是個嫉妒狂，跟獨孤皇后聯手就可以組成婦聯。獨孤皇后嫉妒心強，頂多把皇帝楊堅擠兌得離家出走，這跟崔氏比就「小巫見大巫」了，崔氏的方法更絕、更徹底——給老公下毒！

如果說逼老公離家出走已經夠過分，那麼親手給老公下毒就是相當過分了，這遠遠跳脫了「一哭二鬧三上吊」的境界，手法毒辣，古今少有，中外罕見。

可憐的楊俊，原本是個老實孩子，小時候一心向佛，甚至一度請求出家為僧。就是這麼個好孩子，在父親成為皇帝後產生了翻天覆地的變化。被下毒就是因為楊俊貪戀美色，結果被吃醋的老婆在瓜果裡下了毒。

當然崔氏下的毒，不是毒鼠強，而是一種慢性毒藥，崔氏的目的不是要楊俊的命，而是要楊俊的心，然而楊俊的心沒有要到，卻要了她自己的命！

要崔氏命的不是別人，正是老公公楊堅。楊堅得知這對活寶的荒唐事後，以「驕奢淫欲」為由免除楊俊所有官職，以「毒害親夫」為由將崔氏趕回娘家自殺了斷。三年之後，被下毒的楊俊病逝，儘管享年不長，但也算五兄弟中結局相對不錯的，畢竟死的時候沒被人脅迫。

西元六〇四年七月二十一日，楊堅去世後的第八天，楊廣發布楊堅的死訊，隨後在仁壽宮登基稱帝，這就是歷史上赫赫有名的隋煬帝。在楊廣登基的同時，心裡一直忐忑不安，他不擔心大臣造反，他擔心的是自己的兩個兄弟，一個是楊勇，一個是楊諒。

那時活在世上的其實還有蜀王楊秀，只是楊秀早就在兩年前被老爹楊堅罷了官，關了禁閉，造反已經沒有能力，最大的能耐也不過在軟禁他的房子裡摔摔碗，所以不足為慮。

楊廣最擔心的是楊勇和楊諒，楊勇是前太子，是嫡長子，這個嫡長子只要存在一天就是楊廣的麻煩，一旦將來別有用心的人擁立嫡長子登基，那自己這個皇帝往哪裡擺呢？總不能兩個皇帝吧。

楊諒同樣也是個麻煩，這傢伙是五個兄弟中最小的，也是楊堅夫妻倆比較疼愛的，現在正擔任著并州總管，手裡有地、有兵、有權，要造反太有條件了，這個傢伙肯定不會消停。

想來想去，還是先處置楊勇要緊，屈指算來楊廣已經被他折磨了四年。從西元六〇〇年開始，楊廣就經常做噩夢，在夢中經常夢到太子復位，而自己又被廢黜。這樣的夢做得太多了，不能讓這樣的夢再繼續下去了。

人在順的時候想什麼來什麼，正當楊廣為派誰去執行秘密任務而苦惱的時候，楊素的弟弟楊約來了。當年正是楊約接受了楊廣的賄賂，楊素才加入了楊廣的奪嫡團隊。現在老隊員楊約又因為出差來到了仁壽宮，他不正是執行秘密任務的最佳人選嗎？

此時的楊勇就是含有三聚氰胺的奶粉，不銷毀也得銷毀了，誰讓你是前太子呢？銷毀前太子的方法很簡單，數百年前秦朝的趙高就用過，矯詔唄。反正老皇帝已經死了，楊勇還能跟老皇帝當面對質不成？楊約帶著楊廣的密令，以八百里加急的速度趕回了大興，仁壽宮跟大興城只有一百二十公里的距離，幾個小時後，殺手楊約就到了前太子楊勇的軟禁地。

朝也盼，暮也盼，楊勇一直在等待父皇赦免的詔書，然而在苦苦等待四年之後，等來的卻是一紙賜死的詔書。

面對這紙詔書，楊勇的判斷與秦太子扶蘇截然不同。秦太子扶蘇服從詔書當即自殺，而楊勇還準備抗爭，只可惜一切都晚了，在父親的手裡還有活路，在弟弟的手裡只有死路。

楊勇苦苦掙扎，拼命躲避那杯弟弟賜予的毒酒，那是前朝末代皇帝喝過的毒酒，自己絕不能喝。不喝就不喝吧，楊約說，別勉強太子了。

楊勇剛鬆了一口氣，楊約接著說了一句：「那就縊死吧。」

不知道被縊死的楊勇是不是下了詛咒，十四年後，當楊廣向宇文化及苦求一杯毒酒時，他居然得不到，他的結局居然也跟兄長一樣——縊死。

連死法都一樣，真是親兄弟。

扶上馬送一程

軍功章裡有我的一半，也有你的一半，這句話送給奪嫡功臣楊素一點也不為過。事實證明，這位老兄不僅煽風點火有一套，打仗平叛更有一套。

楊廣處理完楊勇之後，就開始著手準備處理楊諒，不管楊諒反還是不反，等待他的只有軟禁。此時的楊諒任職并州總管，轄區包括山西和河北的大部分區域，總計五十二個州，兵力數十萬，如果運用得當，席捲大興並非沒有可能，只可惜楊家兄弟都有一個優良傳統：眼高手低，不堪大用。

當父親的死訊傳到并州的時，楊諒陷入了痛苦抉擇之中。從太子被廢黜之後，他就一直悶悶不樂，為什麼呢？因為楊廣奪嫡打破了原有的平衡。

本來太子是太子，親王是親王，大家各過各的日子。現在太子被廢了，原來的親王二哥當了太子，這讓楊諒不平衡了，憑什麼老二能當太子，老五難道就不能？現在老二不是太子了，而是皇帝了，那麼老五又該怎麼辦呢？

想來想去，還是反了吧，老四楊秀不是被關起來當了政治犯嗎？自己可不能去跟他作伴。

要說楊諒這個親王政治素質真是不高，這個時候起事當然得找個合適點的理由，他老人家找來找去總算找到了一個，「楊素謀反」，這不是上墳燒報紙——糊弄鬼嗎？如果楊素謀反，皇帝楊廣自會收拾，還用等著遠在并州的楊諒嗎？其實此時有一個理由最為合適，也最能蠱惑人心，這個理由就是「楊廣弒父」，「弒父」的帽子一扣，影響力就不一般了。

首先「弒父」帽子一扣，就會給天下造成楊廣皇位來路不正的印象，先讓他皇位坐不穩；再者亮出為先皇復仇的旗號，這就是告訴天下此次起兵是我們楊家的家務事，你不參與可以，但別阻擋我為先皇復仇的腳步。就算這個口號不足以一呼百應，但至少也能讓很多人靠邊站，看他們兄弟倆死磕，總之「楊廣弒父」比「楊素謀反」強太多。

聽到楊諒打出「楊素謀反」的旗號，楊廣在心中暗笑，「老五啊，老五，這麼多年怎麼光長肉不長腦子呢！」楊廣召來楊素，一見楊素他就笑了，「楊諒說你謀反了，趕緊帶兵去闢謠吧，不然明天就有人拿你的人頭找我請賞了。」

對於打仗，楊素從來不含糊，對付楊諒這個毛頭小子更不在話下了。

楊素悄然出發，楊諒還在痛苦抉擇，這次抉擇的不是「反還是不反」，而是抉擇到底是割據自立，還是席捲大興。「割據自立」就盡量採取守勢，「席捲大興」就得出奇兵，渡過黃河挺進大興。經過一番痛苦的抉擇，楊諒站起身目光深邃的望著遠方，「大丈夫當如是也！」

大丈夫當如是也？這麼說要「席捲大興」了？

楊諒搖搖頭，「不，還是擴大地盤，割據自立吧！」

鷹擊長空，魚翔淺底，既然做不了鷹，那就做一條一天到晚游泳的魚吧！

進攻才是最好的防守，一味的死守是斷然守不住的，沒有光靠挨打就能獲得金牌的拳擊冠軍，同樣也沒有光靠防守就能奪得天下的帝王。想要割據自立，也要站穩腳跟，只可惜楊諒並不懂這個簡單的道理。

初期的楊諒倒有幾分席捲大興的模樣，他派出五路大軍從并州本部出發，前四路負責在河南、河北等地攻城掠地，第五路直撲蒲津關，渡過黃河直逼大興。然而就在大軍攻下蒲州城離蒲津關只有一百餘里的時候，楊諒變卦了，這一變卦就注定了楊諒的敗局。楊諒命令就地破壞黃河大橋，堅守蒲州，防區內嚴防死守，嚴防楊廣的軍隊進攻。從這個時刻起，楊諒收起了拳頭，等待著楊廣的進攻。

就在楊諒下令全線防守的同時，楊素率領的五千輕騎兵已經挺進到了黃河岸邊。當夜，楊素徵集當地幾百條商船，全軍化整為零，事先在船上鋪上稻草，人馬踩在上面一點噪音也沒有。藉著夜色的掩護，五千輕騎兵連夜渡河登陸成功。拂曉時分，當蒲州城的守軍還沒起床的時候，楊素的集結號已經吹響了。慌亂之下，楊諒的守軍跑的跑，降的降，蒲州城在楊諒手裡還沒有捂熱，就又回到了楊素的懷抱。

小勝並不足以麻痺楊素，楊素的目標是楊諒的大本營并州。經過各路援軍增援之後，楊素的部隊已經有了幾萬人的規模，兵多了，將廣了，可是怎麼靈活運用這幾萬人呢？楊素對著地圖指點了幾下，做出了部署，在沿途仍效忠楊諒的晉州、絳州、呂州，各留下兩千人做象徵性包圍。剩下的人全速挺進，目標并州。

然而，楊素馬上又遇到了新問題，無路可走。楊諒的部隊已經切斷了并州周圍所有的交通線，據守在山西高壁，連營五十里，陣勢浩大。

沒有路怎麼辦，難道楊素能插翅飛過去不成？是的，他還真能飛過去，不過不是靠他的翅膀，而是靠他的雙腳。

楊素命令手下將領繼續向前挺進牽制楊諒的主力，而他自己帶領一支奇襲部隊，從霍山山谷的懸崖峭壁繞到楊諒大營的背後，這一招與三國時期鄧艾越過懸崖峭壁奇襲成都有一拼，看來楊素也知道不少三國故事，同時也知道那句名言，「世上本沒有路，走的人多了也就成了路。」

繞到敵人背後的楊素立即紮營，轉身命令自己的參謀長進大營挑選三百人留營守護，剩下人馬全體集合向楊諒大營衝鋒。

留營，衝鋒，哪個安全係數高呢，傻子都知道。結果大營中誰都想爭取那三百個留守名額，爭取成功的慶幸祖上積德。就這樣，你爭我奪，惡劣競爭，三百個留守的名額終於分配完了，然而選拔的時間太長，全軍竟然錯過了原定的出發時間。

楊素憤怒了，為國平叛拖拖拉拉像什麼樣子，靠這些人怎麼能打仗，不刺激一下怎麼行。

楊素衝軍令官一招手，「剛才那三百個爭取留下看營的全部斬首！」

三百人一會就砍完了，楊素再發問，「還有誰願意留下？請舉手！」

一個沒有，出發！

剛才還貪生怕死的士兵轉眼間變成了貪死怕生，反正是個死，那就死得轟轟烈烈點吧。以這麼一群死不怕的人衝擊還在打著小算盤的叛軍大營，士氣已是天壤之別。這一仗下來，楊諒的叛軍死傷幾萬人，叛軍的元氣已經大傷，勝負的砝碼已經掌握在楊素的手中。

聽到前線崩潰的消息，楊諒準備硬挺一把，帶領十萬大軍列陣準備迎戰楊素，不想秋天裡的一場雨壞了楊諒的好事。本來楊素的人馬是孤軍深入，已經人困馬乏，看著楊諒的十萬大軍也是倒吸涼氣。不料一場秋雨從天而降，澆得楊諒睜不開眼，從小到大他就就沒受過這個罪，怎麼造個反這麼難呢？

雨一直下，沒有停的意思，兩軍在僵持著，但都也不肯先進攻，連眼都睜不開，還打什麼仗呢？現在比的不是別的，就是雙方的挨澆能力，誰先扛不住先移營，誰就輸了。

事實證明，嬌生慣養的就是比不過久經沙場的，楊素被雨越澆越精神，楊諒卻越來越蔫，雨越下越大，楊諒越來越冷，算了，撤退吧，反不造了，也不能遭這罪。旁邊的大將一個勁提醒，「大王，千萬不能回軍，一回軍什麼都完了！」

楊諒確實不是造反的材料，他沒有聽從大將的勸阻，毅然決然撥馬而去，在他撥馬離去的一瞬間，楊素笑了，這場雨沒白澆。

命運就在自己的手中，有的時候只需要再堅持一會，再堅持一會。

高高在上，
大業在我手中

第五章

變革　大變革

楊諒的造反剛剛開了個頭就結了尾，說明這孩子確實不是造反的材料。秀才造反十年不成，他倒好，一個月都不成。他的結局已經在他撥馬離去的那一瞬間注定，在被圍之後，他宣布無條件投降，這個時候的他已經沒有資格談條件了。

按照群情激奮大臣們的意見，楊諒應該被處死，楊廣卻陷入了沉思。

剛繼位就殺自己的親兄弟，這個印象確實不好。楊勇是以父親的名義殺的，殺楊諒不能再以父親之名，否則他會氣得活過來。

不能用父親的名義，同時也不能用自己的名義，畢竟殺親生兄弟不好聽，而且還要背上「器量小」的罵名，不行，絕不能背上這個罵名。

其實懲罰一個人未必一定要殺，而殺一個人也未必一定要昭告天下。在楊廣的主持下，楊諒被從輕發落，赦免死罪，從家譜上註銷名字，判處終身監禁。

對於叛亂，這個判決已經夠輕了，然而這僅僅是表面。

史書記載，楊諒自此被幽禁而死，部屬被牽連處死及流放達二十萬戶。該他承擔的一點都沒有逃脫，只是程序有所不同，僅此而已。

自此，兄弟已經不見，天敵自此消失，楊勇、楊俊、楊諒以不同的方式消失，楊秀則繼續著他的軟禁生涯，一母同胞五兄弟，至此活躍在歷史舞臺的只有楊廣一人。

西元六〇四年十月十六日，楊廣將父親安葬於太陵，廟號高祖。入土的父親從此就成了一個符號。

從西元六〇四年十月十六日到到西元六〇五年正月一日，屈指算來只有七十餘天，然而就在這七十來天裡，楊廣已經開始變革，有些變革對於未來意義非凡。

這期間有三件大事，分別是開建東京，追謚煬公，開挖長壕。

開建東京就是重建洛陽城。

說起來重建洛陽城也很偶然，不是出於整體規劃，而是出於封建迷信，始作俑者就是那個預測「楊堅回不了大興」的章仇太翼。這個老兄主業是法術師，兼職是中醫，上次是靠中醫理論看出楊堅有病而且即將不治，而這次忽悠楊廣靠的是主業，主題是大興的五行和楊廣的五行相剋。

五行這個東西神乎其神，到現在無法用科學完全解釋，歷代皇帝都是寧可信其有，楊廣也不例外。按照章仇太翼的說法，楊廣是木命，而大興附近的地形是破木的地形，不能長久居住。而如果在洛陽興建東京，那麼洛陽是水，水能生木，這樣大隋王朝千秋萬代，就能再現晉王朝的天下大一統。

話說到這個份上，楊廣心動了，誰不想王朝千秋萬代，誰不想自己永遠健康，既然興建個東京就能達到效果，那就建唄，不就是花點錢嗎？如果是錢能夠解決的問題，那就不是問題。

這一年的十一月二十一日，楊廣下詔，在洛水、伊水會合處興建東京洛陽，這也就是現在洛陽市的所在地。洛陽，洛水之北，山南水北為陽，故此得名。

追謚煬公就是追謚南陳末代皇帝陳叔寶，這一年的十一月二十日，南陳亡國皇帝陳叔寶去世，享年五十二歲。從西元五八九年亡國，到現在已經十五個年頭。能在猜疑成性的楊堅眼皮底下生活十五年，陳叔寶的功力可以跟蜀漢的劉禪有一比了。劉禪靠的是自我麻痺的「此間樂，不思蜀」，陳叔寶靠的則是酗酒，總之在強敵的屠刀下生活，日子不易。

得知陳叔寶去世，楊廣沒有任何感覺，只對著陳叔寶的名字一陣感慨，「一晃滅陳都十五年了！」既然去世了，那就給他個諡號吧，翻了半天，楊廣總算翻到了一個「煬」字，行，給他合適。

歷史是最好的編劇，此時春風得意的楊廣萬萬不會想到，十四年後，他的表哥李淵會給他同樣一個諡號。公正的講，李淵給楊廣一個「煬」字挺不厚道的，對比陳叔寶的「煬」，楊廣的「煬」有點重。看看後世，明朝給元朝逃跑皇帝的稱號「元順宗」，清朝給明崇禎皇帝的諡號「明思宗」，都是亡國皇帝，「隋煬帝」聽著挺刺耳。

開挖長壕則是楊廣上任之後的第一個大工程。

十一月四日，楊廣徵發民工數十萬人挖掘長壕，西起山西河津縣，東到山西晉城市、河南淇縣，南下到河南省新鄉市，渡過黃河，一直延伸到河南省開封市，向西抵達河南汝州市，終點到陝西商州市。家裡有地圖的朋友可以自己拿比例尺量一下，即使在現代這樣的工程量也很巨大，更何況在沒有大型挖掘機的隋朝。

挖這個長壕做什麼？防禦。

這個長壕隔一定距離設立關卡定點設防，主要是防止大規模的騎兵入侵，再者即使步兵也夠嗆，至少也得跳下溝然後再想辦法從溝裡爬上來，當然這個攀爬難度還是不小的。

三件大事做下來，楊廣要開創屬於自己的時代了，他堅信，站在父親的肩膀上，他將成為千古一帝，他的腦海中一直浮現著父親的那句話，「吾以大興，公成帝業！」

大業，在我手中！

西元六〇五年正月初一，隋朝第二個皇帝楊廣宣布大赦天下，改年號為大業。

大業，千古一帝的偉大事業。

然而夢想照進現實，靠的不是做夢，而是實幹。

關於實幹，楊廣是有發言權的，他從來不是只說不做的人，他說幹就幹，而且從未停止。

在楊廣的大業年間，有兩項大工程，一是鑿運河，二是修長城，還好由於數百年前秦始皇已經修過長城了，所以在這個工程上，秦始皇幫楊廣頂著罵名，修長城儘管也是隋朝的大工程之一，受到的指責並不是很多。相比之下，開鑿運河卻是楊廣的所謂污點之一，和征遼東一樣，鑿運河讓楊廣背負著千古罵名。

數年前，老舍先生之子舒乙先生的一篇文章引起一片罵聲，這篇文章最先登載在一本雜誌上，隨後在網路上登載，在網路上登載的題目是《僅憑大運河就應該為隋煬帝平反》，對此，在下深有同感。

大業元年也就是西元六〇五年三月二十一日，楊廣召集河南、淮北各州民夫，前後一百餘萬人開鑿通濟渠。自洛陽西苑引導谷水、洛水注入黃河。再從板渚引導黃河穿過滎澤注入汴河，在大梁之東再注入泗水及淮河。同時徵調淮南民夫十餘萬人挖掘古邗溝，從山陽到揚子注入長江。運河寬四十餘步，河兩旁修築御道，種植楊柳。六〇八年開挖永濟渠，引導沁水向南注入黃河，向北流到涿郡（北京附近）。六一〇年開鑿江南運河，從江蘇鎮江到浙江杭州，長八百餘里，寬十餘丈。

運河工程無疑是隋朝的大工程，由於歷次開鑿運河，工期都非常緊迫，民間勞役非常苦重，有記載稱男丁不足，甚至徵召婦女服役，而且由於勞動強度大，民夫的死亡率也非常高。由於年代的久遠，我們無法真正了解當年的勞役實情，因為歷史是有溫度的。總體來說，開鑿運河的歷史是帶有血和淚的，

然而，在楊廣的治下，東部以及中部運河網路的形成，卻影響著後世上千年的經濟和民生。已故旅美歷史學家黃仁宇先生說：「皇帝似乎比當世的人更懂得運河的價值。」

其實我們只需要說出幾個城市的名稱，就足以證明運河對中國歷史的影響。這些城市分別是長安（包括洛陽、開封），揚州（包括杭州），北京（包括天津），因為運河，它們成為當時的大都市。開封後來成為北宋的國都，杭州後來成為南宋的國都。元朝時杭州已經與鼎盛時相去甚遠，但也足以讓到此一遊的馬可波羅歎為觀止，這一切的源頭都是因為運河，而決策者恰恰就是那個千夫所指的楊廣。

歷史，以成就和道德作為兩把尺，那麼對於楊廣，我們又該如何衡量呢？

楊素，你已跟不上我的腳步

登基，稱帝，年號也改為大業，功臣們也該論功行賞了。

綜合比較，各類排名，擁立第一功臣非楊素莫數。從在隋文帝面前打小報告到廢黜太子，從仁壽宮最後密謀，到千里出師平叛楊諒，楊素的功勞太大了。

功勞大了自然就得賞，楊廣隨即封楊素為尚書令，兒子楊萬石、楊仁行、侄兒楊玄挺儀同三司**（勳官八級、正五品上）**，賞綢緞五萬匹、綾羅一千匹及楊諒的女奴二十名。

此時的楊素達到了人生的巔峰，但我們都知道，巔峰的後面就是低谷，這是世間的規律，誰也逃不掉。如果楊素的眼睛能看到身後事，那麼他可能會後悔三件事情，一是一個兒子的名字沒取好，二是一個兒子智商不高，三是自己看錯了一個人。

那個名字沒取好的兒子就是剛才得到封賞的楊萬石，名字寓意很好，「萬石」，這是高級幹部的代名詞，意思是將來是享受萬石黍米級別的高官。名字寓意很好，可惜諧音實在太遭，「萬石」諧音「完蛋」（各位可以在輸入法上試一下）。楊家最終的結果真是如同這個孩子的名字一樣「萬石」，完蛋！

那個智商不高的兒子就是扯起造反大旗的楊玄感，這位老兄級別挺高，膽也很大，居然選擇在楊廣二征遼東的時候起事，一個直接的後果是導致二征遼東草草收場。本來遼東城攻陷在即，結果楊玄感起事的消息傳到前方，楊廣只能火速回軍，二征遼東即告失敗。如果楊玄感沒有起事，如果早一點攻陷遼東，或許征遼東就不會成為隋朝滅亡的導火索，要怪只能怪那個倒楣孩子楊玄感。起事後的楊玄感儘管初期非常凶猛，只可惜智商不夠，首鼠兩端，跟老爹楊素相比，他的軍事才能不足以建功立業，充其量只能攪局。不過楊玄感起事對於李淵倒是有積極意義，至少提醒李淵「造反不能像楊玄感那樣首鼠兩端」。（在後面李淵起兵時再細說）

那個楊素看走眼的人不是別人，就是隋末農民起義的著名領袖李密。李密年輕的時候很喜歡讀書，讀書入迷的時候經常騎著牛，牛角上掛著《漢書》，一路騎牛一路看。正巧有一次被楊素看到了，楊素被這一幕深深吸引，上前一攀談，發現李密談吐不凡，仔細一問，居然還是北周八柱國之一李弼的曾孫。從此楊素非常器重李密，還把李密引薦給兒子們，楊玄感與李密的良好關係就是從這時開始。值得一提的是，當年楊素曾經問李密看的是什麼書，明明看的是《漢書》，李密回答卻說是《項羽傳》，李密為什麼要說謊呢？難道《項羽傳》的地位要在《漢書》之上？後世的我們恐怕很難知道其中真正的原因。

然而，一語成讖，李密的結局居然與項羽那麼相似！

說起來楊素被楊廣疏遠，其實並不是因為兒子的名字和智商，主要還是因為他的位置太高了，知道的事情太多了。

如果說嫉妒是楊家女人的天性，那麼猜疑則是楊家男人的秉性。

在開國皇帝楊堅的治下，當年為他立下大功的臣子們隨著時間的推移被疏遠，高熲、楊素、賀若弼、韓擒虎、史萬歲這些人都立有大功，然而他們的結果都一樣。相比之下，大將史萬歲更慘，剛跟突厥打了一場勝仗回朝請賞，沒想到卻被楊堅懷疑結交太子楊勇，當廷被活活打死，怎一個慘字了得。

楊堅如此，楊廣同樣也如此，在楊廣的治下，他的猜疑心絲毫不亞於他的父親，他需要的不再是權臣，也不再是能臣，而是聽話的庸臣，因為老楊家的人都一樣，對於別人的智商一貫低估，對於自己的智商則是一貫高估。

在楊廣的疏遠下，楊素終於明白了，想繼續在皇帝面前轉悠是不可能了，楊勇已經倒了，楊諒也已經收拾了，楊廣實在想不出還有什麼地方再需要他。所以對於楊素，楊廣的選擇是「供著」，而不是「用著」。被「供著」的感覺實在不好，但又能怎麼樣呢？名義上已經位極人臣，難道還要封你一個名譽皇帝不成？

事實證明，在中國歷代的官場上，一個官員對於政治生命的重視程度甚至超過了自然生命本身。那些位高權重的人，一旦失去了官位，失去了實權，就如同龍王三太子被哪吒抽了龍筋，身還在，魂沒了，楊素就是這樣一個人。

自從大業元年被封為尚書令以後，他的工作不是更多了，而是更少了，甚至沒有了。部屬對他倒是很客氣，也客套的請他指導工作，但聰明的楊素看得出來，那是一種同情的客套，那種客套是現任幹部對待退休老幹部的。

大業二年六月二十九日，楊素被提升為司徒，這更是一個閒職，一個能把自己閒出病的職位。楊素徹底明白了，自己的政治生命已經結束，接下來的任務就是在重大節日接受現任國家領導人的看望和慰問了。不過事情到這還沒有完，隨後楊素又被封為楚公，這也是一個榮譽稱號，這個榮譽稱號看著榮光，實則險惡，用通俗的話說，這個稱號是讓楊素替國家踩地雷的。

事情又是天文臺引起的，當時一位天文臺官員經過連續觀察星象做出了一份研究報告，報告顯示：古隨國地區將會有大規模的葬禮，也就是說這個地區將會死人，而且死的還不是一般人，不是皇帝就是重臣，反正得死人。

楊堅以前在北周時被封為隨國公，因此在隋朝，古隨國地區實際上指的就是隋王朝，如此一來，這個這份報告的意思就是隋王朝將會有比較盛大的葬禮，對此楊廣非常厭惡，怎麼才登基兩年就趕上這種事呢？

那個年頭是講究消災的，楊廣靈機一動，還是想到了消災的方法，既然有人需要死，那就讓楊素來擔當這個大任吧。隨即楊廣下詔將楊素封為楚公，楚和古隨國都是指湖北中部地區，實際是指的是一個地方，只是不同時代的叫法不一樣而已。楊廣把楊素封為楚公意思很明顯，你楊素就替國家死一回吧，我保證你會受到國葬的。

像楊素這樣的高官，宮裡是不可能沒有幾個朋友的，很快他就從宮裡知道了皇帝這個封號的意思，「為了國家，去死吧！」任務夠艱巨的。如此一來，楊素的政治生命已經到了盡頭，生命也快到了盡頭，一年多的抑鬱加憋屈很快積成了病，他正向生命的終點加速邁進。

得知楊素重病，楊廣表現得很關切，頻繁派出最好的醫生開列最好的藥，每次醫生一回宮楊廣就會關切的問，「怎麼樣，什麼情況？」千萬別誤會，楊廣頻繁過問楊素病情並不是為了讓楊素快點好，恰恰相反，「怎麼還不快點死，為國家消災呢？」

到了這個份上，楊素已經沒有選擇了，藥不能吃了，身體不能要了，醫囑不能遵了，氣也不能喘了，目的只有一個，不活了，每語弟楊約曰：「我豈須更活耶？」

大業二年七月二十三日，司徒楊素走完了他的人生路，他的一生是奮鬥的一生、革命的一生、久經考驗的一生，同時也是虎頭蛇尾的一生。

楊素死後，受到了國葬，被追認為太尉和虢州等十個州的州長，他的悼詞很長，很長。

悼詞，是為死人寫的，念給活人聽的。

活人是承受不起，而死人又聽不到。

驚雷！太子沒了

楊素走了，另外一個人也走了，這個人還比楊素早走一天，這個人就是楊廣的太子楊昭。這下楊廣的工作強度加大了，悼詞一下得寫兩份，一份給楊素，一份給自己的兒子楊昭。

史書記載：太子是累死的，是被工作累死的，起因則是身體肥胖。身體肥胖的太子要在父親面前盡到做兒臣的禮節，頻繁的下跪也就免不了了，對於別的大臣來說這是生理本能，而對於肥胖的楊昭來說則是不小的折磨。每次上朝回來都要喘半天，加上楊廣交給他的工作比較多，累積下來終於積勞成疾。

按照楊廣的安排，楊廣在洛陽的時候，太子楊昭就得在大興留守，所以楊廣就催著太子楊昭回大興看家。已經累出病的楊昭請求在洛陽多住幾天，結果父親很不高興，也沒有同意。太子楊昭沒有辦法，一咬牙，一跺腳，走，上路！

回大興？不，天堂！咱永遠不回來了！

太子楊昭在後世的口碑非常好，他被自己的父親追認為元德太子，他被全天下的人稱為仁慈賢良，一個原因是因為他比較潔身自好，另外一個原因可能是因為他去世早，沒有太多的把柄落在別人手中，表叔李淵也不好往他身上潑太多的髒水，因此他也就成了隋朝皇室中少有的幾個被稱道的人物，原因就是因為他去世得早。

楊昭走了，卻留下一串問題，誰來當太子呢？

之前說過由於獨孤皇后瘋狂的嫉妒心作祟，楊廣不敢有非嫡出的子女，即使小老婆中已經有人懷孕，甚至已經生產，他都不敢把孩子留在世上，這樣等到他登基稱帝的時候，他的名下只有二子二女（**幼子楊杲出生於登基後**），對於帝王來說這樣的梯隊厚度太單薄了，一旦有意外，誰來拯救皇室呢？

現在意外來了，太子楊昭去世了。

此時楊廣名下只剩兩個兒子，一個是齊王楊暕，一個是幼子楊杲（**時年一歲**），太子之位要麼楊暕，要麼楊杲，二選一，選擇範圍實在太小了。當時的人都以為太子之位應該是楊暕的，畢竟楊暕已經二十多歲，而楊杲只有一歲，把國家託付給一歲的娃娃，那開玩笑了。

然而事情壞就壞在「大家都以為楊暕將成為太子」，而他自己也是這樣認為的。楊暕以為自己是太子的天然人選，由此就放鬆了警惕，也放鬆了對自己的要求，悲劇也就隨之而來了。之前楊堅放鬆對自己的要求，結果身體垮了；後來楊廣放鬆對自己的要求，結果國家垮了；現在楊暕放鬆對自己的要求，結果到手的太子之位飛了！

悲劇不是一朝一夕造成的，而是楊暕經過一年多的努力鑄就的。

楊暕這個人沒什麼大毛病，就是有點好色，而且還因為好色壞了父親的好事。楊暕的手下有三名官員專門為他辦這種私事，他們分別是喬令則、庫狄仲錡、陳智偉，這三位都是楊暕的總管，直接服務於楊暕的私生活，哪裡有美女，哪裡就有他們。

如果僅僅在民間獵豔還不至於讓楊廣震怒，畢竟這都是小節，不算大事，然而隨著一個柳姓美女出現，父子之間的齟齬隨之而生。

這個柳姓美女是前朝皇后、皇姐楊麗華首先介紹給楊廣的，當時楊廣可能正在想別的事，壓根沒往心裡去，柳美女進宮的事情就此擱置。沒想到皇姐楊麗華也是個好事的人，看弟弟楊廣不喜歡，索性轉手將柳美女介紹給侄子楊暕，總之幫柳美女在楊家找到了一個歸宿。

通過姑姑楊麗華的介紹，楊暕迅速地把柳美女接了過去，心裡對姑姑充滿了感激，「到底是親姑姑，什麼好事都想著侄子。」

楊暕的感動沒有持續太久，過了一段時間，百無聊賴的楊廣突然想起了楊麗華向他推薦的柳美女，這才回頭問老姐，「你上次給我推薦那個美女呢？」楊麗華不以為然的白了他一眼，「我以為你不要呢，現在人已經在楊暕那裡呢！」

楊廣皺了皺眉，「這孩子怎麼什麼都搶呢，他不知道朕不給，他不能搶嗎？」自此芥蒂已經在楊廣的心中產生，憤怒也在一點一點地累積。

到了西元六〇八年，已經被兒子搶走美女的楊廣又被兒子噁心了一把，這一次讓楊暕的太子夢徹底破碎。

這一年楊廣下詔興建了汾陽宮，汾陽宮是皇帝的離宮之一，功能相當於國家招待所，之所以在汾水發源地興建汾陽宮，主要有三個原因，第一個原因是術士說此地王氣很重，楊廣希望通過建離宮壓一壓此地的王氣（**按照唐朝的說法這裡的王氣是屬於李淵的**）。第二個原因是這裡風景好。第三個原因是這裡野生動物比較多，非常適合打獵，而楊暕的太子夢碎就是因為打獵。

楊暕跟隨楊廣前往汾陽宮周圍獵場打獵，父子倆各自帶領人馬圍獵，本來是父子親切交流圍獵心得的機會，最後卻變成了楊廣的雷霆之怒。事情的起因很簡單，就是因為楊暕太不懂事了。楊暕親自帶一千士卒圍獵，捕獲了大量麋鹿，而楊廣親自帶隊的那一組，居然一隻麋鹿都沒有打到。別說麋鹿了，連隻野兔都沒有，皇帝的臉上有點掛不住了。

楊廣憤怒地盤問手下的官員，官員們也無可奈何，「我們有什麼辦法，附近都被齊王楊暕的人圍了，根本不讓野獸進來。」

「小子啊，你這是誠心噁心我呢！」

自此楊廣的氣憤到了極點，自己忍辱負重了十幾年才登上皇位，沒風光幾年就遭遇二小子拆臺，爺倆打獵，連隻麋鹿都不給我，以後還能指望他什麼呢？這樣的人能當太子嗎？

一個美女，數隻野獸，再加上若干件不拘小節的小事，楊暕在父皇心中的信任度急劇下降。楊廣授意手下的官員尋找楊暕過失，結果一找一大把，這個孩子的過失實在太多了。

過失一：隋制縣令不能無故離境，楊暕卻因為打獵的緣故把跟自己交好的一個縣令違規帶到了汾陽宮。

過失二：王妃韋氏早逝，而楊暕卻與韋氏的姐姐通姦，而此女是有主的，她的身分是元夫人。然而就是這位元夫人給楊暕生了一個女兒，楊暕讓相面師給元夫人相了一下面，相面師撂下了一句話，「這個生女兒的會當皇后。」（**這話要是讓獨孤皇后聽見能氣得從地下蹦出來**）

過失三：祈求鬼神，使用邪術，詛咒侄子。因為太子楊昭的身後還有三個兒子，從封建帝王傳統的繼承方法來看，這三個侄子與楊暕都有繼承大統的權力，因為他們也有可能以皇太孫的身分繼位（**明代建文皇帝就是以皇太孫的身分繼承大統**）。為了搬掉這三塊絆腳石，楊暕想到了詛咒，使用了紮小人等詛咒方法，結果三個絆腳石沒搬掉，自己卻被老爹搬掉了。

有了這三大過失，再加上美女和麋鹿的芥蒂，楊暕的太子夢碎了，從此在楊廣的心裡，這個孩子就被蓋上了黑章，人家大使館蓋黑章是拒絕入境，楊廣蓋黑章則是「這孩子永不重用」。

自此楊暕只擔任洛陽市長，不准參與中央事務，而且他還創造了一個就業崗位：定點監督員，楊廣指定一名虎賁郎將定點監視其居住，一有情況馬上彙報。另外遇有皇帝巡遊，楊暕必須陪同出巡，不是因為待見他，而是怕他謀反。

宇文化及江都兵變時，不明就裡的楊廣對蕭皇后說，「莫非是老二造反？」等宇文化及派兵去殺楊暕時，楊暕以為是父皇要殺自己，高喊：「請欽差打人稟告父皇，兒臣不敢造反！」父子相疑到了這個程度，這也算父子一場！

太子死了，次子廢了，楊廣的子嗣只剩下時年兩歲的楊杲了。相比於表哥李淵的二十二個兒子，楊廣的戰鬥力是要受到鄙視的，這個事情還真沒法比，有時乾著急也沒辦法。

在楊廣看來，太子位空缺不是問題，他還有的是時間，然而定時炸彈已經給他綁上了，表哥李淵和李密他們並不打算給他太多時間。

楊廣，君臨天下

同自己的父親相比，楊廣更喜歡出巡，父親楊堅頂多每年去趟離大興一百二十公里的仁壽宮，在楊廣看來，這距離實在太近了，不過癮。

早在大業元年三月十八日，楊廣下詔，「君王應該聽取輿論，與民交流，然後知自己得失，朕準備出巡淮海，考察各地風情。」這紙詔書拉開了楊廣巡遊四海的序幕。

從大業元年開始，到大業十二年，每一年，大隋的皇帝都會出巡，在這十二年裡，共有三下江都、四次北巡、三征遼東、一次西巡，總計十一次出巡，每一次都是轟轟烈烈，每一次都是烈火烹油。後世的清乾隆皇帝六下江南，留下的是傳世的佳話，而楊廣留下的卻是身後罵名。

同樣是出遊，為什麼差距這麼大呢？一個原因是因為乾隆出巡給清王朝留下的是內傷，當時看不出來，而楊廣給隋朝留下的是遍體鱗傷。另外一個重要原因是接替乾隆的是兒子，而接替楊廣的是表哥。兒子的任務是為尊者諱（至少不會拆臺），連孔子都主張「假如做父母的偷了人家一隻羊，做兒子的打死都不能說」。而表哥就不一樣了，李淵這個表哥的任務就是拼命的拆臺。

楊廣出巡的第一站是江都，最後一站也是江都，「一下江都」有衣錦還鄉的味道，「三下江都」則是回「家」尋找庇護。之前曾經提到「大興向左，楊廣向右」，楊廣「三下江都」就證明了這一點。在楊廣眼裡，大興不是他的城市，洛陽也不是他的城市，只有江都才是他的家園，心靈的家園，所以在大業元年，他要一下江都，在大業十二年身心疲憊的時候，他要三下江都。

後世的人對楊廣極盡批評之能事，事實上楊廣非常聰明、非常有才華、非常有鑒賞力、非常會享受生活。

大業元年八月十五日，楊廣一下江都，乘龍舟，走運河。他的龍舟共有四層，高四十五尺，長二千尺。最上層有皇帝接見官員的「正殿」，有皇帝休閒活動的「內殿」，有文武百官辦公的左右「朝堂」。中間兩層有一百二十個房間，都用黃金碧玉裝潢，下層是宦官所住的地方。

這僅僅是皇帝的龍舟，蕭皇后的龍舟叫「翔螭號」，規模略小一點，裝修水準完全一模一樣。另外還有「浮景級」、「漾彩級」、「朱鳥級」、「蒼螭級」等十三個級別數千艘船，另外還有數千艘兵船，兩岸用來拉縴的民夫有多少呢？八千？八萬！就算有這麼多人拉縴，兵船還得當兵的自己拉縴。

這個船隊有多長呢？長達二百餘里，前頭部隊已經到了天津，最後的剛走出永定門。見過排場大的，沒見過排場這麼大的。

上面說的是水上的排場，接著說說陸地上的排場。大業二年二月，太府少卿（宮廷庫藏部副部長）何稠製作「黃麾」（類似皇家儀仗旗幟）三萬六千個，這樣為楊廣打旗的就得要三萬六千人，這些人夠組十個整編師。

眾所周知，羽毛在皇帝儀仗中是很關鍵的，主要用來裝飾。皇家儀仗隊非常需要羽毛，楊廣就向全天下徵集，凡是羽毛能做成裝飾的鳥基本被殺得差不多了。

儀仗只是一部分，陸地上保護皇帝的軍隊更不能少。大業三年，楊廣從榆林郡經過雲中溯金河而上，當時負責保護皇帝的軍隊有五十多萬人，戰馬十萬匹，輜重綿延一千里。

儘管是出巡，可再苦也不能苦皇帝，得讓皇帝出巡得舒適一點。在楊廣的指揮下，很快就建造出活動的宮殿。這個宮殿既可以擋風遮雨欣賞風景，又可以移動，而且上面還能容納侍衛數百人，更讓人驚歎的是這個宮殿既能拆開又能組合，下邊用軸輪承載由人力推動，前後左右，隨意前進、後退、轉動。

這還不算完，楊廣還指揮造出了可以移動的城堡，周圍長兩千步，用木板當城牆，布包木板，上畫彩圖，城樓和瞭望台全都具備。這個東西不僅能耍酷，還能加強民族團結，胡人一看見這城堡都以為是神仙下凡，該下跪的下跪，該下馬的下馬，看來高科技也是民族融合的催化劑。

這還沒算完，神奇的還在後頭。

每到楊廣休息的時候，部下就得緊急搭建臨時行宮，這行宮不是隨隨便便一個帳篷就能解決的，而是搭建一個臨時的宮殿，用的材料叫六合板。六合板什麼樣呢，大家可以想像一下打麻將用的骰子，骰子六個面，六合板也六個面，每個面一平方尺，不過六合板只有兩面有板，根據需要可以迅速組合，跟搭積木一樣，很短時間內就能為皇帝搭建六合殿、千人帳，還有城牆和瞭望樓。

臨時行宮搭建成之後，六合城外環繞一圈槍車，車轅對外，一字排開。車陣之內，散布有鐵蒺藜，鐵菱角，砸死人不償命；再往裡是強弓陣地，尖鋼錐插地，錐尖朝外，作為拒馬；強弓還有連發裝置，用繩連接機關，有人偷襲的時候，只要碰動繩子，機關旋轉，立即發射。當然，遠端的警戒也是少不了的，在六合城更遠的周邊，用箭插地，用繩相連，上面掛著銅鈴，一有人碰到，立即發出聲音示警。

總而言之，皇帝楊廣的出巡是在完美的設計和嚴密的保護下進行，生活品質從來沒有因為出巡而下降，終其一生，他將出巡進行到底。

頂峰！烈火烹油！

楊廣巡遊著大隋的天下，心中始終有一個夢想，那就是在自己的任內懷柔四方，萬國來朝，他的目標是超越西漢的漢武帝。

俗話說，一個籬笆三個樁，一個好漢三個幫，要實現這個遠大理想光靠楊廣一個人是遠遠不夠的。這時候吏部侍郎裴矩站了出來，這個人可以稱為隋朝的外交家，在老皇帝楊堅的任內他就從事外交事務，來往於大隋與突厥之間，對突厥採取拉攏與恐嚇並用，腐蝕和分化並舉，極大的瓦解了突厥的戰鬥力。他本人可以說是聰明絕頂，才思敏捷，現在給楊廣打工，簡直就是楊廣肚子裡的蛔蟲，在他面前，楊廣就是個透明人。

既然透明人楊廣準備懷柔四方，裴矩自然不能閒著，趁著皇帝楊廣派他到甘肅張掖管理國際貿易的機會，裴矩開始了解西域風情，繪製西域地圖。

西域就是今天新疆的區域以及新疆往西的一些區域，現在裴矩根據西域各國商人的描述，撰寫了《西域圖記》三卷，裡面包括了四十四個國家，另外還繪製了西域的山河險要地圖。這兩份東西到了楊廣的面前，大隋皇帝楊廣再也坐不住了，眼前這些東西不正是自己想要的大業嗎？

當然楊廣很清楚，想在這些地區實行直接統治和垂直管理是不可能的，因為那裡離中原太遠，路線過長，以當時的交通工具，實行垂直管理，鞭長莫及。對於西域，楊廣想要的不是直接的領土，而是這些領土上國家的臣服，只要臣服就足夠了。

世界上從來沒有無緣無故的臣服，那麼憑什麼西域諸國要臣服於大隋呢？一個字，錢！

負責經營西域事務的裴矩明白楊廣的心事，他知道皇帝楊廣要的只是面子，而不是錢，他更知道西域諸國要的只是錢，而不是面子，雙方各取所需，他裴矩就是一個仲介。

在裴矩的舌頭和金錢的潤滑下，當然主要是金錢的刺激，西域諸國紛紛派使團前往大隋。那勁頭有麥加朝聖的感覺，不同的是麥加朝聖是因為信仰，而西域諸國前往大隋主要是因為貿易的利潤和皇帝的賞賜，而且在沿途吃住玩都是免費招待。在西域通往大興的各郡縣都有接待任務，迎來送往不計成本，皇帝賺足了面子，大隋損耗了裡子（**國庫損耗很大**）。

在西域與大興熱烈交往的同時，西突厥和吐谷渾卻影響著西域與大隋的交通，因為這兩個國家正好阻擋了西域與大隋的交通線，西突厥在現在新疆的北部及中亞東部，而吐谷渾則是在現在的青海省，他們就是西域與大隋交往的攔路虎，這樣的虎不打自然是不成的，而首當其衝的就是吐谷渾，因為他們離大隋太近了。

吐谷渾其實早期是個人名，全名叫慕容吐谷渾，此人是鮮卑慕容部單于慕容涉歸的庶長子，就是說雖然排行老大，但因為不是嫡子，所以並不受重視。慕容涉歸去世之後，嫡子慕容洛環繼位，嫡子與庶長子之間的矛盾從此就產生了。有一次兩人名下的幾匹馬撕咬了起來，慕容洛環借題發揮訓斥了慕容吐谷渾，慕容吐谷渾一氣之下帶領自己的屬下和分戶出走，老弟慕容洛環生怕老哥回頭，派人傳話，「走了就別回來！」

這句話徹底斷了慕容吐谷渾的後路，只能徹底出走了，一行人一直走到了現在的甘肅和青海的邊境處。安居下來之後，慕容吐谷渾經營部落，死後傳位給兒子慕容吐延，不久慕容吐延被刺殺，吐延的兒子葉延繼位，建立總部，以吐谷渾為族名，逐漸形成了吐谷渾汗國。

這個吐谷渾汗國對中原政權一直採取著磨磨唧唧的方法，他們的戰略就是「你不打我我就蠶食你，你要打我我就跑」，在這種戰略的指引下，吐谷渾的領導者練就了一身過硬的逃跑本事，一有事就跑，你一走他就回來。（**吐谷渾十六任可汗還娶了隋朝的公主，不過對隋依然是磨磨唧唧，死纏爛打**）

現在裴矩想要拔掉吐谷渾這個釘子，如果直接動用軍隊那就無法顯示他裴矩的本事，他的方法很簡單，扔一塊骨頭，讓狗咬狗。

裴矩驅使的是鐵勒汗國，這個國家在現在新疆的東北部和蒙古國的北部，當時他們與大隋的外交狀態也是又打又和。西元六〇七年年底，鐵勒汗國前來歸降，意思是想跟隋朝建立和平共處的外交關係。裴矩思考了幾秒鐘，就想出了「狗咬狗」的妙招，「既然想歸降大隋，那就拿吐谷渾當你們的投名狀吧！」這下吐谷渾慘了！

想要贏得大隋信任的鐵勒汗國打起仗來真不含糊，三下五除二就打得吐谷渾大敗，十七任可汗慕容伏允向東逃亡，並派使者向大隋請求投降。皇帝楊廣一聽樂不可支，當時就下令自己的死黨，當年的奪嫡功臣宇文述前往邊境迎接。

本來故事到這就該結束了，怪只怪十七任可汗慕容伏允的心理素質太差了。宇文述帶領大軍浩浩蕩蕩的前來迎接慕容伏允，慕容伏允卻被宇文述的大軍給嚇著了，他不能確定這支大軍到底是來接他的還是來殺他的，本著「安全第一」的原則，慕容伏允又拿出了慣用的法寶——撒丫子跑！這一跑不要緊，倒激怒了帶隊的宇文述，宇文述也是個暴脾氣，「你還敬酒不吃吃罰酒了！」

追之！殺之！本來應該是相見甚歡，現在變成了追殺。

宇文述以惡狼追羊的態勢連克吐谷渾曼頭、赤水兩城，殺三千餘人，俘虜高級官員二百多人，俘虜男女百姓四千多人，大軍班師。原本就是一接待任務，結果變成了一場大勝，一切都因為慕容伏允的心理素質太差。

慕容伏允沒有辦法，只能調轉方向向南逃亡。西元六〇九年五月二十日，皇帝楊廣指揮四員大將率軍對逃亡中的慕容伏允實行四面包圍，結果又一次讓慕容伏允證明了自己的逃跑能力，他老人家居然帶領幾十名騎兵從縫隙中逃走了，看來逃跑的本事真不是蓋的。自此吐谷渾國土全空，東西長四千里，南北長兩千里，全部併入大隋版圖。皇帝楊廣在這裡設立西海、河源等四郡，集中全國的罪犯到這四個軍屯墾戍邊。

到這一年的六月十八日，隋帝國共有一百九十個郡，一千二百五十五個縣，八百九十萬戶，四千六百零一萬人口，大隋之鼎盛到達頂峰，花團錦簇，烈火烹油！

西元六一〇年正月十五日，為了營造良好的節日氣氛，同時也為了向西域諸國國王以及各地的蠻夷酋長展現大隋的物華天寶，皇帝楊廣命令在東都洛陽舉行盛大的慶祝表演，慶祝場地周圍五千步，僅手拿樂器的就有一萬八千名，喜慶的樂曲逆風傳播數十里，從黃昏到天明，每天都是狂歡節，盛大的慶祝持續了整整一個月。從此，每年的正月十五都會有盛大的慶祝，胡三省說：中國人的元宵節從這一年正式發端了。

或許，沒有楊廣，後世的人就沒有機會「月上柳枝頭，人約黃昏後」了。

一切的一切都正向好和更好的方向發展，只是在一系列盛大慶祝的背後，歡慶的人們卻有一絲不安：這樣的好年景還能持續多久呢？

遼東，遼東

第六章

高麗，大隋眼中的沙！

全國形勢一片大好，全國人民幹勁十足，皇帝楊廣也在梳理著自己的思路。在他的努力下，西域諸國已經臣服，吐谷渾的故國也變成了隋的四個郡，突厥早已不成氣候，流求也被打得滿地找牙，自己的使團甚至帶隊去了赤土王國（今日的泰國），那麼還有什麼地方不滿意呢？想來想去，楊廣在面前的地圖上劃了一個圈，圈裡赫然寫著兩個字：高麗！在楊廣看來，高麗就是大隋眼中的沙！

說起高麗，歷史就比較久遠了。早在周朝的時候，周朝的統治者把商朝紂王叔父子胥餘封到了朝鮮半島（從河南發配到朝鮮，夠遠的）。後來燕國人衛滿推翻了子胥餘後裔的統治，這樣就建立了衛氏朝鮮。西漢漢武帝時期派兵討平了朝鮮，朝鮮半島北部就成了漢朝的四個郡。這樣一直延續到晉朝。西晉衰落，大分裂開始後，朝鮮半島就脫幅而去，而在後燕帝國的晚期，遼東半島也脫幅而去。這樣在遼東半島和朝鮮半島的北部就形成了高麗，而朝鮮半島的南部由百濟和新羅分割，而高麗則是這三個國家中最強的一個，也始終保持著對遼西走廊的威脅。

大隋與高麗的樑子其實不是楊廣結下的，而是從楊堅時代就開始了。自從隋滅陳之後，高麗國王高湯就一直生活在恐懼之中，他生怕有一天楊堅大旗一揮把高麗平了，因此從那時起，高麗全國就在深挖洞，廣積糧，備糧備荒，準備長期戰鬥。

西元五九七年，楊堅給高麗國王下了一道詔書，詔書的內容主要是恐嚇加安撫，那意思就是「老實點，別惹事，不老實就將你打趴下。」接到詔書的高湯嚇得魂都快飛了，他知道一旦大隋的皇帝發火，他的身板是兜不住的。高麗的人口無法跟陳國相比，遼河也無法跟長江相比，大隋滅陳也就是個把月的事情，滅高麗，或許比滅陳更快。

顫顫巍巍的高湯準備立刻上書給楊堅，表明自己堅定不移的擁護大隋的領導，堅決團結在以楊堅為首的中央政府周圍，然而決心書還沒有寫好，高湯老爺子已經不行了，高麗太醫眼含熱淚說：「大王八成是被嚇的。」

高湯老爺子心有餘悸的故去了，接替他的是他的兒子高元，如果說高湯是騎牆派，那麼高元就是一個強硬派。

高元繼位後向楊堅表了忠心，不過這老小子一開始就表現得比他父親貪婪。按照慣例，楊堅派欽差前往高麗冊封高元為開府儀同三司（**勳官五級，從三品**），繼承遼東公爵位。接受冊封，高元表現得很欣喜，同時上書謝恩，熱情洋溢的感謝了楊堅的深情厚誼，末了提了一個小小的要求：「能不能把公爵改成王爵呢？」

高元這是跟楊堅要政治待遇呢。楊堅考慮了一下，王爵就王爵吧。楊堅以為一個王爵就把高元給打發了，卻沒想到這孩子野心真不小。在楊堅封王爵幾個月後，高元統率靺鞨部落數萬人攻擊隋朝的遼西走廊，這是高麗對隋朝的第一次主動進攻。

老鼠向貓進攻，這也太猖狂了，憤怒的楊堅下令楊諒和上柱國王世積統率水陸聯軍三十萬人向高麗進攻，自此拉開征遼東的序幕，所以說征遼東是從隋文帝楊堅就開始了。隋文帝征遼東歷時三個月就以失敗告終。

嚴格說來這次征討，雙方根本就沒有大規模的接觸，一場戰爭生生地被老天給攪黃了。楊諒的陸軍遭遇了連綿的雨季，軍中缺糧，瘟疫橫行，軍隊大規模非戰鬥性減員；水軍也遇到了麻煩，在海上遭遇了大風，船隻沉沒很多。仗沒打，人就消耗得差不多了，到撤軍的時候水陸兩軍一統計，折損率百分之七、八十，怎一個慘字了得。

儘管自身損失慘重，征遼東還是產生了一點效果，隋朝的三十萬大軍把高麗嚇得夠嗆，不懂事的高元趕緊上書對自己進行了深刻的自我批評，並表明自己年紀小，不懂事，請求大隋皇帝原諒，奏章落款「遼東糞土臣高元」。

看到高元的奏章，楊堅總算找到了臺階，順勢就坡下驢了，終楊堅一朝，征遼東這一頁也就翻過去了，雙方保持著表面的平靜，然而這份平靜僅僅維持了九年，直到西元六〇七年楊廣與高麗使臣的那一次偶遇。

西元六〇七年八月，楊廣北巡，八月九日進入東突厥啟民可汗阿史那染干的大帳作客，在這裡他遇到了出使東突厥的高麗使者，這讓楊廣心裡有些不爽：高麗不派使者出使大隋，反而出使東突厥，這把大隋放在什麼地方呢？

其實從戰略的角度來看，高麗此舉很好解釋，高麗與東突厥互相友好那是「弱弱聯合，相互尊重」，而對大隋的出使就只能是臣服納貢，兩種感覺自然不一樣，所以高麗寧願出使東突厥，也不願意出使大隋，一切都是因為高元的面子問題。

就在楊廣不爽的時候，善解人意的裴矩又出現了。此人確實是一個國際關係的高手，客觀的說在西域和吐谷渾的問題上他是有功的，不過在高麗問題上，他是隋朝的歷史罪人，正就是他將皇帝楊廣引向了三征遼東的深淵。從征遼東的後果來看，這個人是應該千刀萬剮的。

裴矩給楊廣的建議很簡單，下最後通牒！

楊廣隨即給高麗使臣下了最後通牒，「讓你們國王明年來見我，如果他來，我待他跟啟民可汗一樣，如果他不來，我就帶啟民可汗去平了他！」國際外交古往今來都是一樣，一手拿著胡蘿蔔，一手拿著大棒。

按照裴矩的小算盤，這道最後通牒是會起作用的，畢竟高麗使節已經看到東突厥啟民可汗對大隋皇帝的畢恭畢敬，他們一定會有樣學樣。然而高元不是被人嚇大的，對於皇帝楊廣的最後通牒，高元壓根沒往心裡去，「什麼最後通牒，見鬼去吧！」

高元的這種態度倒是在裴矩的意料之中，因此裴矩在下最後通牒的同時還準備了第二套方案，這第二套方案就是「狗咬狗」。

「狗咬狗」戰略已經在鐵勒汗國和吐谷渾汗國身上驗證過了，結果顯然非常有效，而且花錢不多，經濟實惠。這一次裴矩的「狗咬狗」戰略準備實施在東突厥和高麗身上，讓東突厥跟高麗死磕，兩國務必鬥個你死我活，然後才能爭取一個與大隋友好邦交的名額。

按說計畫很完美，前景很美妙，沒想到這個計畫還是出了意外，什麼意外呢？親隋的東突厥啟民可汗阿史那染干死了。

西元六〇九年，啟民可汗到洛陽晉見楊廣，最終病逝於洛陽，他的兒子阿史那咄吉繼位，史稱始畢可汗。始畢可汗比父親更聰明、更狡猾，比父親更能從大隋身上榨出油水，繼位伊始就獲得了大量賞賜，並按照突厥風俗娶了庶母義成公主，此時在他的心裡，楊廣就是比他親爹還親的親爹，而且這個親爹很有錢。

然而就在始畢可汗向大隋表忠心的同時，裴矩又展開了他的分化手段，準備再嫁一個公主到東突厥，對象是始畢可汗的弟弟阿史那叱吉，順便冊封他為南面可汗。這種方法從楊堅時代就開始使用，目的就是分化對方，讓他們互相制約，大隋從中得利。

令裴矩沒有想到的是，始畢可汗的弟弟阿史那叱吉居然沒有接受這門婚事，一口把婚事給回絕了，這讓裴矩有點手足無措，公主沒嫁成反倒引起了始畢可汗的猜忌，而自此始畢可汗心中對隋朝也留下了深深的芥蒂。如果僅僅是公主沒嫁成問題也不大，裴矩接下來的舉動徹底把始畢可汗推到了隋朝的對立面。

始畢可汗有一個寵臣叫做史蜀胡悉，這個人鬼主意非常多，始畢可汗的很多行動都是此人策劃的，而始畢可汗對隋朝產生敵意也是此人挑唆的。本著同行是冤家的原則，裴矩自然對他恨之入骨，殺之後快，很快就給史蜀胡悉挖了一個大大的坑。

有一天，裴矩對史蜀胡悉撒了謊，「我朝皇上在馬邑堆了很多珠寶準備賞賜你們，數量有限，先到先得。」一聽到有東西拿，史蜀胡悉起了貪心，顧不上跟始畢可汗打招呼就帶著自己的部署趕到了馬邑，不過在馬邑他是注定看不到珠寶的，倒是見到了很多屠刀。到這個時候史蜀胡悉才明白，所謂珠寶只不過是裴矩設的一個圈套。

裴矩以為史蜀胡悉死後，失去智囊的始畢可汗會更聽話，然而沒有想到結果卻恰恰相反。史蜀胡悉一死，始畢可汗認為隋朝沒有誠意，自此徹底對隋朝寒了心，東突厥不再親隋，反而站到了隋朝的對立面，如此以來「狗咬狗」的戰略無法實施了，想要擺平高麗只能靠大隋自己了。

東突厥絕塵而去，皇帝楊廣並沒有在意，此時的他已經達到了人生的巔峰，少一個東突厥這樣的盟友算不了什麼，反正大隋的朋友多的是。從西元六〇七年偶遇高麗使臣的那一天起，楊廣就一直在謀劃征服高麗，這既是為先皇雪恥，也是為了比肩漢武。在他的治下，現在只差征服高麗，只要征服了高麗，他就將成為千古一帝，大隋也將超越大漢，而他本人也將站上漢武大帝的肩膀。

兩年來他一直在等待一個工程的結束，只要這個工程完工，他就將拉開征高麗的序幕，這個工程就是永濟渠。永濟渠引導沁水向南注入黃河，向北直到涿郡，工程從西元六〇八年正月初一開工，西元六〇九年年竣工，自此征高麗進入倒計時。

西元六一〇年年，楊廣下令向天下富人徵集戰爭稅，該項稅收全部用來購買戰馬，同時下令檢查軍備，武器務必新穎精良，如發現有粗製濫造，斬立決！

集結號已經吹響，高麗，看你還能橫多久！

出征，我面前的雄兵百萬！

西元六一一年，大業七年，大隋的強盛到達了頂點，與此同時大隋王朝的國運與皇帝楊廣的個人命運也到了拐點，在這個拐點之前，他與大隋向著千古一帝和盛大帝國邁進，在這個拐點之後，他和大隋一步一步滑向了深淵，直到這個深淵將他與大隋一起吞噬。

這一年二月三日，皇帝楊廣登上面臨長江的釣臺，此時的他胸中已有雄兵百萬，面前的長江奔流不息，奔騰的江水將見證他的又一次成功，二十二年前他指揮大軍橫渡長江，消滅陳朝，那時的他僅僅二十歲，而現在他已經四十二歲了。二十二年，說起來很長，過起來很短，二十二年中，他從親王升任太子，又從太子升任皇帝；二十二年中，大隋的年號由開皇變為仁壽，再從仁壽變成大業。

大業，千古一帝的大業，口說無憑，就讓長江作證。

二月十九日，皇帝楊廣乘龍舟進入運河，從江都北上，目標涿郡，七天後楊廣下詔，全國總動員，征討高句麗！

詔書一下，天下雷動，不管遠近，各地軍隊向涿郡集合，楊廣同時徵調長江、淮河以南水手一萬人、弓箭手三萬人、嶺南短矛突擊手三萬人。一時間，全國兵馬從四方如潮湧動，向涿郡奔流，大家來自五湖四海，為了一個共同的目標走到了一起。

五月，皇帝楊廣詔令黃河以南、淮河以南、長江以南各郡，製造輜重運輸車五萬輛，再調集民夫和船隻將黎陽倉、洛口倉糧食運到涿郡，另調集船隻運送武器鎧甲以及攻城工具，運河上船舶相連，綿延一千餘里。

然而壯觀背後藏著隱憂，雄偉的背後是一個岌岌可危的王朝。一個盛世王朝如果到了舉國動兵，地動山搖的地步，這個王朝的國本就要動搖了，雄才大略的漢武帝就曾經歷過這樣的過程，只可惜一心想超越漢武帝的楊廣只看到了漢武的輝煌，卻沒有看到漢武的無奈和淒涼。漢武帝晚年國庫空缺，民怨沸騰，一生陶醉於武功的漢武帝內心也很淒涼，只可惜後世的人們津津樂道的依然是漢武的武功與大漢的版圖，誰又會去在意一個王朝那藏於內心的哀傷。

在楊廣的徵集下，民心開始沸騰，原本鼓足幹勁準備跟皇帝大幹一場的人們疑惑了，「皇帝究竟在做什麼呢？我們又是在做什麼呢？」

疑惑的人們沒有讀懂皇帝的意圖，卻看到父兄在高強度勞役中頻頻倒斃。山東萊州的船廠工人日夜加班加點趕製戰船，日夜站在水中，一刻不敢休息，腰部以下生出蛆蟲，有四成的船工死亡。

來往運糧的路上，常年保持數十萬人的規模，士卒民夫大量死亡，路上屍體疊著屍體。在隋朝的運糧路線上不需要嚮導，只要沿著倒下民夫的屍體，從江南直達涿郡。

死亡在繼續，勞役還在繼續，六十萬手推車民夫又走在運糧路上。由於路途遙遠，兩個民夫只能推三石糧食，然而因為他們是無償的勞役，食宿完全需要自理，國家根本沒有給他們發口糧。民夫經過長途奔波，等手推車推到涿郡的時候，三石糧食已經被民夫自己吃完，無糧可交，只能逃亡。無糧可交，辯白無力，數十萬民夫大量逃亡，不敢回家（**怕政府懲罰**），民夫自此變成亂民，民變的苗頭自此點燃。

這一年，崤山以東，黃河以南，大水氾濫成災，水淹三十餘郡。

這一年，黃河河道內底柱山崩塌，阻塞河道，河水倒流數十公里。

身未動，心已遠，百萬雄兵未發，天下民心漸行漸遠！

進攻！進攻！

西元六一二年正月初二，皇帝楊廣下詔，左翼十二軍，右翼十二軍，每軍負責攻取一個高麗城市，即日啟程。

大軍啟程之前，楊廣在桑乾河畔祭告戰神，在臨朔宮南祭告昊天大帝，在薊城北郊祭祀馬神，在自己的心中祭告自己的父親，四方的神仙都拜完，天子的正義之師即刻出發。各路人馬總計一百一十三萬三千八百人，對外宣稱二百萬，兵員規模超過赤壁之戰、官渡之戰、淝水之戰，從數量上看，皇帝楊廣已經把前人甩在了身後。

正月初三，第一軍出發，以後每天出發一支大軍，兩軍的行軍距離相距四十里，前後銜接，魚貫而出。整整四十天，大軍才出發完畢，全軍旌旗綿延九百六十里。在大軍的身後，楊廣的御營與十六禁軍陸續發出，連綿八十里，加上前面的大軍，全軍連綿一千零四十里，用地理距離打個比方，前軍已到鄭州，後軍剛剛走出北京德勝門。

大業！大業！從車輦中探出頭的楊廣看著雄壯的陣容很是欣慰，做天子已經七年了，直到今天才知道做天子的尊貴，一聲令下，百萬師發，這才是天子的大業。

然而儘管楊廣信心滿滿，內心中卻有一絲隱憂，因為在大軍出發之前，他聽到了不少反對的聲音，這在以前是很罕見的，為什麼這一次與以前不一樣呢？

合水縣令庾質是第一個反對楊廣親征的人，庾質反對的理由主要有二：一、如果出師不利必損皇帝威嚴；二、兵貴神速，沒有皇帝這個後顧之憂，大軍更能迅猛靈活。無疑庾質的觀點是對的，只可惜夢想大業的楊廣怎能聽得進去。

在庾質之後，右尚方署監事耿詢也反對楊廣親征，氣得楊廣直喊著要砍了他，還多虧了同僚何稠苦求，耿詢這才保住了一條命。

如果說庾質和耿詢的勸阻還不足以讓楊廣擔憂的話，接下來一個人的上書讓楊廣陷入了深思，因為這個人的資歷和職位已經高到讓楊廣無法忽視，這個人就是兵部尚書段文振，他居然也反對東征。雖然說段文振在隋朝歷史上並不算起眼，但他的眼光還是非常獨到，終其一生為楊廣提過三個重大建議，事前楊廣一個沒有接受，事後全部應驗。

建議一：不要厚待突厥，這些野蠻民族不會知恩圖報，將來必是帝國之禍。

建議二：兵部兵曹郎（**國防部軍政司長**）斛斯政陰險刻薄，萬不可重用。

建議三：高麗乃小丑，不值得天子大軍遠征，如果對方口頭投降，萬不可輕易答應，此次出兵務必用閃電戰，不然遭遇雨季，後果不堪設想。

段文振的肺腑之言沒有得到楊廣的認可，而事實卻替段文振給了楊廣三記耳光：突厥果然成禍，雁門之圍讓楊廣的雄心一落千丈；斛斯政果然不可信任，關鍵時刻居然做了漢奸，投降高麗；高麗的口頭投降果然不可信，三征遼東楊廣遭到了忽悠。

西元六一二年，大業八年，這一年的三月十二日，兵部尚書段文振病逝於東征途中，兩天後，皇帝楊廣抵達遼河西岸，儘管在心中對段文振充滿了惋惜，但他要用行動向段文振證明，你錯了，朕才是對的！

面前就是遼河，腳下就是征途，富貴在自己手中。面對遼河，興奮的不僅僅是皇帝楊廣，還有麾下的百萬雄兵。從西元五八九年以來，帝國已經有二十二年沒有大規模軍事行動了，這一次東征對皇帝而言成就的是大業，對將士而言成就的則是功名，左屯衛大將軍麥鐵杖就是摩拳擦掌的將領之一。

麥鐵杖，隋朝神人之一，驍勇有膂力，日行五百里，走及奔馬，如果生在唐朝，可以專門給楊貴妃送荔枝了。他早年以打漁、打獵為生，好喝幾口小酒，慢慢的就走上了打家劫舍的道路。雖然打家劫舍的日子比較輕鬆，不過好日子並不長，沒過不久麥鐵杖被廣州刺史俘獲，如果不出意外，等待他的將是牢獄之災甚至殺頭之禍。

不過廣州刺史是個愛才之人，本著「懲前毖後，治病救人」的原則，刺史大人安排麥鐵杖擔任刺史府儀仗隊的雜役。按說當上雜役後麥鐵杖該收收心了，沒想到當上雜役的麥鐵杖還是沒有放棄自己的本行，每天下班後都步行一百多里到臨近的州縣打劫，日復一日，風雨無阻。

那年月城門關得早，麥鐵杖下班後走了一百多里，到的時候城門早就關了，這時麥鐵杖就極其低調的翻城進去，跟同夥會合後，大家再一起點著火把打劫，打劫完了馬上再步行回廣州。就這樣，麥鐵杖一邊給知府打工一邊打劫貼補家用，兩不耽誤。

日子長了，被他打劫的人終於把麥鐵杖認了出來，一告就告到了廣州刺史那裡，然而刺史死活不信，「怎麼可能？那麼晚下班，那麼早上班，時間根本來不及！」刺史屬下的官員也想知道事情真假，於是就給刺史出了一個主意，「貼個公告，徵募一人往百里外的州縣送信，今晚出發，明早即回，信送到賞金一百兩，送不到重打一百棍。」

麥鐵杖一看公告，這不是給自己送錢的嗎？揭了公告，當晚出發，信送到了，當晚的打劫工作也沒耽誤。第二天一早，刺史看了看等待領賞的麥鐵杖，心裡頓時明白了，「沒錯，就是他！」

麥鐵杖以為自己這回死定了，沒想到刺史還是愛惜他的才能，口頭教育之後居然就把他給放了。不過從此之後麥鐵杖無法兼職當強盜，只能全職了，因為刺史已經把他從儀仗隊裡開除了。

後來南陳滅亡，麥鐵杖混跡於江東清流縣，本想安安穩穩過日子，沒想到江東叛亂了。麥鐵杖倒是沒有參與叛亂，反倒以平民的身分參與朝廷平叛，領兵平叛的楊素覺得麥鐵杖是個人物，命令麥鐵杖出去打探情報。當夜麥鐵杖頭戴草束，夜浮渡江，天明即還，把叛軍的情況偵查個一清二楚，使得楊素直感慨，「真是水陸兩棲人才！」（**日行五百里，夜浮過江**）

麥鐵杖第二次外出，在偵察的過程中被叛軍抓個正著，三十多個叛軍士兵把他捆綁起來準備去向首領高智慧請賞。押解到半道，叛軍士兵停下來喝酒休息，一旁的麥鐵杖則開始聲淚俱下，問他為什麼，他說：「餓的，餓抽筋了。」

叛軍士兵一時心軟給他鬆了綁，順便還給他拿了點吃的。沒想到就在這個時候，麥鐵杖發飆了，搶過了叛軍士兵腰上的刀，一轉眼的工夫，三十幾個叛軍士兵都被他砍翻在地，這些人都成了麥鐵杖的戰利品。本來麥鐵杖準備砍掉人頭回去請賞，後來一想三十個人頭太重了，背不動，還是換點輕便的吧。

麥鐵杖得勝回營，向楊素講述了這次經歷，開始楊素還不信，等麥鐵杖打開包袱，大家定睛一看，包袱裡躺著三十多個血淋淋的鼻子，這下大家都信了，不過都下意識摸了摸自己的鼻子。

叛亂結束了，該到論功行賞時，楊素卻把麥鐵杖給忘了，這也難怪，大軍統帥，一般記不住幾個人名，更何況麥鐵杖這種臨時工。這種事情放在一般人身上也就一笑了之，可麥鐵杖不打算就這麼算了。當天楊素騎馬回大興，麥鐵杖徒步在後面追，楊素在路上休息，他就在一旁溜達。幾天下來楊素恍然大悟，原來這個人是來要戰功的。在楊素的表奏下，麥鐵杖被授予儀同三司，不過因為麥鐵杖不識字，只能帶著這個官銜回家繼續待著，只是遇到同鄉請客喝酒的時候，可以拿出儀同三司的證書炫耀一下，順便坐個上席，僅此而已。

幸好命運對麥鐵杖還是不薄，隨後他遇到了真正的伯樂，成陽公李徹。李徹非常欣賞麥鐵杖，於是就把賦閒的麥鐵杖徵調到大興，隨後麥鐵杖又進入楊素的麾下跟隨楊素南征北戰，到大業八年時，麥鐵杖已經升任左屯衛大將軍（天子十六禁軍第十三軍），皇帝對他也是禮遇有加。在麥鐵杖看來，自己的一切都是皇帝給的，既然皇帝代之以禮，我還皇帝以命，此次東征，麥鐵杖自請為全軍先鋒。

遼河為證，麥鐵杖以身報國，死而後已。

麥鐵杖懷有必死之心，準備以身報國，在衝鋒開始之前，他給世人留下了兩句話，一句是對隨軍醫生說的，一句是對自己三個兒子說的。

「大丈夫性命自有所在，豈能艾炷灸頞，瓜蒂噴鼻，治黃不差，而臥死兒女手中乎？」一句話，寧可戰死，也不病死，這句話是對隨軍醫生吳景賢說的，與「馬革裹屍」異曲同工。

「阿奴當備淺色黃衫。吾荷國恩，今是死日。我既被殺，爾當富貴。唯誠與孝，爾其勉之。」一這句是對三個兒子說的。

麥鐵杖看似隨意的一句話影響了兒子麥孟才的一生，在麥鐵杖的身後，麥孟才舉起了忠君的大旗，繼續著對皇帝楊廣的忠誠，「君待吾以禮，吾還君以命。」當然這是後話，麥孟才的表現機會還要等到西元六一八年。

衝鋒的號角已經吹響，麥鐵杖整理鎧甲，準備戰鬥。

之前工部尚書宇文愷已經在遼河西岸打造了三座浮橋，衝鋒開始之後，士兵們推著三座浮橋到了河邊，按照規劃，浮橋應該可以從河西岸跨到河東岸，然而規劃僅僅是規劃，意外卻在此時發生，製造好的浮橋居然短了，離河東岸還有一丈多遠的距離！

此時高麗軍隊已經湧到了遼河東岸，明晃晃的長槍居高臨下，直刺水中。隋軍士兵跳下浮橋，涉水往岸邊衝，卻始終無法突破高麗軍隊的槍林。左屯衛大將軍麥鐵杖怒吼一聲跳下浮橋，三步併作兩步衝到岸邊，一聲大喝跳上了岸，以一人之力應對數重高麗士兵。虎賁郎將錢士雄、孟叉隨後也登上了岸，三個人在萬軍叢中左右衝殺，只可惜後面的士兵始終無法前來接應，三個孤獨的將領只能孤軍奮戰，力戰不退，最終寡不敵眾，以身殉國，自此征遼東以慘烈開場。

麥鐵杖殉國後，楊廣非常痛心，重金懸賞找回了麥鐵杖的屍首，並下詔贈光祿大夫、宿國公，諡曰武烈，楊廣對麥鐵杖的評語是「節高義烈，身殞功存」，神人麥鐵杖，這一輩子沒白活。

在麥鐵杖殉國兩天後，宮廷供應總監何稠將三座浮橋加長，三座浮橋從西岸直跨東岸，隋軍士兵迅速通過浮橋與遼河東岸的高麗軍接戰，隋軍越來越多，高麗軍越來越少，終於高麗軍放棄了遼河東岸，全軍撤退，各路隋軍趁勝包圍遼東城。遼東城即西漢時代的襄平城，今天遼寧省遼陽市。

跟隨著渡河的隋軍，皇帝楊廣渡過了遼河，陪同他的還有西突厥汗國泥厥處羅可汗阿史那達曼和高昌王國國王鞠伯雅。楊廣帶這兩位老兄一起來不僅是讓他們增長見識，同時也是殺雞儆猴，「看好了，不老實的話，回頭也這麼打你們！」

然而這一場震懾並沒有真正發揮到作用，因為隋軍面臨的高麗是既狡猾又難啃的對手。

在出征之前，楊廣曾經給將領們訓話：「要堂堂正正的打贏對手，打服對手，不要靠陰謀詭計，因為我們是正義之師。」然而，兵者，詭道也，戰場上打贏才是硬道理，而不需要蠢豬式的仁義道德。不幸的是，圍攻遼東，隋軍受制於皇帝楊廣的戰術紀律，也受制於楊廣蠢豬式的仁義道德。

在遼東城下，楊廣下令，如果高麗投降，切不可繼續攻打，應該立即安撫。此令一出，實際就違反了戰爭的原則，戰爭以取勝為第一目的，宣揚仁義道德那是戰後的事，而楊廣恰恰弄反了兩者的先後。狡詐的高麗守軍看到了楊廣的弱點，每當城牆即將告破的時候，城裡就豎起了白旗。攻城的將領不敢擅作主張，只能快馬飛報皇帝，而等皇帝批准返回之後，高麗軍又收起了白旗，接著打。就這樣，白旗舉了三次，隋軍快馬報了三次，隋軍已經疲憊不堪，遼東城依然沒有攻下。

歷史學家呂思勉先生考證說，楊廣沒有那麼笨，這段史料很有可能是唐朝統治者的誣衊之詞，我深有同感。

前後攻打了兩個多月，遼東城依然沒有攻下，皇帝楊廣有些焦躁，火都發到了將領們身上。發火歸發火，遼東城還是拿不下來，高麗境內各城都堅守不降，隋軍就是想吃這個刺蝟，卻不知道在哪裡下口。就在眾將領一籌莫展之際，楊廣卻做出一副高深莫測的神情，在他看來，不出數日，不僅遼東城會被攻下，整個朝鮮也會平定，因為到現在為止，他手裡還有一張王牌。這張王牌就是大將來護兒率領的水軍。

在楊廣下令陸軍出師的同時，他同樣給駐紮在東萊郡的水軍下達了出兵的命令。來護兒率領從江淮調集的水軍，從東萊郡出發，橫渡黃海，舟艦連綿數百里，聲勢浩大。按照楊廣的計畫，這支水軍將沿著高麗的大同江溯流而上，在距離平壤六十里的地方登陸，然後直擊平壤。

戰局的發展與楊廣的設想簡直一模一樣，在隋水軍登陸之後，隋朝水軍與高麗軍隊展開一場大戰，高麗軍隊明顯不是隋軍的對手，很快就敗下陣來，潰散而去。此時距離平壤只有六十里，大將來護兒準備趁勝追擊，副總管周法尚卻表示反對，「各軍還沒有集結完畢，等都集結齊了再進軍也不遲。」

兩人誰也不說服不了誰，最後做出決定，來護兒率領精銳四萬直撲平壤，周法尚率剩餘人馬原地駐紮，防止高麗軍隊反撲。

來護兒率軍來到平壤城下，沒有遭遇多大抵抗就破城而入，他不知道他剛才接戰的只是對方用來引他上鉤的小股部隊，真正的大部隊就隱藏在外城的空寺裡，就等著來護兒的人馬進了城，然後關門，放狗！

如果來護兒的部隊進城之後還能保持戰鬥序列，那麼高麗的伏兵不會起到多大作用，畢竟隋軍的整體戰鬥力還是在高麗軍隊之上，可惜的是四萬大軍一入城，就再也收束不住，苦哈哈的士兵辛苦地打破了這個城市，不大搶一把怎麼能收手呢？來護兒原本還想約束一下，轉念一想，「弟兄們出趟國也不容易，搶一把就搶一把吧！」

四萬兵馬瞬間化整為零，分散到了平壤的大街小巷，能搶多少搶多少。

正當四萬大軍搶得興起時，高麗伏兵殺出，此時四萬隋軍全都成了遊兵散勇，整體迎戰是不可能了，四萬人馬只能作鳥獸散，四處亂跑了，這其中就包括剛才還暗自得意的來護兒。

來護兒一路狂奔六十里，回到了周法尚駐紮的地方，沿途稀稀拉拉跑回幾千士兵，剩下的三萬多人，要麼被殺，要麼被俘。高麗軍隊一直追到了大同江邊，看到周法尚早有準備，悻悻退去，他們知道以他們的兵力打個埋伏還行，跟周法尚的大軍硬碰硬那就是雞蛋碰石頭了。

驚魂未定的來護兒帶領人馬迅速撤退，順著大同江到了入海口，到了這裡他才鬆了一口氣，心裡卻在不斷盤算，如何跟皇帝交差呢？

此時的來護兒已經指望不上了，楊廣的海陸兩線作戰計畫就此泡湯。

遼東久攻不下，整個高麗成了一隻無從下口的刺蝟。如何才能吃下這隻刺蝟呢？楊廣又陷入了沉思。想來想去，他決定改變原計劃，調出于仲文、宇文述等九個軍，東渡遼河，在鴨綠江邊會師，伺機進攻平壤，只要拿下平壤，其他的城市就不在話下。

然而令楊廣沒有想到的是，儘管他計畫周密，裝備齊全，然而還是出現了一個非常大的難題，于仲文和宇文述的軍中竟然已經開始缺糧了。原來宇文述等人的部隊分別從遼寧錦州和遼寧遼中縣出發，出發時每人發給一百天的糧食以及鎧甲刀槍等輜重，平均算下來，每個士兵的負重量居然高達三石。

呂思勉先生說，我按照兩個民夫手推車推三石糧食推測，三石這個數字絕對誇張了，兩個人推手推車只能推三石，而讓一個士兵長途跋涉背三石，可能嗎？總之由於士兵們負重太多，相當一部分士兵在出發前就埋了一部分糧食，這樣就能減輕負重，然而負重是減少了，糧食卻成了最大的問題，此時全軍上下已經開始缺糧，斷頓只是遲早的事。

就在宇文述等人的軍隊駐紮在鴨綠江西岸進退兩難的時候，高麗王國的大將乙支文德來了，這個人是高麗的重將，有勇有謀，這次高麗抵抗隋軍的通盤部署就是他策劃的。乙支文德憑藉他的歷史功績後來成為朝鮮半島的民族英雄，現在韓國海軍艦隊裡還有一艘導彈驅逐艦，名字就叫「乙支文德號」。

乙支文德這次來訪口頭說是投降，實際是來忽悠，順便探聽一下情報。右翊衛大將軍于仲文事前曾經得到過楊廣的密令：如果高麗國王高元或者大將乙支文德來，一定要扣下來。

眼看獵物自動上門，于仲文準備扣留乙支文德，而大軍慰撫使、尚書右丞劉士龍卻堅決反對：「皇上不是說要以禮服人，以德服人嗎？」話是沒有錯，但要分什麼時候，而且皇上的話要仔細聽、仔細品、要善於聽出話外音。可惜劉士龍是個書呆子，這個書呆子堅持「以德服人」的原則，結果就讓乙支文德毫髮無傷的從東征軍大營中退出，而劉書呆子在不久後就被「以德服人」的皇帝楊廣秋後算帳，一個字「斬」。劉士龍也許委屈、也許不服，其實他始終沒有明白一個道理，就是孫子說的「兵不厭詐」！

剛放走乙支文德，于仲文就後悔了，剛才怎麼能聽那個書呆子的呢？于仲文馬上派人去追，等追到鴨綠江邊，乙支文德已經上船了，負責追趕的人衝著乙支文德大喊：于將軍說還有話要說，請再回來一聚。

乙支文德悠閑的回過頭來，揮揮手，「有話下次再說吧！」于仲文的人眼睜睜看著乙支文德從容不迫的渡過鴨綠江，下了船，上了岸，一溜煙地絕塵而去。

乙支文德已經走了，只留下于仲文和宇文述在大營中歎氣，宇文述主張就此收兵，而于仲文卻不同意，在他看來，三十萬大軍已經到了鴨綠江邊，怎麼能空手而歸呢？況且對手不及隋朝的一個郡，根本沒有多少兵力，如此放棄實在太可惜，實在無法跟皇帝楊廣和先皇楊堅交代。

對於楊家，于仲文有著特殊的感情。于仲文是北周的貴族子弟，父親于實是北周的燕國公，他本人年少好學，父親于實曾對家人說：「此兒必興吾宗矣。」九歲時，于仲文曾經在雲陽宮見北周太祖宇文泰，太祖問：「聞兒好讀書，書有何事？」于仲文對曰：「資父事君，忠孝而已。」太祖甚嗟歎之。及長，倜儻有大志，氣調英拔，當時號為名公子。

雖然少有盛名，但于仲文聲名遠揚卻是因為一頭牛。

事情是這樣的，年輕的于仲文剛剛出任安固太守，就遇上了一樁疑難牛案：任姓、杜姓人家都丟了一頭牛，後來在路上找到了一頭牛，兩家都說是自己家的，鬧到了官府，官員們久不能決。益州長史韓伯俊說：「于仲文小時候就聰明，讓他斷斷看。」于仲文若無其事的點點頭：「這事太簡單了。」於是令兩家各驅牛群到衙門前，然後放開兩家爭奪的那頭爭議牛，此牛遂向任氏群中。事先于仲文還讓手下人故意給牛弄出了小傷，兩家人看到傷口之後表情大有不同，任氏表情憐憫痛苦，杜家表情輕鬆，事不關己。于仲文馬上盤問杜氏，杜氏服罪而去，一頭讓眾人理不清的牛就這樣被于仲文搞定了，於是眾人更加佩服。

于仲文真正在朝中受到重用除了聰明，還要得益於政治立場正確，北周尉遲迥作亂時，于仲文拒絕誘惑，冒死投奔楊堅，他的三子一女卻因此死於非命。深受感動的楊堅也以最高的規格接待了于仲文，楊堅沒有在公開場合接見，而是在自己的臥室內接見了于仲文，在臥室裡接見就是拿于仲文不當外人了。

此後于仲文在楊堅的大旗下頻頻立功，在白狼塞防守過胡人，在渭水開過漕渠，隨水軍平過南陳，隨楊俊平定江南叛亂，本來戰功赫赫，結果在小節上栽了。平定江南叛亂時，當地米價奇高，于仲文動了活心眼，順便私賣了點軍糧，結果這一賣就被人告發隨即被免職。

在于仲文最困難的時候，晉王楊廣挽救了他，並委任他「督晉王軍府事」。楊廣抵禦突厥時，楊廣為元帥，他為前軍，楊廣繼位後封他為右翊衛大將軍，對他的好無以言表。

征遼東以來，諸軍戰績平平，唯有于仲文這一軍有所斬獲。

于仲文軍過烏骨城時，故意把數千匹羸馬、驢放在全軍的隊尾，大軍正常行進，做出防備很鬆懈的樣子，按捺不住的高麗兵果然出軍掩襲輜重，全部俘獲。正在高麗軍洋洋自得的時候，于仲文率大軍又回來了，高麗人驢沒搶著，人卻被于仲文包了驢肉餡餃子。

有了這場勝利，于仲文覺得高麗軍隊不過爾爾，看著宇文述唯唯諾諾，于仲文壓抑不住自己的憤怒：「宇文將軍，你率領十萬大軍卻連一撮盜賊都滅不了，還有何顏面回去面見皇上！」

憤怒歸憤怒，于仲文還是很清楚，此次征遼東很難有大勝。一百多萬大軍東征，左翼十二軍，右翼十二軍，再加上禁軍十六軍，四十軍居然沒有最高統帥，各軍各自為戰，沒有協同，表面看起來威風八面，實際卻是一盤散沙，這樣的軍隊配置怎麼可能建立大功，獲得大勝呢？可是沒有辦法，皇帝的猜疑心太重，這些軍隊交給誰都不放心，所以大軍統帥的職位只能空缺。

雖然楊廣沒有任命大軍統帥，但同時又交代各軍將領，「遇事可以向于仲文將軍請示」，這句話就讓于仲文變得不倫不類，說是最高統帥卻又不是，說不是吧，眾將還得向他請示，那就索性就叫假元帥吧。

在于假元帥的訓斥下，宇文述等將領再也不敢提回軍的事情，九個軍渡過了鴨綠江向朝鮮半島進發。看著九個軍陸續渡過鴨綠江進入朝鮮半島，于仲文有些欣慰，然而他不會想到，這次征戰將是他最後一次征戰，他的一世英名也將毀於這場征戰。

隋軍來勢洶洶，高麗的乙支文德卻早有準備，以他豐富的軍事經驗早就判斷出隋軍已經缺糧，缺糧的隋軍進入朝鮮半島越深，那麼離失敗也就越近。在乙支文德的指揮下，高麗軍一觸即潰，連戰連敗，宇文述軍一天內連續七次擊潰高麗軍，全軍越追越近，越追越急，已經渡過了清川江，距離平壤只有三十里。咫尺之遙，卻是天涯之遠，三十萬隋軍此時已經是強弩之末，雖然離平壤只有三十里，然而卻已經無力再進行攻堅戰。

疲憊的獵狗為了兔子追行了上百里，現在該輪到兔子反攻了。

在反攻之前，乙支文德還是沒有放棄忽悠，他再一次派信使向隋軍表示：如果隋軍班師，高麗國王高元將去離宮朝見大隋皇帝。事情到了這個地步，宇文述已經沒有跟對方討價還價的餘地，他知道全軍已經到了崩潰的邊緣，再停頓下去將十分危險，現在不管乙支文德是真心還是假意，隋軍都要做出接受的姿態，然後快速撤退。

然而宇文述的計畫全在乙支文德的意料之中，就在宇文述率領大軍後撤時，高麗士兵蜂擁而至，四面圍攻，宇文述帶領大軍且戰且退，總算退到了清川江邊。隋軍立即搶渡清川江，大軍剛剛渡過一半，高麗軍又追了上來，負責殿後的右屯衛大將軍辛世雄戰死，殿後軍隊失去統帥，頓時崩潰，繼而隋軍瓦解，四散逃命。剩下的將領搶渡清川江，一日一夜行軍四百五十里抵達鴨綠江，而高麗軍又尾隨而至，隋軍被追殺得幾無葬身之地。

此時如果沒有接應，所有隋軍將血染鴨綠江，幸好此時甘肅天水籍將軍王仁恭主動殿後，驅散追趕的高麗士兵，殘餘的隋軍才陸續渡過鴨綠江，回到新設的遼東郡所在地——武厲邏城。等到盤點人馬，于仲文一臉死灰，他知道自己的一世英名都毀在了這次東征上。當初東渡遼河九個軍共計三十萬五千人，而回來的卻只有兩千五百人。三十萬兵馬毀於一旦。

這一天是西元六一二年七月二十四日，隋軍三十萬五千人東征，回來的只有兩千五百人。皇帝楊廣大發雷霆，下令捉拿于仲文、宇文述等歸案，同時來護兒水軍撤退。

第二天，楊廣啟程回涿郡，一征遼東就此結束，臨啟程前，楊廣望著東方喃喃的說了一句：

「我會回來的！」

論功行賞，秋後算帳

轟轟烈烈的征遼東失敗了，皇帝丟了面子。

秋後算帳，假元帥于仲文和大將軍宇文述都受到了清算，按照楊廣最初的想法，這兩個人都應該殺，可轉念一想，這兩個人都是對自己有功的，尤其是宇文述還是自己的兒女親家，女兒南陽公主就是宇文述兒子宇文士及的妻子，總不能殺了女兒的老公公吧！

盤算到最後，楊廣決定免除于仲文、宇文述全部官職，從今往後你倆就是平頭百姓了；尚書右丞、書呆子劉士龍斬立決，讓你個書呆子「以德服人」一不開化；右翊衛將軍薛世雄在撤退途中還能率殘兵反擊高麗軍，功過相抵，免去現職，享受待遇照舊；虎賁郎將衛文昇率領本部全身而退，擢升為紫光祿大夫（從二品）。

牆倒眾人推，破鼓眾人捶，幾天前還威風八面的于仲文大將軍現在成了最頹廢的人，東渡九軍八個將領指責他應該負全部責任，他才是征遼東的最大罪人。在八位將領的集體努力下，八位將領被釋放回家，于仲文依然拘押。

鬱悶、自責、苦澀、悔恨，很快大將軍于仲文就病倒了，這時楊廣才法外開恩釋放于仲文回家，可是一切都晚了，于仲文的生命已經到了盡頭，享年六十八歲。少時成名，長時鼎立，一世英名，晚節不保，一生大恨，出征遼東。

如果一切可以重來，如果人生劇情可以重拍，如果……

可惜人生從來沒有彩排，每一天都是現場直播。

重整旗鼓，從頭再來

一征遼東以慘敗收場，多數人以為皇帝楊廣會就此消停幾年，然而這個多欲的皇帝壓根就沒有停止的意思。

就在征遼東慘敗的幾天後，皇帝楊廣下令，將黎陽倉、洛陽倉、洛口倉、太原倉糧食運到望海頓（遼寧省錦州市東南）儲存，民部尚書樊子蓋留守涿郡。一系列詔書證明，皇帝楊廣根本不打算放棄征遼東。

西元六一三年正月初二，距離上一次下詔征討高麗整整一年，皇帝楊廣再次下詔：全國軍隊再到涿郡集合，準備再征遼東！

此時的皇帝楊廣已經患上了強迫症，遼東就是誘因，只要還有能力，他就一定要將征遼東進行到底，哪怕此時已經民變四起，哪怕此時國家已經岌岌可危，在他看來，帝王的面子是最重要的，不從遼東掙回面子，以後怎麼有臉面對天下百姓。

在楊廣看來，高麗這樣的小丑實在不足掛齒，以大隋的國力，移山填海無所不能，一個高麗怎麼能擋住皇帝的腳步，自己一定要狠狠的教訓一下這個小丑，讓他們知道大隋天子的威嚴。

楊廣自信滿滿，大臣們同樣也相信大隋的國力，只是以一泱泱大國對付偏居一隅的高麗，實在不值得勞動天子御駕親征。左光祿大夫郭榮上書楊廣：「夷狄禮儀上有缺失是我們做臣屬的工作沒有做好，皇上不必動怒，高麗這些小毛賊實在不值得勞動天子大駕，皇帝還是不要親征了！」

郭榮的上書並沒有起到作用，去年反對楊廣征遼東的庾質卻還在堅持，結果還是遭到了楊廣的訓斥，對於一個強迫症的病人僅僅勸阻是不夠的，因為他已經控制不住自己。

為了安心征遼東，楊廣做了人事安排，刑部尚書衛文昇輔佐代王楊侑留守西京大興，民部尚書樊子蓋輔佐越王楊侗留守東都洛陽，自此皇帝楊廣已經有將帝國託付給兩個小學生的跡象，一切都因為他的遼東夢。楊侑、楊侗都是元德太子楊昭的兒子，皇帝楊廣的孫子，當時年紀均為十歲左右。

此時皇帝楊廣的主要關注點還是遼東，不過在各地告急的文書中，他還是偶爾看一看各地的民變報告，在這些報告中他對兩個人非常感興趣，一個是齊郡郡丞張須陀，一個是張須陀的副手，也是隋末唐初的名將，羅士信。

張須陀的作戰範圍主要是泰山腳下，他的對手是著名的民變頭領王薄。張須陀對王薄的待遇是見一次打一次，打死為止，先後數次打得王薄潰敗，打得王薄不敢在張須陀的轄區內活動。

張須陀的副手羅士信，時年只有十四歲，當初想跟隨張須陀平叛，張須陀還看不上他：「你那小樣穿得起一幅鎧甲嗎？」好說歹說，十四歲的羅士信還是進入了張須陀的帳下，很快表現出自己的特點，主要特點「猛、準、狠」。跟隨張須陀在淮水剿匪，對方剛剛布好陣，羅士信就衝殺過去連殺數人。一上來連殺數人本來就很有威懾力，接下來羅士信的表演更讓變民軍接近崩潰，因為他給變民軍表演了一個行為藝術：穿糖葫蘆。

穿糖葫蘆的整個流程是這樣的：先斬下一顆人頭，然後拋向空中，長矛一舉正好接著，然後飛速的在變民軍陣前掠過，一邊奔馳，一邊舉著葫蘆串給變民軍看，偶爾還用長矛向變民軍中指上一指，一圈下來，變民軍已經快崩潰了。

張須陀一看，趁熱打鐵，衝鋒，全軍齊舉長矛，變民軍瞬間崩潰。羅士信一邊急追，一邊砍，人頭顧不上了，只能割鼻子充數了，不知道這一招是不是跟神人麥鐵杖學的。

處理完國內的小事，皇帝楊廣於西元六一三年四月二十七日東渡遼河，繼續他的征遼東大業。

遼東，如鯁在喉

西元六一三年四月二十九日，重新獲得信任的宇文述與上大將軍楊義臣一起出擊平壤。楊義臣本姓尉遲，因父功從小被楊堅養在宮中，賜姓楊。

與此同時，左光祿大夫王仁恭攻擊新城（遼寧撫順北），高麗軍登城固守。楊廣指揮大軍圍攻遼東城，這一次不再講仁義道德，不接受投降，只要能攻下城，任何方法均可使用。

在皇帝的指揮下，攻城大軍發揮集體智慧，動用各種工具攻城：有高空作戰的飛樓（**有點近代塔吊的味道，可以站在上面往城裡放箭**）、有撞城堡的撞車（**利用撞車的衝擊力撞毀城牆**）、有攀登城牆的雲梯（**搭到城牆上士兵踩著往上衝**）、有深入城中的地道，總之能想到的辦法都想到了，目的就是攻破遼東城這座圍城。

雙方你來我往二十來天，死傷極為慘重，城還是沒有攻破，這時一個小人物的出現，險些改變了雙方的格局。

這個小人物的名字叫沈光，也算是個貴族子弟，父親沈君道官至南陳吏部侍郎，可惜後來南陳滅了，沈家也敗了，沈光一家就在大興慘澹生活，父兄靠在集市上替別人寫信為生，而沈光卻不甘於這種平淡的生活。

他早先曾經做過太子楊勇的引署學士，後來又做過漢王楊諒的府掾，再後來漢王楊諒造反失敗，沈光也被除名，自此失業。不過沈光在大興的不良少年裡人緣很好，不良少年們都願意跟他交往，有人供他吃，有人供他喝，有人供他穿衣，有人陪他嘮嗑，總之失業的沈光比上班時過得還好。

不良少年們之所以願意結交沈光，一是因為這個人行俠仗義，二是因為沈光有絕活，身手極為敏捷，戲馬功夫（**馬上雜技**）天下無雙，他稱第二，沒有人敢稱第一！

有一次沈光在一個禪院露了一手，被和尚們稱為「肉飛仙」。當時禪院新建，幡竿高十餘丈，不巧的是掛幡的繩斷了，想修的話，要麼把幡竿砍倒（**不吉利**），要麼找人爬上去修，正當和尚們著急亂轉的時候，沈光來了，對和尚們說了一句：「拿繩子來，我來修。」

沈光以口銜索，拍竿而上，直至龍頭。繫繩畢，手足皆放，騰空而下，以掌拒地，倒行數十步。觀者駭悅，莫不嗟異，時人號為「肉飛仙」。

原本按沈光留有的案底（**在楊勇身邊打過工、在漢王府上過班**）是不可能加入隋軍的，然而在年初，皇帝楊廣為了徵集更多的人才征遼東，一下子放寬了徵兵的標準，只要勇猛，只要有特長，那麼英雄莫問出處，結果在幾萬人的海選中，沈光高居第一。

沈光參軍的那一天，一百多個朋友送行到灞上，沈光端起送行的酒一飲而盡，對天發誓曰：「是行也，若不能建立功名，當死於高麗，不復與諸君相見矣。」

現在遼東城正處於膠著狀態，隋軍攻不進，高麗軍也攻不出，沈光知道自己表現的時候到了。

隋軍以雲梯衝城，竿長十五丈，沈光飛速爬到頂端，跨上牆垛與高麗守軍短兵相接，殺十數人。高麗士兵集中攻擊沈光，沈光寡不敵眾摔下城牆，急速下墜，眼看就要墜地，不死也殘，恰巧雲梯上有一根垂下的繩子，沈光伸手抓住繩子，翻身再上雲梯，再一次衝上頂端廝殺。沈光以一己之力幾乎打開缺口，只可惜高麗士兵太多，缺口剛剛打開又被迅速的合上，力戰不下，沈光只能趁機後撤，等待機會。

令沈光沒有想到的是，剛才這一幕居然都被楊廣看到了，這下沈光的機會來了。楊廣派人召來沈光，龍顏大悅，即日拜朝請大夫（從五品），賜寶刀良馬，沒過多久升為折衝郎將，賞遇優重。皇帝楊廣經常推食解衣以賜之，同輩莫與為比。

得到沈光這樣一個勇士，楊廣征高麗的信心更足了，在他看來，遼東城破只是時間的問題，二征遼東一定會大獲全勝。計畫總是沒有變化快，楊廣沒有想到，沒過多久征遼東就進行不下去了，原因是後院起火，楊玄感造反了！

造反
也是一種能力

第七章

殺父之仇 不共戴天

就在皇帝楊廣雄心萬丈要消滅高麗的時候，他的後院著火了，放火的不是別人，正是他曾經的親密戰友楊素的兒子楊玄感。

在中國歷史中，帶頭造反的人很多，尤其到了一個王朝的末年，遍地都是造反的，似乎造反很簡單，造反根本不需要能力，只要振臂一呼，然後天下雲集，吹一下衝鋒號，然後新的王朝就建立了。真的是那樣嗎？其實不然，造反其實是天下第一難的事情，古往今來成功者屈指可數。說白了，造反也是一種能力，特別需要高智商，遺憾的是楊玄感什麼都具備了，就是不具備高智商。

楊玄感小的時候開竅比較晚，反應非常遲鈍，見過他的人都以為他是個傻子，唯獨他的父親楊素經常對身邊的親人說：「其實這孩子一點都不傻！」隨著年齡一天天增長，楊玄感確實不傻了，反而好讀書，善騎射，體貌雄偉，美鬚髯，從一個疑似傻子變成了一個人見人愛的美少年。

因為父親的功勞，楊玄感的職場生涯就像坐了熱氣球，一度官居二品，上朝時跟老爹楊素站一排，爺倆上朝是同事，下朝是父子。久而久之，文武百官看著既彆扭又嫉妒，皇帝楊堅看著也彆扭，索性把楊玄感降了一級，這樣楊玄感上朝時就不能跟老爹站一排了，文武百官看著也舒坦了，沒那麼眼紅了。

花無百日紅，人無千日好，楊玄感的好日子也沒有持續太久，因為到隋文帝末年時，老爹楊素不受待見了，不受待見的理由很簡單，「位高權重」遭到了隋文帝楊堅的猜忌。老爹失勢，兒子也好不到哪去，回到家裡爺倆只能鬱悶得大眼瞪小眼。

好不容易等到楊廣登基，楊玄感以為老爹作為奪嫡功臣一定會受到重用，然而事情的發展卻出乎他的意料，新皇帝楊廣跟老皇帝楊堅一樣，還是把楊素冷凍了起來，儘管封賞很多，官職很大，但對於楊素本人，楊廣的做法還是「靠邊站」。

如果說「官場冷處理」楊玄感還可以忍受，讓他不能忍受的則是皇帝竟然想要老爹的命。在老爹楊素生病時，御醫走馬燈的來，一遍一遍的診斷，一包一包的開藥，表面看來是皇帝的恩寵，實際上是在暗示，怎麼到現在還不死？

老爹楊素看出了端倪，於是對楊玄感的叔叔楊約慨歎的說，「我難道還想活？」說這話時老爹眼中全是淚水，楊玄感和叔叔楊約也是淚流滿面。所謂地位、所謂富貴都是假的，一切的一切都是假的，我們都只是皇帝的一條狗，一條連尊嚴都沒有的狗。

老爹楊素如皇帝所願的死去了，楊玄感在這個世界上的依靠也消失了。楊廣撰寫的悼詞很長很長，而對楊玄感來說，一字一句都是諷刺，一字一句都深深扎向他的內心，慢慢地他的內心裡只剩下八個字：殺父之仇，不共戴天！

老爹楊素去世後，楊玄感為父親守孝一年，隨後被任命為鴻臚寺卿，襲了父親楚國公的爵位，轉而又升任禮部尚書。在一般人看來，皇帝楊廣待他不薄了，而楊玄感復仇的心卻從沒有停止。

如果楊廣能夠真心待他或許還能軟化他復仇的心，可惜楊廣對他依然很猜忌，甚至對左右親信說：「如果楊素不死，恐怕也要被滅族。」

在楊玄感看來，接受皇帝這樣的賞賜不是榮耀，而是屈辱，而他就是要在屈辱中等待爆發的機會。這段時間裡，楊玄感廣交朋友，對父親楊素的舊將故吏用心交往，四海之內的名士以誠相待，因為他知道，這些人將是他起事的基礎。

大業五年，也就是西元六〇九年年，楊玄感迎來了第一個機會。這一年他跟隨皇帝楊廣西征吐谷渾，返程時，全軍過大斗拔谷，山路崎嶇險惡，全軍只能魚貫而出，士兵、宮女、百官混雜，秩序混亂。楊玄感見狀準備趁亂殺掉楊廣，擁立秦王楊浩（楊廣三弟楊秀的兒子）為帝，結果卻被叔叔楊慎阻止了。楊慎的理由很簡單，「士心尚一，國未有釁，不可圖也」，這樣楊玄感的第一次行動沒有開始就結束了。

機會永遠只垂青那些有準備的頭腦，隱忍了數年的楊玄感終於等到了起事的機會，這一年是大業九年，西元六一三年。這一年皇帝楊廣二征遼東，全國精兵盡數調往遼東，隋朝境內防守空虛，東都洛陽、西京大興均由不滿十歲的皇孫鎮守，此時不反，更待何時？

痛下決心 黎陽起兵

決心已下，楊玄感著手準備，首先利用職務之便（當時他負責督運糧草）扣留東征軍糧草，能不發就不發，能少發就少發，總之能餓死多少算多少。其次派人召喚兩位隨皇帝楊廣出征的老弟楊玄縱、楊萬石回來一起造反，倒楣的楊萬石走到半道就被河北的地方官抓獲斬首。再者派遣家奴裝扮成朝廷使者，從東到西大造輿論：大將來護兒謀反了，大家收拾好家當，準備參軍平叛。（來護兒當時正準備從山東萊州出海攻擊平壤，結果被楊玄感誣衊造反。）

六月三日，胸有成竹的楊玄感進入黎陽城，關閉城門、裹脅民夫、製造鎧甲、設立官署、發布公告，宣布全面恢復隋文帝楊堅時制度（**等於宣告楊廣非法**）。為了達到忽悠的目的，楊玄感給眾人講了一個故事，故事的內容是這樣的：先皇楊堅臨終時曾經交代家父：「好子孫為我輔弼之，惡子孫為我屏黜之。」後來家父又把這個神聖的任務交給了我，現在就要上稟先旨，下順民心，廢此淫昏，更立明哲。

講故事的人繪聲繪色，聽故事的人雲裡霧裡，遺詔這種東西太沒譜了，死無對證，鬼知道到底有沒有呢，既然你說有，那就算有吧。講完故事，楊玄感開始任命官員，先後任命了三個州的州長，以東光縣尉元務本為黎州刺史、趙懷義為衛州刺史、河內郡主簿唐禕為懷州刺史，這就算支起爐灶了。

任命完官員，楊玄感開始給招募來的士兵訓話，這些士兵的構成是這樣的，運輸民夫五千餘人，水手三千餘人。這些人有兩個共同點：一、服勞役時間很長，所以早就怨聲載道，二、痛恨東征，痛恨皇帝。有了這兩個共同點，楊玄感的演講就有了切入點：「主上無道，不以百姓為念，天下騷擾，死遼東者以萬計。今與君等起兵，以救兆民之弊，何如？」眾皆踴躍稱萬歲。

本就是乾柴，再加上楊玄感的烈火，八千餘人瞬間就完成了從黎民百姓到起義士兵的轉變。然而這些人來得快，去得也快，楊玄感的起兵從這一刻其實敗局已定，因為臨時拼湊的士兵有一個共同特點：起兵時意氣風發，失利時土崩瓦解。

興奮中的楊玄感並沒有意識到這個問題，他以為皇帝遠在遼東，國內防守空虛，兩都由十歲娃娃鎮守，天下平定，有這八千人足矣。

正當楊玄感籌畫未來的時候，他的一個老友不期而至，這個人就是他的好友李密。

李密是北周八柱國之一李弼的曾孫，深得楊素賞識，所以常在楊家進出，跟楊玄感友情好到能穿一條褲子的地步。現在聽說楊玄感在黎陽起兵，李密星夜兼程來投，在他心裡，他等這一天也等了好多年了。

李密最初憑藉祖上功績蔭為左親衛府大都督、東宮千牛備身，他額銳角方，瞳子黑白明澈。楊廣見了他，感覺有些恐懼，於是對宇文述說：「左仗下黑色小兒為誰？」對曰：「蒲山公李寬之子李密。」楊廣曰：「這小子眼珠滴溜溜的轉，以後別讓他來了。」（**此兒顧盼不常，無入衛**）他日，宇文述對李密說：「你們家世代都是顯貴，你應該靠你的才學為朝廷服務，怎麼能當大頭兵呢？」（**君世素貴，當以才學顯，何事三衛間哉**）

李密聽了宇文述的話後，趕緊謝過宇文述稱病而去，不過在他心裡還是有了芥蒂：「皇帝分明是看我不順眼，這不是以貌取人嗎？」

心懷不平的李密開始發奮讀書，跟隨當世名士包愷讀書，通讀《史記》、《漢書》，兵書讀破了無數本，同門師兄弟都被他甩在身後，李密以為自己出人頭地的機會來了，可是問題又來了。

在隋文帝楊堅末年，老人家宣布取消了全國所有的學校，從此讀書無用了，這時候的李密只能自學成才，而且還不知道學校哪一天重開；新皇帝楊廣登基之後宣布恢復了學校，然而皇帝用人的層面非常窄，皇帝需要的是能給他編撰書籍的學士，而不是李密這種熟讀兵法的人。

由於皇帝楊廣本身相當有才華，因此他對知識份子反而不感興趣。大業七年，楊廣命令選部、門下、內史、御史四個單位跟隨皇帝在前往涿郡的船上辦公。等待遴選的三千多名知識份子一路跟隨隨時待命，部分官迷心竅的人一路跟隨龍舟走了三千多里，等到了涿郡，大多數人才發現三千多里路白走了，什麼官都沒等到，只能掉頭再走回去，費用還得全部自理。來回六千多里路走下來，手無縛雞之力的知識份子們由於天寒地凍、饑餓疲憊。居然死了好幾百人，真是可憐、可歎、可悲。

滿腹經綸無處可用，熟讀兵法無法展現抱負，李密的鬱悶與日俱增。古代的讀書人一般有三種出路，一種是當官、一種是歸隱，最後一種就是造反了。李密當官沒指望了（**被楊廣給辭了，當時又沒有正規的科舉**），歸隱又不甘心，算來算去就剩下造反一條路，所以李密說：「人都是被逼出來的。」

明朝末年造反的李自成本來是朝廷驛站的一名驛卒，朝廷精簡驛站讓他下崗了，沒有生活來源的李自成從此走上了造反的道路，李密一樣也是因為工作沒有了著落被逼的。

現在楊玄感起兵造反，李密總算等到了機會，在他心中早已有三套方案，這三套方案分為上、中、下策，現在他向楊玄感獻計。

上策：佔領薊縣（北京市），奪取臨渝（河北撫寧），切斷皇帝的歸路，屆時高麗攻擊東征軍背後，必定全軍崩潰，皇帝手到擒來。

中策：橫穿原野，直取大興，佔領關中，據守險要，天下可慢慢取得。

下策：集中精銳部隊，襲擊洛陽，然後號召四方起兵響應。

按照李密的規劃，三條計策以奪取北京最隱，以攻打洛陽最險。對於楊玄感來說，最現實的問題是全家一百多口都在洛陽，只有先拿下洛陽，這一百多口才能安全，所以在楊玄感看來先打洛陽才是上策。

人和人是有差距的，楊玄感和李密相比，就是雞和鷹的區別。但凡起義必定置之死地而後生，一切戰略都要以軍事利益為第一位，一旦造反就沒有退路，而楊玄感起義恰恰相反，先考慮的不是軍事利益，而是全家老小的退路，所以他的起義注定失敗。

戰火驟起　洛陽告急

就在李密還在跟楊玄感辯論的時候，一件意外的事情發生了，剛剛成立的起義軍裡出現了叛徒，剛剛被委任為懷州刺史的唐禕跑了。

唐禕這一跑徹底打亂了楊玄感的部署，起義無法再拖延了，只能倉促出發，而起義軍遇到第一個難啃的骨頭，就是唐禕跑回去鎮守的河內郡。唐禕一回城就組織全民上城防守，楊玄感的弟弟楊玄挺帶領一千人打了半天毫無所獲，只能繞開河內郡繼續前進。與此同時，唐禕派人飛報東都：楊玄感反了，東都洛陽馬上進入戰備狀態；同時修武的百姓自發的把守住臨清關，楊玄感的起義軍無法從這裡通過，只能繞道汲郡南渡黃河。

在楊玄感看來河內郡打不下來沒有關係，臨清關過不去也沒有關係，只要南渡黃河直逼洛陽，天下就在自己的手中。

在楊玄感的指揮下，老弟楊積善率領三千人在偃師南郊順洛水向南進發，老弟楊玄挺（**實際已經過繼給叔叔楊約**）率領三千人從白司馬阪翻過邙山南下，而他自己率領三千人緊隨其後，這就是楊玄感的全部主力。說起來這些主力軍還是很寒酸的，武器裝備就是每人一把單刀，一件柳木做的盾牌，沒有弓箭，也沒有鎧甲。跟大隋正規軍的裝備相比，隋軍是鳳凰，楊玄感軍是白條雞。

不過初次遭遇，白條雞還是顯示了威力，因為留守的隋軍還不如白條雞呢。細想一下也很合理，能派上用場的都被皇帝楊廣帶往遼東，家裡剩下的全是老弱病殘，這些留守的軍隊根本不能算作軍隊，只能算作維持治安的老弱病殘組合。

楊積善率領的起義軍一路提心吊膽的渡過洛水，迎戰他們的是河南令達奚善意率領的五千精銳兵馬。看著人家雄壯的五千兵馬，楊積善手下的三千人心裡都有些忐忑不安，可是沒有辦法，只能硬著頭皮往前衝。衝著衝著奇蹟發生了，對方的五千人馬自己崩潰了，士兵四散逃去，白條雞首戰獲勝。

楊玄挺的一路人馬也遭遇了隋軍的抵抗，帶隊的將領是將作監（**建設部高官**）裴弘策。這個裴弘策平時主管工程建設，現在被趕鴨子上架帶兵平叛。

裴弘策這八千兵馬跟前一撥一樣，兩軍一照面，八千人就開始四散奔跑了。裴弘策沒有辦法只能後退幾里壘砌防禦工事，沒想到楊玄挺又追了上來，再打，那幫隋軍還是接著跑。一天之內，楊玄挺打了五次，隋軍跑了五次，跑到最後，八千兵馬只剩下十幾個騎兵，剩下的哪去了？要麼陣亡，要麼開了小差，要麼投了楊玄感。

兩戰接連敗北，洛陽留守樊子蓋坐不住了。樊子蓋一生兢兢業業從地方官做起，大好的時光都耗在地方官任上了。年輕時他想調進京城，隋文帝總是不准，後來年老了，皇帝楊廣總算看到了他的價值這才提拔起來，更是委任給洛陽留守這個關鍵崗位。

兩戰一敗塗地，洛陽告急，樊子蓋如坐針氈，可因為他是地方官起家，他的命令到了洛陽官員那裡總是要打些折扣。

樊子蓋正鬱悶時，敗軍之將裴弘策撞到了槍口上。按照樊子蓋的部署，裴弘策需要接著帶兵出戰，可裴弘策就是不執行，主要是被楊玄挺打怕了。在平時樊子蓋和裴弘策級別是一樣的，所以裴弘策從心裡也就沒把樊子蓋當回事，不出戰就是不出戰，你能把我怎麼著！

怎麼著，砍！

說砍就砍，建設部高官裴弘策說沒命就沒命了，不是因為建築品質，而是因為一場敗仗。

砍完了裴弘策，國子祭酒（**國立貴族大學校長**）楊汪還對樊子蓋不服氣。好，接著來，再砍！

楊汪這才意識到樊子蓋真敢下死手，趕忙磕頭，直到把頭磕出了血，頭才算保住了。

一個被砍了頭，一個頭磕出了血，樊子蓋用兩個老傢伙的頭樹立了自己威風，洛陽城內才算統一了思想。在樊子蓋的指揮下，楊玄感在外面拼命的砸門刨牆也沒效果，畢竟他的軍隊一窮二白，既沒盔甲，也沒弓箭，更別說攻城工具了，窮成這樣還好意思出來打仗。

洛陽城雖然沒有攻下來，楊玄感的隊伍卻迅速壯大了，加上陸續投降的隋軍，楊玄感的隊伍已經達到五萬人，而且人數還在不斷的增加。令楊玄感更興奮的是，一大批高官子弟也加入到了起義的隊伍，這著實讓他吃了一驚。

這些高官子弟包括已故大將韓擒虎的兒子韓世咢、觀王楊雄（**楊堅的族侄**）的兒子楊公道、內史侍郎虞世基的兒子虞柔、大將來護兒的兒子來淵、御史大夫裴蘊的兒子裴爽、大理卿鄭善果的兒子鄭儼、大將周羅睺的兒子周仲等四十來人。

說起來這些高官子弟投奔楊玄感的原因很偶然，其實就是貪生怕死。按原計劃這些人是響應政府號召來東都平叛的，本來指望著平叛立點戰功，好讓老爹們的臉上更有光。等到了洛陽門口他們聽說將作監裴弘策因為兵敗被斬首了，這下可把公子哥們給嚇壞了，「鬧了半天，要是打了敗仗還要殺頭呢！」公子哥們一商量，算了，別去了，省得回頭再讓人給砍了。

可是已經到了洛陽城下了，就這麼回去大家又不甘心，也不知道誰先提了一句，「要不咱投楊玄感吧，沒準成功了咱都是開國元勳！」就這麼著，原本立志為國殺敵的公子哥們轉身就參加了起義軍。

歷史有的時候就是這麼諷刺，老爹們正在前線給皇帝賣命，兒子們卻在後方革皇帝的命，這到底唱的是哪齣呢？

就在楊玄感在洛陽城周圍橫行之時，得到消息的十歲皇孫楊侑已經悄悄派出刑部尚書衛文昇率四萬人從大興出發增援東都。

衛文昇也是一個狠人，最大的特點膽大心細，最經典的案例是一人招降十萬人。

隋文帝仁壽初年，山獠作亂，衛文昇出任資州刺史以鎮撫之。衛文昇到任以後，正趕上山獠攻圍大牢鎮，衛文昇單騎赴其營，謂群獠曰：「我是刺史，銜天子詔安養汝等，勿驚懼也。」諸賊莫敢動。於是說以利害，渠帥感悅，解兵而去，前後歸附者十餘萬口。一征遼東時，東渡遼河九個軍全都損兵折將，唯獨他的部隊全數返回，征遼將領基本都受處分，就他一個人升官，這就是傳說中的天才吧！

這次出兵平叛，衛文昇也是下了狠心，一出兵，他先處理了一件小事，這事對一個四萬大軍統帥來說實在是太小了。什麼事呢？也就是挖了一個墳頭，只不過墳頭的主人有點特別，不是別人，就是楊玄感的老爹楊素。

衛文昇命人挖了楊素的墳墓，縱火燒了楊素的屍體，從此他跟楊玄感就不共戴天了，按照血親復仇的原則，這種大仇三輩子也報不完。燒了楊素的屍體，衛文昇就算把自己的後路徹底給堵死了，同時也向四萬士兵證明，我衛文昇就是要跟楊玄感死磕！

洛陽城外亂成一片時，楊廣正在遼東城下指揮圍攻，包圍圈已經越來越小，城裡高麗軍的抵抗也越來越弱，楊廣屈指一算，頂多三天，遼東城定然攻破。

為了攻破遼東城，楊廣是下了血本的，他下令製造布袋一百萬個，這一百個布袋用來做什麼呢？答案是用來裝土的。

按照楊廣的規劃，這一百萬個布袋將碼成三十步寬，從城外的平地開始壘，一直壘到城牆邊，壘砌起來的布袋跟城牆一樣高，這樣就不用爬城牆了，直接一抬腳就進城。

這麼浩大的工程能在高麗軍的眼皮底下完成嗎？答案是能。

按照規劃，在工兵壘布袋的同時，將有數輛比城牆還高的戰車矗立在兩端，上面布滿弓箭手，皇帝一聲令下，工兵開始壘布袋，弓箭手負責射箭掩護，這就叫「武裝修路」。只要神射手壓得城裡的守軍抬不起頭，這條極有想像力的高架大道也就有盼頭了。等弓箭手停止射擊，裡面的高麗守軍剛一抬頭，就會看到無數的隋軍邁著方步，提著砍刀衝了進來。

一切都在按計劃進行，總攻也進入倒數計時，就在這時，楊玄感造反的消息傳到了遼東城下，此時距離楊玄感造反已經過去了二十多天。洛陽到北京七百多公里，北京到遼東城又是六百多公里，那個年代從洛陽往遼東捎個信太難了！

按照《新唐書》的說法，這個十萬火急的消息是李淵傳遞的，而《資治通鑑》卻沒有相應的記載。根據我的推測，皇帝楊廣很有可能先後收到過幾個同樣的消息，因為舉報謀反是每個官員應盡的義務，李淵很有可能也派人送了這樣的雞毛信，而這封信為他在關鍵時刻贏得了皇帝的信任。

接到告急的文書，楊廣顯然有些慌亂，他從來沒想到國內會亂成這個樣子，更沒有想到楊玄感這個白眼狼會造反，令他更意外的是居然有四十多個高官子弟跟著造反，這是唱的哪齣呢？他們的老爹可正在前線為朕賣命呢！這幫小兔崽子。

想了半天，皇帝楊廣也沒有想到辦法，只好把納言（最高人民檢察院院長）蘇威叫來一起商量，判斷一下楊玄感這小兔崽子能否成氣候。納言蘇威見多識廣，他早已看出國內民變之火已經開始燎原，一個智商不高的楊玄感不足為慮，怕只怕從此民變一發不可收拾。楊廣聽完，沉重的點了點頭，楊玄感的叛亂必須平定，那麼高麗怎麼辦？征遼東還能進行下去嗎？

就在楊廣鬱鬱寡歡之時，一個黑影悄悄的離開了東征軍大營，當夜就投奔了遼東城內的高麗軍，這個人不是別人，正是楊玄感的同黨之一兵部侍郎斛斯政，也就是兵部尚書段文振一直告誡楊廣不可重用的那個人。先前斛斯政接到楊玄感的密信，隨即安排楊玄感的兩個兄弟楊玄縱、楊萬石從遼東前線返回參加叛亂。現在楊玄感已經正式起兵，皇帝追查同黨遲早會追查到他，索性一不做二不休，投奔高麗去吧。

然而斛斯政的精明小算盤只打了一年多，一年後，他成了高麗與大隋的交易品，在大興的金光門下，他被文武百官射成了刺蝟，死後在這個世界上徹底消失，連灰都沒留下。

斛斯政投敵了，楊廣的決心也終於下了，此時的遼東已經不是雞肋，而是卡在他嗓子眼裡的雞骨頭，這個雞骨頭既然吞不下去，那麼只能吐出來了。

六月二十八日凌晨，皇帝楊廣下令全面撤退，為了走得輕鬆、走得愉快，什麼都不帶了，只要人回去就行了，二征遼東就此戛然而止。

由於隋軍走得實在太輕鬆了，大營跟有人時一模一樣，高麗守軍看著空空的大營就是不敢進，因為他們也知道兵法上有一計「空城計」。一直捱到了六月二十九日中午，壯著膽子的高麗士兵才進入隋軍遺棄的大營，他們簡直不敢相信自己的眼睛，隋軍真的放棄全部輜重撤退了。領頭的將領放眼一看，樂得合不攏嘴，從來沒聽說挨打還能領紅包，這次光隋軍留下的這些輜重，就夠遼東城吃好幾十年。

現在隋軍倉促撤退，高麗軍就有機可乘，高麗軍隊隨即出發尾隨隋軍。因為國家小沒自信，高麗軍隊一直與隋軍保持八、九十里的距離，等到皇帝的大營已經渡過遼河，岸邊剩下的只有幾千老弱殘兵，高麗軍隊這才鼓足勇氣發動進攻，即便這樣，一仗下來戰果可以寫進高麗國史了，殲敵數千，隋軍殿後的老弱殘兵全被屠殺。慘！慘！慘！

回到國內，楊廣著手平叛，兩大猛將宇文述、屈突通迅速被派上了前線。在國難面前，另外兩個將軍也起到了特殊的作用，只不過一個是正作用，一個是反作用。

起到正作用的是左驍衛大將軍來護兒，起反作用的是右武候大將軍李子雄。當時來護兒正駐紮在東萊郡，按照計畫他們將出海遠征平壤，現在聽到楊玄感謀反的消息，來護兒決定不等詔令直接帶兵赴洛陽平叛。部將們剛剛表示反對，來護兒說出了一句非常經典的話：「高麗只是疥癬小病，洛陽被圍才是心腹大患。」（洛陽被圍，心腹之疾；高麗逆命，猶疥癬耳）這句話後來被唐王朝引用，只不過主語稍微換了換，「朝鮮半島只是疥癬小病，吐蕃才是心腹大患。」

來護兒自動加入平叛，李子雄則是自動加入反叛。

李子雄原為天子十六禁軍第六軍的大將軍，因為被指控有罪免除官職，楊廣責令以平民的身分在來護兒的大營效力。由於李子雄與楊玄感私交甚篤，交好到連楊廣都知道他倆同穿一條褲子，本著敵人的朋友就是敵人的原則，楊廣自然不會放過李子雄，所以就派使節捉拿李子雄。李子雄當然也不是吃素的，找了個機會殺了使節逃了出來，自此就算徹底跟楊玄感周穿一條褲子了。

急轉直下 窮途末路

楊廣已經回國，虎將已經出發平叛，形勢已經急轉直下，而楊玄感還絲毫沒有察覺，他甚至還在考慮「現在是不是該稱帝了呢？」稱帝的想法當即被李密嚴厲否決，自此楊玄感沒有再提，當然，幾天之後他就再也沒有機會提了。

日夜兼程的宇文述和屈突通迅速趕到了洛陽周邊，屈突通準備渡過黃河，一旦屈突通渡過黃河，形勢將對楊玄感更加不利，一旦多線作戰，楊玄感的白條雞部隊肯定吃不消，因此李子雄和楊玄感決定力阻屈突通，絕不能讓他渡過黃河。

李子雄和楊玄感看到了這步棋，洛陽留守樊子蓋同樣也看到了這步棋，為了策應屈突通，樊子蓋天天派兵攻打楊玄感大營，打得楊玄感每天忙於招架，始終顧不上派軍阻截屈突通，這一下就延誤了軍機。

幾天後屈突通渡過黃河，與先前到達的衛文昇兵分兩路與楊玄感交鋒，自此楊玄感更加力不從心，因為他要同時對付屈突通、衛文昇，還有洛陽城裡的樊子蓋三路人馬。

到這個時候，楊玄感和李子雄才意識到壞了，造了半天反，根本沒有像樣的根據地。起兵的黎陽正在被隋軍圍攻，回去等於自挖墳墓。想來想去，李子雄提出從東都撤軍，入函谷關，佔領永豐倉（國家儲備糧倉庫），然後平定關中作為根據地，回過頭再跟楊廣爭奪天下。

高手過招就在關鍵的一招，楊玄感始終差那麼一招。如果楊玄感按照李子雄的方案星夜不停直撲永豐倉，那麼至少還能撐一段時間，與楊廣爭奪天下的結果也未可知。然而楊玄感還是打了折扣，在進軍永豐倉的路上他居然又有了別的想法，沒辦法，他太急於打下一塊根據地了。在進軍永豐倉的半路上楊玄感居然圍攻弘農郡三天。

三天，寶貴的三天，做什麼事都足夠了，形成包圍圈三天也剛剛好。

按照李密和李子雄的計畫，直撲永豐倉，進而平定關中，這是做活楊玄感這盤棋的關鍵眼，用關中做眼，通盤皆活，楊玄感的大龍就不會被輕易屠掉，未來勝負還有一拼！

七月二十日，楊玄感從東都洛陽撤退，計畫進入函谷關，奪取關中。一路上波瀾不驚，按部就班，然而進入弘農郡（河南三門峽市）後，情況又有了變化，絡繹不絕的百姓攔住了楊玄感的馬頭，他們告訴楊玄感一個驚人的消息：弘農郡防守空虛，存糧又多，很容易就能攻下。

一個是前景不明的關中，一個是近在咫尺的弘農郡，打哪個呢？

高智商的李密極力主張繼續前進闖入潼關，而智商不高的楊玄感卻認為弘農郡有利可圖，雞和鷹的區別在這一刻再一次顯現出來。

楊玄感兵臨弘農郡城下，城上防守的正是楊廣的堂弟楊智積，這位仁兄智商極高，得知楊玄感進入弘農郡之後，楊智積做出了一個判斷，楊玄感的真正目標必定在潼關。一旦楊玄感進入潼關，楊玄感的棋就做活了，不行，絕不能讓他把棋做活，一定要在弘農郡城下拖住楊玄感，等待宇文述、衛文昇等人的合圍。

衝著來勢洶洶的楊玄感，楊智積使出了非常低級的一招：謾罵！讓士兵痛罵楊玄感的祖宗十八代，這一招雖然損，但卻很管用。此時楊玄感正沉浸在父親楊素被焚骨揚灰的痛苦中，罵他祖宗十八代那就是把他的剛結痂的傷疤揭了，然後再往上撒鹽。

一方面想把弘農郡打下來作根據地，一方面受不了被謾罵的屈辱（**呂思勉先生認為，楊玄感不會那麼淺薄的被謾罵激怒，結合各種情況來看，急於打下一個根據地應該是他當時最真切的想法**），楊玄感就在弘農郡城下停了下來，雙方開打，這一打就是三天。

楊玄感的隊伍沒有攻城武器，只有單刀和盾牌。於是，楊玄感想到了一個絕招，這個絕招就是火燒城門。

如果一切發展順利，把弘農郡的城門縱火焚燒後，帶兵一衝鋒，戰鬥就結束了。事實上，剛開始縱火的時候，一切確實按照楊玄感的預期發展，眼看城門一點點燒毀，離進城的目標也越來越近。好不容易等到城門燒毀了，楊玄感的兵馬上立刻往裡衝，結果沒衝幾步又退了回來。原來楊智積這傢伙更狠，他在城門裡面又放了一把火，火勢比城門外還大。

打了三天，燒了三天，弘農郡城依然堅固，而楊玄感的部隊卻接近了崩潰。

到了這個時候，楊玄感才決心放棄弘農郡城，再奔潼關，然而一切都晚了。三天過去，宇文述、衛文昇、來護兒、屈突通全部追上來了，可以說隋朝當時能打仗的四大狠人都來了，目標就是收拾楊玄感這個小兔崽子。一天之內，楊玄感連敗三陣，屢敗屢戰、屢戰屢敗，戰事發展到這個時候，雙方已經沒有公平可言。

八月一日，楊玄感率領手下兵馬進行最後一搏，結果又是一敗塗地，白條雞們徹底崩潰四散而去，跟隨楊玄感逃亡的只剩下十幾個騎兵。追趕最快的隋軍已經追上了楊玄感，但很快被楊玄感驅散了，因為論單兵作戰能力，四大狠人也未必是楊玄感的對手，然而此時即使項羽再生，也逃不出漫天遍野大軍的圍捕。

馬越跑越累，人越跑越少，等跑到葭蘆戍（河南靈寶市西南）時，楊玄感的隊伍只剩下兩個人，一個是他的老弟楊積善，一個就是他自己。雪上加霜的是馬也已經累死了。

天蒼蒼，野茫茫，東南西北都是追兵，一切該結束了，楊玄感的路已經到了盡頭。走在前面的楊玄感無力的癱倒在地上，用最大的力氣對兄弟楊積善說：我不能接受別人的侮辱，你幫幫我，殺了我！

這是世界上最無奈的事情，也是最悲慘的事情，在生命的最後時刻居然要求自己的同胞兄弟殺掉自己，這就是楊玄感自導自演的悲劇。手起刀落，楊積善完成了最不可能完成的任務，哥哥解脫了，可自己呢？楊積善把刀對準了自己，他知道這一刀下去，自己的一生也將結束。

手起刀不落，楊積善自殺居然沒有成功，因為他的刀已經鈍了。就在楊積善遍地找石頭想自殺的時候，追兵已經追上來了，在生命的最後時刻他連自殺的權利都沒有了，至於怎麼死，那得皇帝楊廣說了算。

在皇帝楊廣的指令下，楊玄感的屍體被切成碎塊，示眾三天，三天後這些碎塊變成了肉醬。和楊玄感相比，楊積善更慘。他被綁在了野外的木樁上，用車輪套住頭，九品以上的所有文武官員每人分發一件兵器，可以用刀砍，也可以用箭射，總之每人必須在楊積善的身體上來一下。在文武百官的努力下，楊積善變成了一隻刺蝟，隨後這隻刺蝟又被實施車裂，然後挫骨揚灰（一年後，投降高麗的斛斯政也遭受同樣的酷刑）。

至此，楊素的所有兒子，楊玄感，楊萬石，楊玄縱，楊玄挺，楊積善，楊玄獎，楊行仁全部被殺，和他們的老爹一樣死無葬身之地。

至此楊玄感起義被徹底撲滅，六月三日起兵，八月一日失敗，歷時不到兩個月，楊素一門就此消失殆盡。

滅了楊素滿門，砍了李子雄一門，皇帝楊廣樂觀的認為一切就此結束了，然而恰恰相反，所有的一切才剛剛開始。不久，楊玄感的智囊李密在押解的途中逃脫，正是他讓隋末的農民起義烈火烹油！

幾家歡樂幾家愁

第八章

李淵的機會

隨著楊玄感的覆滅，清算楊玄感黨羽的工作隨之展開，在這個多事之秋，有一個人漸漸得到了皇帝的信任，這個人就是李淵。

李淵在外放任上順風順水，先後出任過譙、隴二州刺史，楊廣繼位後他又先後任岐州刺史，滎陽、樓煩太守。按照隋朝官制，岐州，滎陽都是上等的大郡，僅次於大興、洛陽、江都這樣的特別郡，李淵能做到岐州和滎陽的太守說明表弟楊廣對他還比較信任。

然而表兄弟之間的信任並沒有維持多久，在李淵出任滎陽太守後不久，他就被調任到了樓煩，從一個發達大郡一下調到了一個偏遠小郡，說明楊廣開始不信任他了，而李淵的宦海生涯似乎也到了頭。在這段時間裡，李淵一直很鬱悶，天天生活在朝不保夕的日子裡，他始終不明白，為什麼表弟會把他從大郡滎陽調到偏遠的樓煩呢？

其實只是因為皇帝楊廣的猜忌心，嫉妒是楊家女人的天性，而猜忌則是楊家男人的天性。李淵的妻子竇氏曾經建議李淵送皇帝幾匹馬，李淵搖搖頭拒絕了，他知道皇帝楊廣的猜忌並不是幾匹馬可以去除的，他所能做的只能是聽天由命了。

後來，李淵被皇帝調回京城大興，先後出任殿內少監（宮廷供應部副部長）、衛尉少卿（軍械供應部副部長），跟以前地方大員的身分相比，現在的角色相當於宮廷打雜，人生的落差巨大。然而李淵也只能坦然面對，在他看來，假如你無力改變生活，那麼不妨換一個角度學會享受生活。

幾年的宮廷生活下來，李淵適應了在宮裡混的日子，如果不是楊玄感謀反，李淵可能還會繼續混下去，而現在日子混不下去了，皇帝楊廣要起用他。

在清算楊玄感餘黨的過程中，楊廣認定弘化郡留守元弘嗣是叛徒斛斯政的親戚，既然是親戚那麼就是同黨。盤算了一圈身邊的人，楊廣悲哀地發現值得他信任的人根本沒有幾個，沒有辦法，只能起用那個長得像老太太的李淵了。

為什麼說李淵長得像老太太呢，這還得從一次朝堂會見說起。

當時李淵正跟其他大臣一起朝見皇帝，楊廣也很平易近人地跟大家聊天，大家正說得興起，突然楊廣死盯著李淵看，李淵頓時被他看得發毛，以為有什麼大事要發生，朝廷之上頓時安靜了下來。突然楊廣大笑了起來，指著李淵大聲說：「阿婆目」，意思說李淵得臉長得像老太太。

當時李淵的皮膚有些鬆弛，可能是因為飲酒過多。皇帝一笑，大臣們也跟著笑了起來，叫了起來，自此「阿婆目」的外號就一直伴隨著李淵，一直伴隨到他登基稱帝。

現在「老太太」李淵終於枯木逢春，皇帝楊廣派他前往弘華郡逮捕元弘嗣，就地接替元弘嗣弘化留守職位。弘化留守權力非常大，轄區下轄潼關以西的十三個郡，這十三個郡的軍隊全由李淵指揮，這樣李淵的身分就從一個宮廷打雜變成了大軍區司令，久違的春風得意終於又回來了。

上任伊始，李淵繼續了自己的好人緣，很快就跟當地的官員和將領打成一片，然而屁股還沒坐熱，楊廣的命令又來了：就地免去弘化留守職位，回京復職。

然而，事情一旦開頭就不會結束，儘管皇帝楊廣對李淵還是猜忌，但形勢的惡化已經不容許他繼續猜忌下去，兩年之後楊廣還是再次起用李淵，等待多年的李淵終於等到了機會。

匪，越剿越多

靜下心的楊廣準備關注一下國內的剿匪大業，在他看來剿匪不過是走個過程而已，以政府軍的雄壯，拍打幾隻蒼蠅綽綽有餘。然而令他沒有想到的是，幾輪拍打下來，蒼蠅非但沒有減少反而越來越多，這究竟是為什麼呢？

為什麼？方法不對！

楊廣先後派出了三路人馬，一路由左屯衛大將軍吐萬緒和光祿大夫魚俱羅率領，一路由右候衛將軍馮孝慈率領，另一路由心腹愛將、江都郡丞（**揚州政府辦公廳秘書長**）王世充率領，結果三路人馬，一路慘敗，兩路慘勝。

慘敗的一路由右候衛將軍馮孝慈率領，他敗得很徹底，自己兵敗被殺，全軍慘敗；慘勝的兩路是吐萬緒的一路和王世充的一路，儘管都是慘勝，然而過程卻完全不同，吐萬緒一路用的是力，而王世充一路用的則是詐。

吐萬緒和魚俱羅都是久經考驗的大將，吐萬緒南下平過南陳，北上征討過楊諒，跟隨楊廣討伐過高麗，總體來說是一個能力過硬的大將。

吐萬緒的大將生涯比較坎坷，之所以坎坷是因為他的人品比較好。大業三年，大將賀若弼因妄議朝政遭遇讒言，無奈之下賀若弼拉著吐萬緒為自己作證，正義的吐萬緒於是就用自己的人格擔保：賀若弼清白，應該無罪。這次作證沒有保住賀若弼的命，卻罷了吐萬緒的官，後來幾經周折才又重新獲得皇帝楊廣的信任。

魚俱羅也是一員猛將，長得很特別，史載「目有重瞳」，就是說一般人眼睛只有一個瞳孔，而他一隻眼兩個瞳孔。在中國歷史上長相如此奇特的還有兩個名人，一個是舜，一個是項羽，因此從長相上看，魚俱羅就是個狠角色。

這個狠角色，「身長八尺，膂力絕人，聲氣雄壯，言聞數百步。」隋唐名將中絕對能排上號，在某個版本「隋唐十八名將」中，魚俱羅榜上有名。而在隋與突厥的邊塞上，魚俱羅更是成名已久，這個地方的突厥人不怕死神卻怕魚俱羅，沒有一個突厥人能說清魚俱羅長得什麼樣，因為見過他的突厥人都死了。在突厥婦女哄孩子很好哄，只要說一聲「魚俱羅來了」孩子立刻嚇得乖乖睡覺，比催眠曲管用一百倍。

吐萬緒和魚俱羅接受命令後不敢含糊，與農民起義軍連續對陣一百多天，戰果也很明顯，久經考驗的政府軍打得農民起義軍沒有還手之力。吐萬緒的隊伍連戰連勝，所向披靡，按說這樣的形勢非常喜人，然而吐萬緒和魚俱羅很快發現了問題：匪不是越來越少，而是越來越多。

每次政府軍進攻，農民起義軍就四散逃去，政府軍一走，起義軍就聚集，而且漫山遍野。即使每次大開殺戒，下一次去起義軍總是比上次還多，而且殺都殺不完，殺到政府軍已經筋疲力盡。

既然農民軍一時半會滅不了，吐萬緒請示皇帝，請求全軍休整，讓砍人砍累了的士兵休息一段時間。然而這個人性化的請求並沒有得到皇帝的批准，反而受到了皇帝的責難：「不抓緊砍人，朕砍了你！」

沒有辦法，吐萬緒只能率領全軍加班加點剿匪，就在全軍上下一心齊力剿匪的時候，光祿大夫魚俱羅有了活心眼。原來魚俱羅跟吐萬緒一樣，早就看出剿匪戰役將會很漫長，這樣下去什麼時候是個頭呢？想到兒子們還在東都洛陽，如果將來民變無法控制，兒子們可能就生命不保了。於是魚俱羅就想把兒子們接到身邊，以後萬一剿匪不利，皇帝追究下來，全家一起出逃也比較方便。

在魚俱羅的安排下，他的家僕奉命前去東都洛陽接魚俱羅的兒子們，同時還辦了點小事。什麼小事？事也不大，也就是倒賣了幾船軍糧。當時東都缺米，米價居高不下，反正軍糧放著也是放著，追求利潤的魚俱羅因此就順便倒賣了幾船米。

魚俱羅算盤打得再精，也沒有楊廣的算盤精，他的一舉一動全在皇帝的掌控之中。在這個敏感的時刻，魚俱羅居然派人接家屬，而且還倒賣軍糧，分明是居心叵測。

皇帝怒髮衝冠，後果自然很嚴重，盛怒之下楊廣下令斬魚俱羅，召吐萬緒面見訓話。

吐萬緒接到詔書，膽已經被嚇破，他知道皇帝的肚量，也知道皇帝的手段，這次面聖會是什麼結果呢？會不會落得跟楊積善一樣的下場呢？吐萬緒用行動證明人是可以愁死的。在從前線返回大興面聖的路上，憂愁悲憤的吐萬緒於半路上病逝，說白了是被皇帝的詔書給愁死的。看來想當楊廣的手下，心理素質一定要過硬。

魚俱羅被斬，吐萬緒病逝，這一路政府軍的剿匪雖然獲勝，也只能算是慘勝。

吐萬緒的這一路已經指望不上了，皇帝楊廣又派出了他的心腹愛將、江都郡丞王世充。

王世充其實不姓王。王世充的祖上是西域人，本姓支，祖父支頹耨早逝，祖母就帶著他的父親改嫁到了霸城的王家，因此本來應該姓支的王世充就姓了王。

王世充這個人非常聰明，涉獵經史，泛讀兵法，還會占卜算命。大業中，王世充混到了江都郡丞兼江都宮監的職位，從而與楊廣有了近距離接觸。江都宮監用現在的話說就是揚州國賓館總經理，因職務之便使王世充有了在楊廣面前表現的機會，結果聰明的王世充很得楊廣賞識，剿匪的重擔也就落到了他的肩上。

同吐萬緒用蠻力不同，王世充用的是詐。

王世充調動江南淮南軍隊數萬人再次攻打農民起義軍，結果還是政府軍大勝，反政府武裝慘敗，四散逃去。取得大勝的王世充並不滿足，他還要一網打盡，只有一網打盡，他才能獲得楊廣的充分信任。

王世充召集最先向他投降的起義軍士卒，大家一起在佛像前盟誓，王世充發誓對起義軍一律從寬處理，既往不咎，只要放下武器，政府還當大家是黎民百姓，給大家一條生路。得到這個利好消息，四處跑路的起義軍士兵不跑了，準備改行當海盜的也不改行了，畢竟只要有條活路，誰願意往死路上走呢？消息越傳越開，向王世充投降的起義軍士兵也越來越多，大家都相信這個王大人跟以前的官員不一樣，他們相信王大人會給他們一條活路。

按照王世充的安排，投降的起義軍士兵被集中到了一個叫黃渟澗的地方，已經投降的起義軍士兵以為只是辦一個投降儀式，再看看黃渟澗這個地方，兩邊道路都是通的，應該是條活路。然而幾分鐘之後，活路變成了死路，王世充的士兵迅速封鎖了四周，然後開始屠殺起義軍士兵。

砍殺過後，三萬多名投降的起義軍士兵全數被砍殺，他們所信任的王大人給他們的依然是死路。王世充雖然使詐成功，然而對於隋朝而言卻是慘敗，自此政府在起義軍眼中再無信用可言，招撫已經成為不可能完成的任務，而匪卻越剿越多。

民心可用，但民心不可欺！

強弩之末，再戰遼東

儘管國內的剿匪大業還如火如荼，而皇帝楊廣的精力已經游移，在他看來匪終究成不了氣候，有聰明的王世充在那頂著，剿匪只是時間問題。皇帝的精力再一次游移到了遼東，對於遼東他一直有個心結，在他的臉上始終有三個字：不甘心。

想想也是，前兩次征遼東都是因為各種問題無疾而終，第一次征遼東失敗是因為宇文述、于仲文上了人家的當，第二次征遼東失敗是因為楊玄感在後方造了反。這兩次失敗讓楊廣始終不甘心，所以他還要進行第三次。

大業十年（六一四年）二月三日，皇帝楊廣下詔命文武百官會商征討高麗事宜，詔書一出，滿朝沉寂，一連幾天沒有人提征討的事情，甚至連「高麗」兩個字都不提，大家都知道此時的皇帝已經成了一根筋的瘋驢，誰也攔不住他。沉默了十幾天，楊廣一看沒有人表示反對，那就是都同意了。二月二十日，楊廣下詔全國緊急動員，再征遼東。

皇帝楊廣一路向北，而手下的士兵卻一路向南，不斷地逃跑，前兩次已經有三十多萬人戰死沙場，天知道這一次又會有多少人戰死異國他鄉呢？儘管皇帝楊廣象徵性的斬殺了一批逃跑的士兵，本來希望殺雞給猴看，結果雞殺了，猴卻越跑越多。

七月十四日，皇帝楊廣抵達了懷遠鎮（遼寧遼中縣），從這裡再往東就是高麗地盤，三征遼東大戰如箭在弦。

從十三歲出任晉王以來，皇帝楊廣南征北戰已經有三十三個年頭了，對於帶兵出征他從來沒有含糊過，而這一次似乎與以往不同。以前大隋的軍隊都是士氣高漲、陣容整齊，而這一次卻給了他雜亂無章的印象。在行軍路上零零散散跑掉一部分，而由於各地民變的阻隔，還有一大部分應該出征的軍隊沒有趕到懷遠鎮，即使趕到的士兵士氣也非常低迷，這是為什麼呢？難道他們不想建功立業嗎？楊廣搖了搖頭，他想不明白。

三征遼東的計畫跟以往一樣，採取兩路進發戰略，一路大軍從懷遠鎮出發一直向東，一路大軍由來護兒率領從山東萊州出發在遼東半島的畢奢城（遼寧省大連市）登陸。來護兒大軍在畢奢城沒有受到多大抵抗，全軍很快向北推進，一直推進到鴨綠江邊，按照戰略部署，這一路大軍將渡過鴨綠江直逼平壤。

來護兒大軍駐紮到鴨綠江邊，高麗國王高元終於撐不住了，前兩次交戰都是僥倖獲勝，然而事不過三，以高麗的彈丸之地對抗隋朝實在力不從心。既然隋朝皇帝只要想要一個面子，那就給他一個面子：高麗主動請求投降。

七月二十日，高元派使臣前往隋東征軍大營請求投降，為了表示高麗百分之百的誠意，他們還給皇帝楊廣帶了一件禮物。這個禮物是個活人，這個活人的名字叫做斛斯政，原隋朝兵部侍郎。

看著高麗國的投降書，再看看他們的禮物——斛斯政，皇帝楊廣緊皺幾年的眉頭終於舒展了，折騰了這麼半天不就是等高麗的投降書嗎？有了這道投降書，自己就能超越自己的父親，站在巨人的肩膀之上。接受投降書後，皇帝楊廣也拿出了自己的誠意，派人通知已經到了鴨綠江邊的來護兒：「哥幾個都回吧，高麗投降了！」

然而「高麗投降」這樣的說辭騙騙皇帝楊廣還可以，騙來護兒這樣在戰場上九死一生的大將就差了點意思。在來護兒看來，這不過是高麗的緩兵之計，日後必定還會反覆，怎麼能輕易接受他們的口頭投降呢？

來護兒堅持渡過鴨綠江挺進平壤，然而部將們全部反對，一是如此孤軍深入沒有取勝把握，再者這麼做是違反皇帝命令，既然皇帝想要和平，做屬下的還是跟著享受和平吧。其實這兩條理由都是說辭，最根本的原因是大家都已經厭戰，前兩次失敗的陰影還在眼前徘徊，何必再去找第三次呢？在部將們的一致反對之下，少數派來護兒只能服從大多數的意見，既然皇帝說撤，那咱就撤。

此時的隋朝和高麗都已經到了強弩之末，如同兩個體力耗盡的拳擊手，任何一個人只要舉起拳頭就可以把對方擊倒，只可惜雙方都再也沒有舉起拳頭的力氣。

八月四日，皇帝楊廣下令班師回朝，三征遼東乾打了兩聲雷，下了幾滴雨，以高麗口頭投降收場。在班師路上，皇帝楊廣心情很好，在他看來，他已經完成了媲美漢武大帝的功業，即便沒有在高麗直接設置郡縣，但這同樣也是了不起的戰績，一個足以告慰祖廟的戰績。

十月二十五日，楊廣回到大興，把高句麗使節和斛斯政都送到祖廟，以此告慰祖先，大隋終於把高麗「打敗」了。

此情此景，楊廣有些熟悉，恍然間他又回到了二十五年前，那一年他也是在這裡向祖廟獻上了南陳的亡國君臣，那一年二十歲的他風華正茂，而今他已經四十八歲了，真是歲月無情催人老。

皇帝楊廣的好心情沒有維持多久，不久他下詔要求高麗國王高元到大興朝見，然而這次詔令卻遲遲沒有得到回音。原來皇帝楊廣的詔書早已被高元扔進了垃圾堆，「投降」那是逗你玩的！

第九章

一地雞毛的日子

歷史上的小人物

大業十年（六一四年）的大事就是三征遼東，受騙而終。而在大事的背後，卻有兩件小事，這兩件小事很小，小到幾乎無人提起，而這兩件小事卻又很大，大到讓人感慨歷史的造化。

第一件小事：剃度。

皇帝楊廣一方面是大隋的皇帝，同時他也是一個虔誠的佛教徒。在這一點上，楊家是有傳統的，隋文帝楊堅就是在寺廟裡被一個尼姑養大，並不是因為經濟問題，而是傳說他小時候就被認定「貴不可言」，所以需要在一個特殊的地方養大。有一次他的生母來看他時，他的頭上長出了犄角，嚇得母親一失手把他摔到了地上，這時看養他的尼姑進來了，抱起楊堅說：「已驚我兒，致令晚得天下。」

和父親一樣，楊廣也是虔誠的佛教徒，西元五九一年，他在江都給一千名南方僧人設立齋席，齋席之後，他跪受當世高僧、天臺宗四祖之一的智顗為他做的居士「佛戒」，並接受佛號：總持菩薩。

在楊廣的影響下，隋朝每隔一段時間就要以國家名義剃度一些和尚，被國家剃度的和尚不是一般的和尚，而是享受國家待遇的和尚，也可以說是國家級的儲備大和尚。西元六一四年，皇帝楊廣下令在洛陽剃度二十七個和尚，這二十七個和尚在剃度後將享受國家供養的待遇，也就是說國家出錢供你學習研究佛法。

經過激烈的競爭，被認定為成績優秀的還有數百人，這時候一個十三歲少年摻和了進來，他也想競爭那二十七個寶貴名額。

由於十三歲的年紀實在太小，那數百個成績優秀的競爭者還篩選不過來，誰還顧得上這個黃口少年呢？然而少年並不灰心，就在複試考場的大門口等，一直等到了主考官，隋朝大理寺卿鄭善果。少年迎上鄭善果，闡述了自己想要剃度的想法，鄭善果看少年眉清目秀，眉宇之間有一種常人沒有的超然與淡定，於是就耐著性子跟少年對話，時不時地拋出幾道問題，而少年應答如流。鄭善果問少年為什麼要學習佛法，少年說：「意欲遠詔如來，近光遺法。」此言一說，鄭善果頻頻點頭，一個十三歲的少年能有如此遠大理想，他日必有所成，此人定是「釋門佛器」。

有的時候改變命運就是因為一句話。

在鄭善果的建議下，十三歲少年被破格錄取，成為享受國家待遇的剃度僧，鄭善果為少年起了法名——玄奘。（**玄奘剃度也有一說是在六一二年，伯樂就是鄭善果，這一點沒有異議**）

玄奘俗姓陳，名褘，出生於河南洛陽洛州緱氏縣（今河南省偃師市南境）遊仙鄉鳳凰谷陳河村，祖父和父親都是博學多才的知識份子。玄奘出生時，母親夢見一個白衣法師向他辭行，母親對他說：「你是我的兒子，要到哪裡去？」白衣法師說：「為了求法，要西行！」看來玄奘法師就是為了西行而生。

玄奘法師十歲的時候父親與世長辭，玄奘從此跟隨早已出家的二哥（**法號長捷**）在洛陽寺廟裡做少年行者，到皇帝楊廣下詔剃度的時候，玄奘法師就去爭取剃度名額。

歷史有的時候就是這樣的奇妙，如果沒有大理寺卿鄭善果的慧眼識珠，恐怕世間只有陳褘，再無世人稱頌的玄奘法師。從隋唐兩朝傳承來看，玄奘法師可以說是「隋朝出生，唐朝成長，隋朝的供養造就唐朝的高僧」。從另外一個角度講，也可以說是楊廣栽樹，唐太宗和唐高宗乘涼。

在國家的供養下，玄奘法師勤奮用功，廢寢忘食，不久就能開壇講座。後有感於隋末唐初民間諸多苦難，又偶遇印度高僧講述那爛陀寺講學的盛況，於是就有了玄奘法師的西行求法。值得一提的是玄奘法師西行並沒有得到官方認可，並不像《西遊記》裡所說受唐太宗委託，實際上他是在申請不下簽證的情況下混在西行逃荒的災民之中蒙混過關，歷盡磨難到達那爛陀寺。

不知道日後佛法有大成的玄奘法師是否還會記得當年那個伯樂的名字叫做鄭善果？鄭善果本人也算是種善因，得善果，母親被載入隋書作為教子良母的典範。他本人先後事隋、宇文化及和唐朝，後在唐朝為官，得享天年，能在一個亂世中有這樣的結果也算善果。

說完了第一件小事，再來說第二件小事，這件事情也很小，小到只是一次極為普通的對話。這次對話的雙方是皇帝楊廣和太史令（**天文臺長**）庾質，他們的對話已經有過多次了，只是這一次比較不同。

一征遼東時，楊廣就跟當時下放當甘肅合水縣令的庾質有過一次對話，庾質的看法是皇帝應該坐鎮涿郡，放手讓大將們隨機應變，這樣即使失敗也不損皇帝英名。

二征遼東，庾質依然堅持自己的觀點，而楊廣卻回答「我親自去還沒取勝，我要不去，更沒指望了。」

楊玄感謀反之後，楊廣又一次諮詢庾質，楊廣認為楊玄感很聰明，平叛恐怕很難。庾質搖搖頭：「玄感地勢雖隆，德望非素，因百姓之勞苦，冀僥倖而成功。今天下一家，未易可動。」

第三次征遼東，滿朝文武不敢說話，庾質也不敢去觸霉頭，沒有表態。

然而到了大業十年的十二月，君臣之間又有了一次對話，這一次主要是庾質說，楊廣支著耳朵聽。

當時楊廣準備前往東都洛陽，隨後準備北巡，滿朝文武再次集體失語，只有庾質站出來說了實話。

庾質說：「比歲伐遼，民實勞敝，陛下宜鎮撫關內，使百姓畢力歸農。三五年間，令四海少得豐實，然後巡省，於事為宜。陛下思之。」實在是金玉良言，如果楊廣能聽得進去，隋朝的國運絕不會那麼短，而李淵也未必有機會，只可惜皇帝一點也沒有聽進去。

儘管對皇帝楊廣說出了肺腑之言，然而庾質並沒有得到任何獎賞，反而得到了滅頂的牢獄之災，事情的起因很細小，原因只是一次裝病。皇帝楊廣於十二月九日啟程前往東都，按照規定太史令庾質應該伴駕隨行，而庾質就在這個節骨眼上裝病。古往今來大凡有才的人必定都很有性格，庾質就是這種有才有性格之人，既然皇帝聽不進勸告，那伴駕東遊還有什麼意義呢？

庾質裝病，楊廣心裡頓生厭惡，在這個時候裝病就是跟皇帝耍態度，敢跟朕耍態度，抓起來，跟著走！

裝病的庾質自此被拘押起來，跟隨皇帝一直走到了東都洛陽，到了洛陽別的官員都安頓了下來，而庾質卻被送進了監獄。由於皇帝事情實在太多了，把他扔進監獄的楊廣再也沒想起來還有庾質這個人。被人遺忘在監獄的庾質從此過上了沒有刑期，沒有盼頭的牢獄生活，儘管他說的都是實話，儘管他的職業是天象，然而這些都沒能挽救他的生命。

在暗無天日的等待中，庾質病死於獄中，一個對皇帝說了無數實話的天文臺長就這樣結束了一生，假設楊廣能夠採納他的意見，那麼歷史將有可能完全改寫。只可惜楊廣畢竟是楊廣，而歷史永遠無法改寫。

湖南嶽麓書院有一副對聯，「惟楚有材，於斯為盛」。實際這副對聯是從不同的典故中抽出來的，惟楚有材出自《左傳・襄公二十六年》，原話是「雖楚有才，晉實用之」。這句話同樣可以用於隋唐兩代，「雖隋有才，唐實用之」。楊廣的治下不是沒有人才，而是楊廣缺乏發現人才的眼睛和使用人才的度量。

鄭善果、庾質，他們都是歷史上的小人物，一個發現了舉世稱頌的玄奘法師，一個向皇帝說了無數的實話，結果他們都在隋朝被湮沒。鄭善果尚能輾轉於唐朝延續自己的宦海生涯；而庾質，著名星象家庾季才之子，卻只能無聲無息的死於黑獄，人生之起伏，命運之坎坷，只能一聲歎息。

隋唐的歷史轉了個彎

大業十一年，皇帝楊廣的巡遊還在進行，這一年他東遊到了洛陽，北巡到了塞北，隋朝的一切看起來都正常，然而一切僅僅是看起來。

在這一年裡，兩戶姓李的人家登上了史書，一戶被滿門抄斬，另一戶卻為未來的富貴埋下伏筆。被滿門抄斬的一戶是隋朝明公李穆一家，而為未來埋下伏筆的不是別人，正是被楊廣稱為老太太的李淵。

這一年三月五日，曾經富貴得令世人感歎的明公李穆一家被滿門抄斬，此時距離李穆去世已經有十九個年頭。富貴至極時，隋文帝楊堅封李穆為司徒，李氏一門連正在吃奶的孩子都授予五品官，一門上下五品以上的官一百多人，基本上是每個人頭頂都有一頂官帽。

李穆一家被滿門抄斬的真正原因一直有爭論，有人說是因為隋文帝楊堅的那個夢。

據說隋文帝楊堅曾經夢到大興城被洪水淹沒，醒來後嚇出了一身冷汗，所以就有了在故長安城邊上另選新址建大興城的舉動。後來有人把這個夢與人名聯繫了起來，名字裡帶水的就成了重點懷疑對象。而李穆的孫子李敏乳名叫洪兒，名字裡帶水；李穆的兒子李渾當時正擔任右驍衛（**天子十六禁軍第九軍**）大將軍（**正三品**），位高權重，名字裡也帶水，而且符合街邊流言「李姓將當皇帝」。幾個條件一綜合，不斷李渾一家更待何時，因此李渾、李敏就被控告謀反，全家三十二人全部被斬。

其實李渾一家被斬的起因很簡單，原因就是李渾不按合約辦事，嚴重違約。

李穆去世之後，嫡孫李筠繼承了爵位，這讓做叔叔的李渾悶悶不樂，再加上李筠剛剛繼承爵位得意忘形，對叔叔們也不夠尊重，粗人李渾就派侄子李善衡把李筠做掉，然後嫁禍給一個堂弟，並迅速殺了這個堂弟滅口。

李筠死了，爵位又空置了下來，李渾開始積極運作，找誰合適呢？他想到了一個人，自己的大舅哥宇文述，他可是太子楊廣面前的紅人。李渾找到了宇文述，鄭重承諾：假如爵位由我繼承，每年拿出一半的采邑田賦稅收給你。無利不起早的宇文述覺得有利可圖，再加上李渾是自己的妹夫，於是就委託楊廣幫李渾爭取到了爵位。

繼承爵位的頭兩年李渾還是重合約守信用的，每年都按時按量的把一半收入轉給了宇文述，然而兩年下來，李渾開始不樂意了，憑什麼自己家的收入白白讓宇文述拿走一半呢？

想來想去，李渾非常不平衡，再加上他在朝中也正步步高升，見了宇文述不再低一頭。於是先前承諾的一半收入就沒有了下文，這下親戚就變成了仇人，儘管沒有撕破臉，但宇文述在心中暗暗發誓：走著瞧。

等到李渾出任右驍衛大將軍時，楊廣對李渾已經有所猜忌，再加上有楊玄感的例子擺在前面，猜忌成性的楊廣對李渾的厭惡已經開始慢慢積累。此時，街邊流言也開始瘋傳，「名字裡帶水的對皇帝不利」、「姓李的將當皇帝」。雖然說流言畢竟是流言，不過一旦皇帝信了流言那就不再是流言了。

李渾，李穆的兒子，右驍衛大將軍，姓李，名字裡有水；李敏，李穆的孫子，李渾的侄子，前朝公主宇文娥英的丈夫，時任將作監（**建設部高官**），名字裡雖然沒有水字邊，不過他還有個乳名：洪兒，名字裡也帶水。

「位高權重，位置敏感，符合流言，皇帝猜忌」，有了這四條，宇文述的大仇就可以報了。在那個年代捏造個造反的罪名太容易了，說你意欲謀反，這就足夠了。

按照皇帝楊廣的指示，宇文述將李渾一家老小都下了大獄，雖說誣告他們謀反就可以了，但畢竟得有證人證詞。將李渾的一大家排查一遍，宇文述找到了突破口，這個突破口就是李敏的妻子，前朝公主宇文娥英。

宇文娥英是北周皇帝宇文贇和皇后楊麗華的女兒，也是隋文帝楊堅的親外孫女，長大後嫁入當時恩寵無邊的李穆一門，她的丈夫是李穆的孫子李敏。這次全家都下了大獄，宇文娥英也不能倖免。就在宇文娥英孤立無助的時候，宇文述來了，他是來給宇文娥英指一條明路的，事實證明實際是條死路！

宇文述忽悠宇文娥英說：「你丈夫一門謀反已經查實，皇帝肯定要誅殺他們，誰也救不了，而你不同，你是當今皇帝的親外甥女，你只要坦白，還愁沒有好日子過，嫁不到好人家嗎？畢竟皇帝是你舅舅啊！」

宇文娥英一頭霧水，不明就裡，只能對宇文述說：「我實在不知道，拿什麼坦白呢？」

看著宇文娥英已經上鉤，宇文述開始指點宇文娥英：「你就說他們叔侄倆曾經策劃過謀反。」

在宇文述的教導下，宇文娥英寫好了一份符合規定的揭發狀，揭發狀稱李渾與李敏叔侄二人曾計畫在楊廣渡遼河時率領李氏子弟攻擊皇帝御營，事成之後由李敏當皇帝。

明明是條死路，宇文娥英卻以為是條活路。一紙揭發狀讓李渾一家滅了門，同時也毀滅了宇文娥英自己的幸福。數月後，宇文娥英被毒死，楊麗華唯一的血脈就此終結。想想宇文娥英這一輩子也挺可憐的，有一個暴君老爹（**宇文贇**）；有一個野心家姥爺（**楊堅**）；有一個六親不認的舅舅（**楊廣**）；有一個取錯名字的丈夫（**李敏乳名洪兒**）；有一個忽悠的長輩（**宇文述一家侍奉宇文泰，隨主人姓了宇文，按照輩分，宇文述是宇文娥英的長輩**）。

一個李姓滅了門，另一個李姓卻迎來了崛起的契機，這個幸運兒就是李淵。

其實李淵在大業九年曾經得到過重用，那一年他奉命去弘化郡逮捕留守元弘嗣，然後就地代理留守職務。只是皇帝對他依然有所猜忌，不久就讓他回大興繼續擔任衛尉少卿，這一待又是兩年。

在這兩年裡，形勢又發生了變化，李渾一家被滿門處斬了，吐萬緒愁死了，狠人魚俱羅也被滿門處決了，楊廣信得過的人扳著手指頭數來數去，還只有那個長得像老太太的表哥靠得住，其他人就更靠不住了。

處決完李渾一家後，皇帝楊廣任命李淵擔任山西河東撫慰大使，轄區範圍包括現在整個山西省，在這個區域內，李淵全權代表皇帝任免郡縣官員，從此山西就是李淵的地盤。接到任命，李淵心裡狂喜，畢竟自己不當老大很多年了，能到山西這麼大的地盤上當老大，這個餡餅的分量實在太足了。

或許正是得到這個任命之後，老實人李淵的心眼動了，因為古往今來山西在王朝的格局中都佔有極為重要的地位，堯帝在這裡建立唐國進而得到天下，五胡亂華時期誰得到了山西誰就有望進而奪得天下。如此敏感的一個地區，皇帝楊廣卻偏偏給了李淵，或許就因為李淵是本朝表哥，而且這些年當殿內少監和衛尉少卿都是兢兢業業，交給他總比交給別人放心。

自此隋朝的歷史開始轉彎，隋朝日薄西山，唐朝已在醞釀之中。假使李淵沒有得到山西之地還繼續擔任衛尉少卿，那麼當隋末民變蜂起時，漁翁得利的絕不可能是李淵。以衛尉少卿的職位在大興城內，官職比他大的多得是，想陰謀篡位根本就排不上隊。

民心漸失，軍心已遠

第十章

雁門，夢破碎的地方

如果兩個李家的興衰是隋朝轉彎的開始，那麼「雁門之圍」就是隋朝轉彎的加速，正是「雁門之圍」摧毀了皇帝楊廣的雄心壯志，一個自信滿滿的皇帝從此變得意興闌珊，隋朝國運急轉直下。

天欲取之，必先與之，雖然這一年（大業十一年，西元六一五年）發生了「雁門之圍」，然而這一年還是有祥瑞的。

這一年，親衛府指揮官高德儒率領十幾人奏報楊廣，聲稱在洛陽宮城東南的金殿之前親眼所見有鸞鳳落腳。楊廣一聽大喜過望，「鸞鳳降臨」那是吉兆，象徵江山永固，千秋萬代，這可是大大的祥瑞。興奮之餘，楊廣擢升高德儒為朝散大夫，級別由正六品升為從五品，另賞綢緞一百匹，另外參與彙報者統統有賞。賞賜完畢，楊廣下詔，在鸞鳳落腳之處興建儀鸞殿，希望吉兆永駐。

魯迅先生說過，世上本沒有路，走的人多了也就成了路，祥瑞也是一樣，世上本沒有祥瑞，說的人多了也就成了祥瑞，楊廣的這次鸞鳳祥瑞也就屬於這一種，屬於炒作的祥瑞。

根據我的分析，高德儒看到的肯定不是鸞鳳（**世上根本沒有鸞鳳這種鳥，是中國人臆想出來的**），很有可能只是洛陽西苑散養的孔雀，高德儒他們是把孔雀當成了鸞鳳，經過炒作就成了舉國慶祝的「鸞鳳降臨」祥瑞。

孔雀？野雞？鸞鳳？楊廣已經分不清了，而且他也不準備分清，只要他認為是鸞鳳，那就是鸞鳳。

有鸞鳳祥瑞映襯，楊廣巡遊四方的腳步沒有停止，西元六一五年的八月五日，楊廣出塞向北巡視，令他沒有想到的是，一個久違的老朋友正在塞外等著他，這個老朋友就是東突厥始畢可汗阿史那咄吉。

前面我們已經說過裴矩試圖採用分化的方式瓦解東突厥，結果被始畢可汗阿史那咄吉識破，因此裴矩提出的「以突厥打高麗」的狗咬狗計畫沒能實現，最後楊廣只能親自上陣三征遼東，結果三次都以失敗告終。

在楊廣征高麗的同時，背後有一雙眼睛始終在盯著他，這雙眼睛屬於始畢可汗。三征高麗隋朝損兵折將，三征高麗隋朝國內民變四起，現在東突厥與隋的實力對比已經悄悄發生變化，雙方也到了掰掰手腕的時候。

八月八日，楊廣繼續前行，此時他接到堂妹義成公主的線報：阿史那咄吉集結騎兵數十萬，很有可能對皇帝不利。接到線報，楊廣不以為然，以大隋軍隊的雄壯還怕小小的突厥不成？不管它，繼續前進。

八月十二日，楊廣抵達雁門郡，一切正常，楊廣若無其事的笑了。

八月十三日，始畢可汗阿史那咄吉突然出現，包圍雁門郡，一切不正常了。雁門郡治下四十一個城池被打下了三十九個，只剩下雁門郡和淳縣還在堅守。原本楊廣還指望次子楊暕能從淳縣趕來救駕，現在看來不可能了，淳縣也被包圍了。

此時雁門郡城內共有軍民十五萬人，而糧食僅僅夠維持二十天，二十天後即使城不破，十五萬人也得餓個半死，怎麼辦呢？

士兵們開始拆民房構築城防工事，而高層們則正在進行緊張的討論。形勢已經越來越危急，之前的一次進攻，已經有冷箭落到了楊廣的腳下，皇帝都不安全了，誰還能安全呢？

宇文述率先表態：集中數千精兵擁簇皇帝突圍，這個餿主意剛出就被納言蘇威給否決了：「守城我們的力量足夠，而以騎兵突圍正是突厥的強項，皇帝是萬乘之主，怎麼能如此盲動？」

民部尚書樊子蓋也支持蘇威的觀點，皇帝身處險境不能有僥倖心理，萬一突圍被擒，後果不堪設想，眼下之際只要皇帝宣布不再征高麗，能對守城將士大加賞賜，雁門郡自會固若金湯。

蘇威和樊子蓋說的都有道理，但他們立足的都是守，然而萬一始畢可汗阿史那咄吉遲遲不退兵就在沙家濱紮下了怎麼辦？雁門郡十五萬人只有二十天的糧食，二十天後怎麼辦呢？就在眾人一籌莫展之際，蕭皇后的弟弟，內史侍郎蕭瑀提到了一個人讓楊廣如夢方醒，蕭瑀提到的這個人就是楊廣的堂妹，始畢可汗阿史那咄吉的皇后義成公主。

蕭瑀說，義成公主作為隋朝皇家女兒嫁到突厥當皇后，皇后在突厥是很有地位的，按照突厥的風俗，皇后有權參加軍事會議，也就是說義成公主說話是有分量的。為今之計只能派人去試一試，看看義成公主能否想辦法讓始畢可汗撤軍。

楊廣沉重的點了點頭，事到如今只能死馬當活馬醫了，試試看吧。

於是楊廣兩手準備，一方面派密使沿小路到突厥尋求義成公主的幫助，一方面下詔天下兵馬勤王，各郡縣官員都有義務組織兵馬前往雁門郡救駕。詔令一出，天下雷動，此時皇帝還是有號召力的，李淵的次子李世民就在這次救駕的軍中，這一年他十七歲，隸屬於屯衛將軍雲定興。

雲定興就是獨孤皇后討厭的太子小老婆雲昭訓的父親。楊勇當太子時他天天往太子府跑，楊勇被賜死之後，他有感於自己受楊勇連累，在幾年後居然建議楊廣除掉楊勇的所有兒子，這樣他就跟廢太子沒有任何關係了。

雖然初次參軍，李世民卻已經表現出他的軍事天才，他建議雲定興多帶旌旗，這樣會讓突厥誤以為救援的兵馬很多。晚上再安排人定點敲鼓打鑼相互呼應，這樣就會讓突厥人以為隋朝援軍已經源源不斷的趕來（**呂思勉先生認為這個情節可能是御用文人們為了拍李世民的馬屁杜撰的**）。

事實上，隋朝的援軍確實源源不斷的趕到了，各郡的援軍已經趕到了山西忻口，離雁門郡已經近在咫尺。就在此時，義成公主的假情報也準確無誤的送到了始畢可汗的大營中，假情報顯示：邊境告急，速回！始畢可汗一看，心裡有些著急，出來打別人自己家裡還告急了，再聽探馬報告，各路隋軍已經雲集忻口，這下形勢又朝著有利隋朝的方向發展。

打得著就打，打不著就跑，九月十五日始畢可汗下令全軍撤退。

得到始畢可汗撤退的消息，皇帝楊廣來了精神，命令出擊，一定要把丟掉的臉面奪回來。當然出擊只是一個姿態，此次出擊的只有兩千騎兵，一路追擊，連匹馬都沒追到，倒是追到馬邑郡時追到了兩千多個老弱病殘的士兵，估計還是始畢可汗不想要索性甩包袱遺棄的。

「雁門之圍」從八月十三日開始到九月十五日結束，歷時一個多月，不知道只有二十天糧草的十五萬人是怎麼堅持下來的。解圍之後每個人都慶賀劫後餘生，而楊廣卻在慶賀的同時陷入了深思：為什麼貴為天子會這麼狼狽？為什麼雄心壯志卻連高麗都平不了？以前的雄才大略哪去了？難道這一切都是假的？

楊廣一路春風得意，一路走來都是成功，他沒有想到邁入四十歲以後他卻接連失敗。三征高麗失敗、北巡遭遇「雁門之圍」、國內民變彈壓不住、文武百官人心思動，以前這些都不是問題，而現在卻都成了問題。

「雁門之圍」儘管短短的一個月，然而楊廣的感觸卻非常大，這次被圍讓他認識到原來自己並不是無所不能，自己似乎也不是雄才大略，媲美秦皇漢武或許只是一個夢。自此樂觀激進的楊廣變得消極保守，隋朝的歷史在「雁門之圍」之後大轉彎，國勢也開始急轉直下。當一個人對自己都喪失了信心，那麼無論多麼大的龐然大物都會轟然倒塌。

大業十一年，看似平淡，隋唐的歷史卻在這裡轉了一個彎。

迷途不知返，找不到回家的路

大業十一年九月十八日，楊廣從雁門郡抵達太原郡，是從太原直接回大興，還是先回洛陽再回大興，文武百官發生了分歧。在納言蘇威看來，大興是京城所在，而關中則是全國大局的棋眼，只有關中這個眼做活了、安撫住了，全國的棋局才能活。事實證明，蘇威是對的，跟前太史令庾質的觀點一樣，他們都知道大興對王朝的重要性，而楊廣卻恰恰體會不到。

其實楊廣並不是完全體會不到，主要原因還是大興這個城市給了他太多的壓力。從十三歲封晉王開始，他就離開了大興這個城市，從此對這個城市沒有了認同感，而當他鎮守江都時，大興對他而言就是父皇居住的城市，是他的上級城市，每逢聽到有使臣從大興來，他既興奮又忐忑，興奮的是可以趁機在使臣面前好好表現，忐忑的是不知道使臣傳達的是好消息還是壞消息。在壓力中，楊廣度過了十年鎮守江都的生活，也正是在那時他認定大興不是他的城市。

現在蘇威建議直接回大興，儘管他也知道關中的重要性，但皇帝的心事又有誰能讀懂呢？

還是有人能讀懂，這個人就是老搭檔宇文述。在宇文述的建議下，楊廣決定先回洛陽，擇機再回大興，然而終其一生他再也沒有回去。

抵達洛陽之後，楊廣開始慵懶起來，以前「言必行，行必果」的皇帝變得言而無信，原本在雁門郡做出的承諾基本都不作數了。按照在雁門郡的承諾，將士們只要認真守城，皇帝全部重重有賞，守城有功的人，無論平民還是士兵，直接升為六品，賞綢緞一百匹，有功的官員按品級逐級升遷。現在到了論功行賞的時候，楊廣卻變得小氣起來，當時參加守城的士兵總共有一萬七千人，全部兢兢業業的守城，然而楊廣卻只給了一千五百個嘉獎的指標。

就是這一千五百個士兵也沒有得到當初約定的賞賜，楊廣規定：第一次作戰建功的升官一級；原先不是軍官的此次只能升為從九品的立信尉（**當初承諾是六品**），累計立三次戰功的可以升為從八品，參加作戰但沒有立功的，累計參加四次戰役才能官升一級。

本來不能按約升官已經讓將士們非常鬱悶，令他們更鬱悶的還在後面，皇帝居然賴帳，每人賞綢緞一百匹的承諾作廢了，一千五百人連個布頭都沒得到。僅此一項，楊廣省下了十五萬匹綢緞，卻寒了全軍的心。民部尚書樊子蓋還在堅持給士兵賞賜，結果被皇帝一句話噎回去了：「難道你想收買軍心？」

「收買人心」的帽子太大了，樊子蓋萬萬戴不起，只能叩頭請罪，倉皇離去。

雁門承諾已成泡影，四征高麗卻又成了皇帝的話題，自此皇帝威信日下。

士氣可鼓不可洩，自此民心漸失，軍心已遠。

剿匪的各種方法

大業十二年（六一六年）正月初一，本來應該是個喜慶的日子，然而這一天楊廣卻高興不起來。按照慣例，這一天全國各郡都應該派代表向皇帝祝賀新年，而這一年情況卻有所不同，全國居然有二十多個郡的代表沒有到。經過調查發現這二十多個郡的代表分為三種情況：一種是所在的郡已經被亂民佔領，壓根不可能派出代表；一種是賀歲代表在路上已經被亂民殺掉；一種是賀歲代表還堵在路上，進退兩難。

到了這個時候，楊廣才意識到國內民變的嚴重，隨即派出十二路特使奔赴各地，督促各地迅速平叛，以維護安定團結的大好局面。

平叛其實有很多種方法，隋朝的官員們也實驗了很多種，結果沒有一種是真正有效。

第一種方法：殘酷鎮壓。這個方法吐萬緒和魚俱羅用過，就是用蠻力強勢彈壓，結果人殺得越多，匪反而越多。民部尚書樊子蓋也採用了這種方法，而且比吐萬緒他們更絕。吐萬緒只打變民，而樊子蓋則是見人都打。

樊子蓋彈壓絳郡的變民首領敬盤陀，為了斬草除根，樊子蓋不分平民還是亂民，從汾水北岸開始，見人殺人，見村屠村，遇到有投降的概不接受，就地活埋。本來樊子蓋以為這樣就可以斬草除根，沒想到適得其反，本來造反的只是極少數，現在變成了大多數，整個絳郡遍地都是亂民，數萬平叛軍隊根本無濟於事。

第二種方法：鎮壓與耍詐並行。這個方法就是王世充的方法，事實證明非常失敗，耍詐只能僥倖成功一次，第二次也就不靈了。

第三種方法：鎮壓與招撫並用，這種方法還能管點用，不過只能局部成功。在樊子蓋剿匪不利的情況下，楊廣派出了山西撫慰特使李淵。李淵一接手剿匪，馬上採用鎮壓和招撫並用的方法，一方面對堅持抵抗的亂民殘酷鎮壓，一方面對已經投降的變民盡量安撫，一手硬，一手軟，結果變民陸陸續續前來投降，累計下來居然有好幾萬人。李淵手下聚集的人多了，亂民頭領敬盤陀手下的人就少了，兩相對比，敬盤陀吃不消了，索性腳底抹油到別的郡繼續自己的革命事業，而絳郡在李淵的招撫下恢復了平靜。

不過李淵的方法只能在一個郡起作用，並不能推廣到全國，原因就在於楊廣並不認可這種方法。在楊廣看來，天下只分兩種人，一種是良民，一種是亂民，良民不能殺，而亂民不能不殺，所以他主張對亂民一殺到底，而且越多越好，看誰以後還敢造反。

然而楊廣並不知道，其實良民與亂民之間只有一個模糊的界限，只要百姓還能夠維持正常的生活，那麼誰都願意當良民；反之如果百姓不能維持正常生活，已經民不聊生，那麼良民就會迅速轉化成亂民，反正造反是個死，不造反也會被餓死，因此良民最終會選擇造反。

因此歷代王朝的皇帝都有個底線，這個底線就是要讓老百姓維持基本的生活，這條底線也是歷代王朝的紅線，誰碰到了這根紅線，那麼這個王朝的路也就到了盡頭。遺憾的是，楊廣恰恰不知道良民與亂民的區別，也不知道冥冥中還存在這樣一條紅線，因此就注定他在歧路上越走越遠，不能回頭。

從中國歷史的角度看，隋末的農民起義其實完全可以安撫下去，因為楊廣有兩大優勢，一是此時尚能保持對全國的威信，二是隋朝的國庫依然充盈。貞觀年間馬周上書唐太宗說，隋朝儲備的米和布匹至今沒有用完，而那時隋亡已經將近二十年。對比唐朝末年對藩鎮的無奈，對黃巢的恐懼，相比之下楊廣所面臨的形勢好上太多，只可惜被他一一錯過了。

儘管隋朝的國祚很短，但隋朝還是不乏有遠見卓識的能臣，納言蘇威就是其中的一個，如果楊廣能採用他的方法，歷史必定要重寫。

得知民變四起之後，楊廣對民變敏感起來，每天都會追問民變的情況，也會追問到底還剩下多少變民。大忽悠宇文述為了讓皇帝安心，隨口應道：「應該是逐漸減少。」楊廣追問：「減了多少？」宇文述只能接著忽悠：「剩下的不到原來的十分之一。」

聽到宇文述無恥的回答，蘇威在心裡痛罵宇文述無恥，不過現在在皇帝面前，還能有什麼選擇呢？要麼說實話，要麼說鬼話，要麼裝聾作啞打死也不說話。他不想觸皇帝的霉頭，因此挪動步伐，盡量站在柱子後面，好讓皇帝看不到自己，這樣自己就可以裝聾作啞不說話。

然而皇帝還是看到了他：「蘇威，你來說說到底還剩下多少？」

蘇威一看躲不過了，良心驅使他實話實說：「這不是我的管轄範圍，我不知道到底剩下多少，我只知道變民離我們越來越近了！」

楊廣一聽，愣了一下：「你這話什麼意思？」

蘇威壯著膽子繼續說道：「以前他們只在山東鄒平鬧事，現在已經鬧到了河南汜水，難道不是越來越近了嗎？」

看皇帝沒有反應，蘇威接著往下說：「從前那些給朝廷繳納田賦出勞役的平民都到哪裡去了呢？是不是都當了亂民？我認為各地報來的民變數字根本不可信，朝廷根據這些數字無法做出準確的判斷。再說當初在雁門郡的時候皇帝已經承諾不再征遼東，而現在又在徵集糧草準備再戰，這樣民變怎麼可能停止？亂民怎麼可能消失？」

楊廣被蘇威的話給噎住了，他無法找出合適的語言來辯駁他，只能恨恨地看著他。

無數的史實告訴我們，大臣對皇帝不能說太多實話，否則就會對自己很不利，蘇威的遭遇又一次證明了這一點。

這一年五月五日端午節，大臣們紛紛向皇帝貢獻寶物表達自己的心意，別的大臣送的都是奇珍異寶，而蘇威送了皇帝一本書——《尚書》。本來皇帝端午節收禮物也就是圖一個高興，也沒有指望靠收禮物發財，所以對蘇威的小氣也沒當回事。

然而每個王朝只要有忠臣就一定會有佞臣。看著蘇威送皇帝《尚書》，佞臣們開始在這本書上做文章，很快讓他們找到了把柄。

《尚書》裡有一篇文章題目是《五子之歌》，記錄的是夏朝三任帝姒太康的母親和五個兄弟在河邊唱的五首歌，歌的主要內容是對暴虐的姒太康的一些抱怨和指責。佞臣們就把《五子之歌》與蘇威聯繫到一起，把楊廣和姒太康聯繫到一起，最後得出結論：蘇威指責皇帝跟姒太康一樣的暴虐，獻《五子之歌》絕對是不懷好意。

佞臣們把小報告打到了楊廣那裡，楊廣對蘇威的怒氣就積累了下來，不是不報，時候不到。

又過了一段時間，楊廣命蘇威做一份「四征高麗」的計畫書，蘇威接過話頭，想藉此機會讓皇帝知道國內的民變到底有多嚴重。蘇威說：「我認為這次征高麗朝廷根本不用出動軍隊，只要皇上下一道詔書赦免全天下的變民，讓他們戴罪立功，那麼馬上就會有數十萬的軍隊，就用這些軍隊打高麗，高麗沒幾天就完了！」

楊廣一聽又扯到了國內的民變上，臉上已經露出了不高興的神情，蘇威見狀只能點到為止，告退出宮。蘇威一走，楊廣的怒氣還沒有消，御史大夫裴蘊開始勸慰皇帝：「這個人說話實在不靠譜，天下變民哪會有那麼多，這不是讓皇上操心嗎？」此時的楊廣長出了一口氣：「老傢伙，我忍他已經很久了，我真想當面抽他一頓！」

話說到這個份上，近臣裴蘊明白了皇帝的意圖，不就是整人嗎？簡單。

在裴蘊的指使下，蘇威很快被控告「隨意任用官員，臨陣畏敵」，於是蘇威就被削去官職，貶為平民。又過了一個月，蘇威又被控告，「勾結東突厥」，這可是一頂鐵帽子，誰帶上誰就是鐵帽子「亡」。

經過審理，蘇威被判處死刑，百口難辨的蘇威只能拼命的叩頭，一直叩出了血，嘴裡反覆為自己的罪過向皇帝道歉。還好皇帝楊廣網開一面，聽說蘇威認罪態度良好就把蘇威給釋放了，並讓人傳話說「不忍心誅殺！」真是皇恩浩蕩！

不過死罪可免，活罪難逃，連同孫子這一代，蘇威一家被剝奪三代公權。耐人尋味的是，從此之後的蘇威在歷史上再沒有留下實話，留下的都是鬼話。遇到王世充和李世民，蘇威也是沒有一句實話，總之什麼好聽說什麼，李世民厭惡蘇威光說鬼話將他永久擱置，於是蘇威就在冷落中了此一生，在家終老。

不能解決，那就逃避

國內剿匪形勢依然沒有好轉，征高麗也遙遙無期，對於皇帝而言，現在的他已經無所事事了，在洛陽實在憋悶壞了。根據統計，在楊廣統治的十四年裡，他停留在大興和洛陽宮中的時間總計只有四年多一點的時間，剩下的時間他都在路上，而他的心也是驛動的心。

大業十二年（六一六年）七月，江都新建造的龍舟運抵洛陽，皇帝的心又動了。宇文述又一次看出了皇帝的心事：想去江都了。於是宇文述提議，楊廣批准，三下江都就這麼定了下來。

文武百官的家屬都在大興和洛陽，禁軍士兵的家屬也都在洛陽和大興，除了皇帝，沒有人願意遠行，然而誰又能阻擋住皇帝驛動的心。

左候衛大將軍趙才第一個站了出來，他說：「如今民變四起，國內已經政令不通，請皇帝速回大興，安撫天下百姓。」一話是真話，情是實情，只可惜已經慵懶失去銳氣的皇帝不想再去想這些煩心的事了，洛陽已經讓他拘謹，大興會讓他更加緊張。

對於大興和洛陽，楊廣做了相應的部署：年邁的衛文昇協助十二歲皇孫楊侑留守大興，光祿大夫段達、太府卿元文都協助十三歲皇孫楊侗鎮守洛陽。此前鎮守洛陽的有功的民部尚書樊子蓋於七月八日病逝，在楊玄感之亂中力挽狂瀾的樊子蓋不在了，下一個樊子蓋又在哪裡呢？

七月十日，告別的時刻到了，皇帝楊廣作詩向洛陽的宮女告別，詩曰：我夢江都好，征遼亦偶然。這算是對自己一生的總結嗎？或許是吧。

此時還有一個不知死活的人在做最後的努力，這個人是從九品奉信郎（初級巡察官）崔民象。

崔民象在洛陽羅城正南門執著地阻止皇帝出行。然而執著並沒有感化皇帝的心，皇帝卻發怒了，前幾天已經在朝會上當場打死一個正六品任宗，也就不差你崔民象這一個了。楊廣下令，用刀砍碎崔民象的面頰，拖出去斬了！

從七月十日啟程，皇帝楊廣一路在反對聲中前行，一路走，一路砍，砍得差不多了，這個世界也就安靜了。

在朝會上打死正六品任宗，在洛陽羅城正南門斬從九品崔民象，在汜水斬從九品王愛仁，在梁郡（河南商丘）斬一群勸駕回大興的梁郡人。

每一個犧牲的小人物都永垂不朽，而大人物楊廣卻遺臭萬年。

皇帝楊廣順利抵達江都，這是他三下江都，也是最後一次。西元六〇〇年他從這裡出發到大興開始他的儲君生涯，十六年後，身為皇帝的他又回來了。江都是他的起點，也是終點，他的人生就是圍著江都畫的一個圈。後世的人無法想像楊廣當時的心境，已經心灰意冷的楊廣三下江都究竟是為了東山再起，還是為了徹底逃避呢？

這一年發生了很多事情，隋唐交接的雛形已經悄然出現。

這一年剿匪英雄張須陀陣亡，剿匪頗有功績的大將楊義臣因為被皇帝猜忌解除兵權，民變形勢不可阻擋；這一年十月六日，宇文述病逝，哀痛之下的楊廣起用宇文述之子宇文化及擔任右屯衛將軍，皇家殺手橫空出世；這一年，被楊廣趕出儀仗隊的李密輾轉與翟讓聯合，江湖聲名鵲起；這一年，右驍衛將軍李淵被正式任命為太原留守，有地有兵有權有謀有膽，李老虎從此插上了翅膀（此前山西撫慰特使只是皇帝任命官員的全權代表，而太原留守則是地方全方位的一把手）。

問天下誰是英雄

第十一章

英雄輩出的年代

皇帝三下江都，大興和洛陽交給兩個年幼的皇孫看管，此時的隋朝已經處於準無政府狀態，因為皇帝的政令已經不能通行全國，隋朝版圖民變四起，數人稱王。

大業十三年（六一七年）初，竇建德和李密已經各自擁有數萬兵馬，勢頭壓過其他的起義軍。由竇建德的經歷顯示，其實人都是被逼出來的。

竇建德，河北人，年輕時膽量和膂力都超過常人，行俠仗義，救危濟困。有一次他正在田間耕地，遇到一個同鄉喪親無力安葬，竇建德一聲歎息，隨即解開自己的耕牛對同鄉說：「把這頭牛賣了吧，好好給老人家安葬。」自此同鄉們對竇建德有了新的認識。後來竇建德父親病故，同鄉一千多人前去送葬，場面浩大，然而送葬過後，一千多人贈送的安葬費都被竇建德原封不動的退了回去，只許他幫別人，不許別人幫他，這就是傳說中的大俠吧！

皇帝楊廣一征高麗，聲名在外的竇建德被政府招募為隨行的壯士，並被任命為一支二百人隊伍的隊長。如果事情正常發展，那麼竇建德很有可能為隋朝建功立業從而成為隋軍將領，然而事情沒有按照預期發展。

竇建德有一個同鄉叫孫安祖，也被招募為隨行的壯士，然而就在隊伍出發的前夕，孫安祖的家裡發生了變故，家裡遭了洪災，房屋和土地都被洪水沖走，妻子兒女也因此被餓死。發生如此大變故，孫安祖無心出征。傷痛中的孫安祖申請免役，當地的縣令卻不同意，然而還把孫安祖抓起來拷打。

人死了，家沒了，申請免役還要被拷打，孫安祖終於忍無可忍，殺死縣令逃了出來，直接投奔到竇建德的家裡。

此時的竇建德已經看出隋朝的亂象，他預感到這個王朝已經不會長久了，因此他沒有向官府舉報孫安祖，反而把他藏了起來。按照孫安祖的想法，從此只能亡命天涯了，然而竇建德卻不主張他當亡命徒，他主張男子漢要幹就幹大事，怎麼能當亡命徒呢？

當夜竇建德集合了幾百人交給孫安祖，讓他帶領這些人出去幹一番大事，這個大事就是搶劫，後來孫安祖入高雞為盜，號稱「摸羊公」。

竇建德安排孫安祖出去搶劫，而他自己卻依然準備隨軍出征，畢竟有光宗耀祖的路誰也不想走絕路，然而竇建德光宗耀祖的路還是被官府掐斷了，因為官府懷疑他私通盜匪。

當時河北景山縣人高士達在河北清河附近集合了很多變民，這些變民士兵經常到竇建德所在的漳南郡搶劫，令人奇怪的是，他們從來沒有進入竇建德所住的那條街。漳南郡並不大，變民軍每次搶劫的財物都能統計出來，然而歷次統計，竇建德所住的那條街都是零損失，這讓官員們很奇怪。一次，兩次還可以理解為變民們地理不熟不知道路，然而次數多了，「地理不熟，不知道路」就解釋不通了。全郡都被搶了個遍，為什麼單單竇建德所在那條街卻秋毫無犯呢？

經過官員們的邏輯推理，只有一個解釋：竇建德私通盜匪。

有了這個邏輯推理，官員們就如同奉了聖旨，因為按照楊廣的指示，凡是變民的家產一律沒收，因此一些官員非常渴望本地出變民，這樣就能沒收變民家產當自己的小金庫了。

趁著竇建德不在家的時候官員們把竇建德的家給抄了，人一個沒留，然後心安理得地沒收了竇建德的全部家產。官員們不知道，無形間他們已經製造了冤案。竇建德私通孫安祖那是鐵案，而私通高士達那就是徹頭徹尾的冤假案了（兩人當時根本不認識）。

家沒了，軍也不能參了，背上冤假案的竇建德只能將錯就錯了，當下就帶著手下的二百人直接投了高士達。

在高士達的隊伍裡，高士達自稱東海公，竇建德任司兵（類似參謀長的角色）。不久孫安祖被更大的一個變民頭領張金稱殺害，他的手下就歸了竇建德，這樣竇建德直接指揮的人數已經達到了一萬多人，從初期二百人的小隊長直接升任軍長了。

經過不斷接觸，高士達發現竇建德的才能遠在自己之上，然而他不但不嫉妒，反而放心大膽的把軍權都交給了竇建德。農民起義的初期一般都非常質樸，頭領之間的關係非常簡單，初期的關係可以稱作純粹的革命友誼。這種友誼一度存在於高士達與竇建德之間，也曾經存在於翟讓和李密之間。

得到高士達的信任，竇建德放開了手腳，並親自上演了一齣無間道。

竇建德挑選出六七千人作為自己的部署，然後帶著這些人去拜見涿郡的副郡長郭絢，此行的目的只有一個——詐降！

竇建德見了郭絢納頭就拜，聲稱自己沒活路了，已經跟高士達鬧翻，願意向政府軍投降，爭取為政府戴罪立功。要說郭絢這個人智商也不高，竇建德的幾句騙鬼的話還真把他蒙住了，竇建德聲稱願意做先鋒前去剿滅高士達，郭絢還真相信了。

竇建德在前面走，郭絢在後面跟，等到郭絢已經完全放鬆警惕時，竇建德卻調轉方向殺了回來。郭絢看著凶神惡煞的竇建德向自己衝來，心裡還在想這是怎麼回事呢，一愣神的工夫，郭絢沒抵抗幾下就被竇建德砍下了腦袋。

首戰告捷，竇建德名氣更大，然而高士達和竇建德這支變民軍名氣太大了，隨即就引來了政府軍的高度關注，帶隊前來剿匪的正是太僕卿楊義臣。

別看楊義臣擔任的是文職太僕卿（畜牧部長），實際他是武將出身。他的祖上本姓尉遲，跟隨楊堅征戰曾立下大功。楊義臣的父親陣亡後，楊堅把他養在宮中，賜姓楊，名義臣，因此楊義臣對隋朝皇室的感情是帶血的。

在攻打高士達之前，楊義臣已經消滅了一支規模數萬人的變民軍，變民軍的頭領就是殺死孫安祖的張金稱。楊義臣對付張金稱的方法是虛實結合，玩命忽悠，根本不跟張金稱的軍隊接觸，而是深挖壕溝，高壘營牆，卻不輕易出戰。張金稱每次來挑戰，楊義臣就先跟張金稱約定一個交戰時間，然後命令全軍戒備，穿上鎧甲準備戰鬥。然而到了約定的交戰時間，楊義臣卻反悔了，緊閉營門就是不戰。

第二天張金稱又來挑戰，楊義臣還是照葫蘆畫瓢再來一遍，末了，還是不出戰。

就這樣磨嘰了一個多月，張金稱把所有的髒話都罵完了，楊義臣出來斬釘截鐵的說了一句：「明天你再來，我一定跟你決一死戰！」

等了一個多月，終於等到了一句痛快話，這下張金稱滿意了：「這才算個男人說的話。」

當夜張金稱回營睡了一個好覺，而楊義臣卻一夜沒有睡，這一夜張金稱沒有任何準備，這一夜楊義臣準備了一夜，忍了一個多月就看明天了。

第二天一早，臉色紅潤的張金稱如約出發，他要趕赴與楊義臣的約會，然而楊義臣壓根就沒打算跟他約會。

張金稱率軍離開大營還沒有走出幾里，楊義臣的兩千騎兵就從張金稱大營旁邊的隱蔽處衝了出來，這兩千騎兵是昨夜渡河趕到這裡的，目的就是給張金稱大營一個驚喜。

楊義臣的兩千騎兵衝進了大營，對著起義軍的家屬開始屠殺。得到消息的張金稱火速回軍救援，然而已經晚了，楊義臣的兩千騎兵已經從大營中殺出。兩路夾擊，張金稱的隊伍很快就作鳥獸散，而張金稱也在一個月後被隋清河郡郡丞楊善會抓獲，並在鬧市區受到了千刀萬剮。不過他死得很有氣概，到斷氣之前他一直在唱歌。在那個年代，無論勝敗都是英雄。

藉著剿滅張金稱的銳氣，楊義臣揮軍直指高士達和竇建德。

對於楊義臣，竇建德聽說過很多他的事蹟，尤其是消滅張金稱的過程甚至可以寫進軍事教科書。然而粗人高士達並不這麼看，聽說楊義臣是畜牧部長，一個管養豬的怕他做啥。高士達錯了，雖然楊義臣是管養豬的，但他的智商卻非常高，而且遠遠在他高士達之上。

看著竇建德建功，高士達的心也癢了，所以這一次他決定親自出征，讓竇建德留下來看守大營。第一次交戰，楊義臣的部隊敗得落花流水，一觸即潰，高士達喜出望外，原來這個養豬的不過如此，當夜犒賞三軍，以示慶祝。

竇建德沒有親臨戰場，他沒有看到真實的戰況，但是從旁人的描述中他知道，楊義臣很有可能是詐敗，背後一定有陰謀。高度興奮的高士達卻認為這是他指揮有方，管養豬的楊義臣不過徒有虛名，來日一定把他斬落馬下。

其實高士達說對了，五天後果然斬落馬下，不過主詞換了，被斬落馬下的不是楊義臣，而是高士達。斬落高士達之後，楊義臣趁勝衝進高士達的大營，整個大營潰散，竇建德抵擋不住只能帶著一百多騎兵逃走，一路跑到了饒陽，從軍長一下子又變成了百人隊的小隊長。

眼看著竇建德只帶著一百多人馬逃走，楊義臣樂觀的以為這股變民軍就算消滅了，然而這一次錯過就是永遠，之後他再也沒有機會剿滅竇建德，讓他遭禍的居然是一紙剿匪報告。

按照朝廷的規定，楊義臣將剿匪報告呈交給皇帝，結果楊義臣彙報的數字把楊廣嚇了一跳。

「數十萬？哪來這麼多變民？」

看到皇帝憂慮，近臣馬上上來減壓，此時在楊廣面前的近臣是內史侍郎虞世基，這個人相當於楊廣肚子裡的蛔蟲。

虞世基接過楊廣的話頭，「小股盜匪已經不需要皇上操心了，楊義臣都剿滅了。倒是楊義臣手握重兵長期在外，時間長了恐怕對朝廷不利。」

一句話觸到了皇帝的軟肋。是啊，變民並不可怕，鬧騰半天也上不了天，倒是帶兵的大將最為致命，帶兵的大將才是楊家防範的重點，絕不能讓別人照著楊家取代北周的劇本再演一遍，絕不！

一聲令下，楊義臣班師，解除兵權，遣散部隊。

楊義臣不明不白地被解除兵權，自此再也無法登上剿匪的舞臺，而被他視作無足輕重的竇建德卻又東山再起。經過招募，一百多騎兵的隊伍迅速擴充到了三千人，三千人又擴充到了十萬餘人，以前的無足輕重已經變成了現在的舉足輕重，從此竇建德成為隋末一支極為重要的起義軍。

風雲際會瓦崗山

介紹完竇建德，接下來介紹另外一位一線演員，他的名字叫李密。

說起來，在隋朝造反行動裡，李密得算是資深演員了，早在大業九年楊玄感造反時，他就是高級參謀了。

當時李密給楊玄感提供了上、中、下策三套方案：上策是奪取幽州（北京），把皇帝阻隔在遼西走廊地帶，與高麗聯手，擒獲皇帝；中策是進攻大興，奪取關中；下策則是攻取洛陽，再圖發展。楊玄感選擇了下策，最終失敗。

其實仔細想來，李密的策略有紙上談兵之嫌，即使楊玄感採用上策，李密所說的情況也不可能發生，高麗沒有膽量一路追擊隋軍，而楊玄感的烏合之眾其實也守不住幽州，因為他們只是一群沒有經過軍事訓練且缺乏裝備的民工。

中策看起來不錯，但實施起來也值得商榷，以楊玄感的白條雜部隊，即使鎮守關中，能抵擋住宇文述、來護兒、衛文昇、樊子蓋這四人嗎？恐怕也很難。

通讀隋唐交接的歷史，赫然發現李密這個人其實很矛盾，明明知道關中的重要性，自己卻一直與王世充在洛陽糾纏；明明知道誰得關中就有望得天下，對李淵入關卻視若無睹；明明已經投降李淵，卻又選擇中途逃跑，這些都說明李密這個人充滿了矛盾。

矛盾歸矛盾，李密還是很聰明的，他的智商首先體現在一次關鍵的逃跑上。

楊玄感兵敗後，李密也被抓獲歸案，被官府押解前往洛陽，不出意外的話，等待他就是砍頭。

聰明的李密自然不甘心被砍頭的結局，在押解的路上，他就開始策劃越獄，越獄靠什麼呢？一是靠忽悠，二是靠錢。

走到高陽郡的時候，李密和同伴拿出身上所有的黃金放在了押解官的面前，李密做出一副可憐巴巴的樣子，聲明將所有黃金送給押解官，另外只有一個小小的條件：幫忙料理後事。

世界上有什麼東西一下可以拉近兩個人的距離？黃金。

一看有黃金，再看所提的要求也不高，押解官心動了。在隨後的押解路上，李密和同伴每天都要求供應酒菜，每晚都會喝酒，一喝就是一宿，一喝就會耍酒瘋胡言亂語，畢竟是快死的人了，喝一頓少一頓了。

漸漸地押解官對他們產生了一些同情，接觸了一段時間後，押解官也就放鬆了警惕，而李密的機會就來了。李密一行人等被押到了河南安陽的石樑驛，離洛陽已經不遠了，再不逃就沒有機會了。當晚李密稱兄道弟地將押解官灌醉，然後在牆上挖開了一個大洞，從這個洞口一探身，李密就算脫離虎口了。

虎口脫險的李密並沒有從此過上幸福的生活，相反卻是走上了九死一生的險路，此時的他全國通緝，圖上有影，任何一個公開的行業都無法從事，想要糊口就只能繼續在造反圈裡混了。

李密先投奔的是平原郡的變民首領郝孝德，沒想到郝孝德沒有發現他的特長，只是把他當成一個來蹭飯的，尊重根本無從談起。此處不留爺，自有留爺處，他輾轉跳槽到了齊郡變民首領王薄的帳下，沒想到王薄也沒有發現他的優點，李密還得繼續尋找下家。

沒有工作的日子，李密窮困潦倒，忍饑挨餓，最慘的時候還啃過樹皮，後來實在沒有辦法只能躲到淮陽郡的一個村莊裡隱姓埋名當起了教書先生，這才吃上了幾頓飽飯。剛吃上飽飯沒幾天，李密就讓飯給撐著了，吃飽撐著的李密閒極無聊居然做了一首詩，這首詩就是那首流傳千古的《淮陽感懷》。

淮陽感懷

金風蕩初節，玉露凋晚林。
此夕窮塗士，鬱陶傷寸心。
野平葭葦合，村荒藜藿深。
眺聽良多感，徙倚獨沾襟。
沾襟何所為，悵然懷古意。
秦俗猶未平，漢道將何冀。
樊噲市井徒，蕭何刀筆吏。
一朝時運會，千古傳名謚。
寄言世上雄，虛生真可愧。

此詩一出，看的人都對李密豎起大拇指：「先生有才！」在群眾有才的呼聲中，李密有點沾沾自喜，卻沒想到這首詩很快就到了淮陽郡官員的案頭，這下李密的麻煩大了。官員們通讀此詩，發現反意撲面而來，這是反詩啊。再一問：「此人面黑，瞻視異常。」甭說了，此人就是李密，快抓！

幸虧當地民風淳樸，李密的群眾關係比較好，官府剛來到村裡，村民們就提前給李密報了信，這才提前從教室跑了，剛吃了幾頓飽飯又得浪跡天涯跑路了。

李密輾轉投奔了自己的妹夫，雍丘縣令丘君明，身為官員的丘君明自然不敢收留，一轉手又把李密介紹給了當地的俠義之士王秀才。王秀才與李密倒是惺惺相惜，與李密攀談後非常欣賞李密的才華，一激動就作主把自己的妹妹嫁給了李密，這下跑路的李密就成了有家室的人，從他的內心講，他實在不想再折騰了，如果能這樣平平淡淡過一生那該多好啊！

然而折不折騰李密說了不算，得政府說了算。沒過多久李密又被人告發了，告發他的正是妹夫丘君明的堂侄。邱堂侄道聽塗說了陌生人李密的到來，然後把李密和通緝令對上了號，隨後向政府告了密，一張無形的大網又向李密撲來。

事實證明，英雄人物在初期總是能幸運躲過幾次災難，這一次抓捕李密又躲了過去，官府來收網時，抓到了王秀才、丘君明，唯獨沒有抓到李密，李密當時恰巧沒在家。

慶幸之餘，李密還得繼續跑路，還好當時河南一帶起義軍的比較多，他還能在起義軍的圈裡來回尋找工作機會。初期李密反覆跟各個首領談平定天下，奪取全國，然而那些粗人首領自保還來不及，談「統一天下」那是癡人說夢，而李密就是一個瘋子。眼看工作又沒有著落，這時「李姓當王」的江湖流言無形之中幫了李密一把。

粗人首領們仔細分析了李密的出身和經歷，發現此人出身高貴，曾祖是北周八柱國之一李弼，經歷坎坷，曾經被楊廣趕出過儀仗隊，曾經陪楊玄感造過反，曾經在政府的監獄中越過獄，總之屢遭磨難，屢屢脫險。經過一通分析，大家得出結論：「莫非真命天子就是他？」

然而猜測始終只是猜測，在沒有成為現實之前誰又能當真呢？於是大家不再把李密當成瘋子，而是當成了有升值空間的潛力股，對他也不再是呼來喝去，大呼小叫，誰知道李密這朵雲彩下面會不會有雨呢？

良禽擇木，能人擇主，此時的李密已經沒有當初的狼狽，他也有了選擇雇主的權力。經過觀察，他把重點放在了韋城人翟讓身上。翟讓同李密一樣，原先也當過公差，李密是給楊廣當差，翟讓是在東郡政府當法曹（**司法官**）。與李密一樣，翟讓的職場生涯也很失敗，因為得罪同僚，居然被指控有罪，而且一判就判處了死刑。

執過法的翟讓當然懂法，他知道這個案子已經被人做成了鐵案，天王老子也翻不了案了，他能做的只是一天一天等死了。就在翟讓痛苦絕望的時候，監獄看守黃君漢悄悄地放他走。

黃君漢一向佩服翟讓的為人，知道他被人冤屈，在無法翻案的情況下，他決定犧牲自己，私放翟讓。走出監獄的門口，翟讓跪倒在地向黃君漢表示感謝，隨後關切的問黃君漢：「我走了，您怎麼辦？」

黃君漢聞言大怒：「我敬重你是大丈夫，你卻在這裡婆婆媽媽，趕緊走，不用管我。」（**可惜史書上沒有留下黃君漢的最後蹤跡，很有可能是替翟讓頂了罪**）

從此翟讓逃到了瓦崗山，聚眾起兵，麾下有兩員大將，一員是單雄信，一員是徐世勣（**李勣**），在三人的共同努力下，翟讓迅速聚集了一萬多人，隨後翟讓也就成了李密眼中的理想雇主。

初期的翟讓對李密不以為然，而李密則是不動聲色，用自己的行動證明。首先，李密先幫翟讓擴大隊伍，自己擔任說客，前往附近小股起義軍的根據地，對大小首領們擺事實、講道理，經過他的遊說，附近的小股起義軍都投到翟讓的麾下，翟讓的隊伍越來越龐大。有了收編人馬做見面禮，翟讓對李密就有了好感。

經過李密的分析，翟讓發現大興和洛陽確實戒備空虛，而北方的突厥也在蠢蠢欲動，如果順勢攻打大興和洛陽，很有可能成就一番大業，對於李密的建議，翟讓頻頻點頭。

看著翟讓頻頻點頭，李密以為翟讓已經同意了，然而翟讓接下來的表現卻讓李密大失所望。翟讓誠懇的看著李密，搓了搓手：「吾儕群盜，旦夕偷生草間，君之言者，非吾所及也。」

完了，講了半天完全是雞同鴨講，李密被自己煽動沸騰的熱血又涼了。

然而在李密搖頭歎息的同時，一個大膽的想法卻從心頭湧起：翟讓這個人頭腦簡單，目光短淺，如果他領導我必敗無疑，反過來，如果我領導他呢？

瘋了，簡直是瘋了，剛接觸幾天，就想騎到翟讓的頭上，怎麼可能呢？

硬碰硬當然不行，翟讓一個能打李密十個，而且身後還有一萬多兄弟，然而李密有的優勢翟讓卻沒有，這兩大優勢一是頭腦，二是忽悠的功夫，想要騎到翟讓的頭上，智取為主，輿論先行。

正巧此時一個叫李玄英的人從東都洛陽來，四處尋找李密，找到李密之後就指著李密說：「此人當接收隋朝天下。」（**李玄英如果不是瘋子，那就是李密安排的**）

李玄英跟大家解釋說，現在東都有一首很流行的歌謠——《桃李章》，《桃李章》是這樣說的：「桃李子，皇后繞揚州，輾轉花園裡。勿浪語，誰道許。」從字面一拆解，「桃李子」就是指「逃跑的李姓」，「勿浪語」就是「要保守秘密」，組合起來就是李密。而「皇后繞揚州，輾轉花園裡」就是說「皇帝皇后一去無回了」。這樣組合起來不就是「李密當得天下」。

忽悠，接著忽悠。

至此可以十分準確的斷定，李玄英就是李密安排的人。坦白說水準真的很一般，而且這個順口溜同樣適合李淵，「桃李子」指李姓，「勿浪語」讓大家把話放肚子裡，城府深一點，就像九丈深淵一樣深，這不同樣可以組成「李淵」兩個字嗎？

拿這種順口溜矇文化人不行，不過拿這個順口溜矇翟讓這些粗人已經足夠了，畢竟他們認識的字也就比自己的手指多。

李玄英的忽悠屬於點對面的忽悠，目的是在起義軍裡造成「李密有望大富大貴」的輿論。而要達到騎到翟讓脖子上的目的，僅僅點對面的忽悠是不夠的，還需要進行點對點的忽悠。

點對點的忽悠可不容易，因為並不是誰的話翟讓都聽。經過觀察，李密發現了一個叫賈雄的人，此人擅長陰陽卜卦，是翟讓的智囊，他的話翟讓基本都聽，因此賈雄就成了李密的公關對象。

按說此時的李密一無所有，根本沒有能打動賈雄的金銀財寶，那麼李密靠什麼來打動賈雄呢？李密想來想去，只有一種東西：理想。

理想？沒有搞錯吧？對，就是理想，千真萬確。

賈雄和李密一樣，也是識文斷字的人，別人參加起義是為了混口飯吃，而他們參加起義卻是有著自己的理想。經過長時間的接觸，賈雄斷定翟讓不是能做大事的人，跟著翟讓混口飯吃沒有問題，然而只能是溫飽，想要奔小康甚至大富大貴還得跟李密這樣的人，畢竟這樣的人有頭腦、有計謀，更關鍵的是還出身高貴。

李密沒有費多大周折就征服了賈雄，從此賈雄搖身一變就成了李密的死黨，對李密的話言聽計從，眼下最重要的一件事，就是對翟讓進行點對點的忽悠，只有把翟讓忽悠住了，李密才能上位，未來的富貴才有盼頭。

正巧這幾天翟讓也在為如何使用李密發愁，於是叫來賈雄一起商量，點對點的忽悠就此開始。

翟讓「你說李密這個人怎麼樣，能不能為我所用？」

賈雄：「此人大吉大利，貴不可言。依我來看你如果自己當王，未必成功，如果擁護李密當王，一切困難都會迎刃而解。」

翟讓不悅：「照你的意思，李密自立門戶就可以了，還來投奔我做什麼？」

賈雄和顏悅色：「世間萬物都是有因有果，李密投奔你是因為你們有緣分。李密的封號是蒲山公，而你姓翟，翟與澤同音，澤有水的意思，蒲草離開水就不能生長，因此蒲山公要來投奔你這個水，有了你他就如魚得水，你們倆的關係說到底是魚和水的關係。」

經過賈雄點對點的忽悠，翟讓終於相信了，他相信他和李密會成為親密的革命戰友，至於誰當一把手，其實並不重要。有賈雄的忽悠做鋪墊，李密隨即向翟讓灌輸軍事思想，一席話讓翟讓佩服得五體投地，他確信李密就是他的福星。

之前翟讓的隊伍沒有固定的糧源，主要靠搶劫維持溫飽，斷糧是常有的事，而現在李密給他指出了一條明路：攻佔滎陽郡，盤踞洛口倉。攻佔滎陽郡，大軍就有了穩定的根據地；盤踞洛口倉，大軍就有了穩定的糧食來源，那麼龐大的國家儲備糧倉，足夠翟讓的軍隊吃幾十年。毛主席曾經說過：「手中有糧，心中不慌。」而在解放戰爭時期更有一句名言：「手裡有多少糧食，手下就會有多少兵。」因此李密幫翟讓解決了糧食這個硬通貨，從此這支隊伍就不再是僅僅為糧食作戰的饑民部隊，而是有望奪取天下的生力軍。

然而要攻克滎陽郡談何容易，李密和翟讓面前橫著一隻攔路虎，這隻虎的名字叫張須陀，這個人是隋朝有名的剿匪英雄。提起張須陀，翟讓的第一反應就是跑，沒辦法，主要是被打怕了，徹底服了。對於翟讓的膽怯，李密卻不以為然，在他的眼中張須陀屬於典型的有勇無謀，而手下的兵都是欺壓百姓的驕兵，只要略施小計，張須陀不在話下。

對付張須陀，硬拼不行，還得用智。李密讓翟讓帶兵迎戰張須陀，而他自己則帶領一千兵馬埋伏到滎陽北的樹林裡，就等張須陀往自己的口袋裡鑽。忐忑不安的翟讓壯著膽子與張須陀接戰，結果他的遊兵散勇根本抵擋不住張須陀的方陣，很快翟讓就敗下陣來，全軍後撤。這樣的場景對張須陀而言太熟悉了，幾乎都成了他剿匪的固定程序，沒有多想就帶領著兵馬掩殺過去。

然而這一次情況有了不同，追到滎陽北樹林時，突然有一支人馬殺了出來，與此同時先前敗退的翟讓也回馬圍了上來，瞬間形成了李密、翟讓、徐世勣、王伯當四路人馬圍攻張須陀的局面，一比四，張須陀遭遇包圍。然而張須陀太勇猛了，四路人馬愣是沒圍住他，他居然突圍了。

就在李密有些失望的時候，張須陀自己又從周邊殺了回來，這又是為什麼呢？原來張須陀發現自己的一些部將還被圍困，他不能丟下他們一個人突圍，因此他又回來了。

張須陀不愧為隋朝的一員猛將，三次殺出，三次殺入，來去自如，無人可擋。然而凡事都有一個「事不過三」，在張須陀準備第四次突圍的時候，他沒能突圍成功，此時張須陀手下已經敗散，他自己也陷入了絕境，張須陀仰天曰：「兵敗如此，何面見天子乎？」乃下馬戰死。時年五十二歲。

張須陀陣亡後，所部將士徹夜痛哭，數天不能停止，他們不相信他們的將軍已經陣亡，在他們心中始終相信張須陀不死的神話。然而神話終究是神話，終究有破滅的那一天，張須陀還是死了，一個神話以英雄的陣亡收尾，同時也成就了另外一個人的神話，這個人就是李密。

經此一戰，李密聲名鵲起，翟讓、徐世勣、王伯當從此更加相信李密，因為從李密那裡他們都恍然大悟：「原來仗是這麼打的！」

雖然李密聲名鵲起，然而翟讓還是不願意就這樣俯首聽命。翟讓分出一部分士兵，單獨為李密成立了「蒲山公營」，而他還是握著自己的兵馬不放。由於翟讓是個粗人，對士兵們不知道體恤，他的士兵們經常受到虐待，卻敢怒不敢言。不過作為翟讓的士卒還是有特權，他們可以欺負其他首領的士卒，畢竟他們是翟大頭領的王牌軍，腰桿要硬很多。

與翟讓的粗暴不同，剛剛擁有自己隊伍的李密愛兵如子，每次行軍打仗收穫的金銀珠寶他分文不取，全部分給手下士兵，對待士兵態度誠懇，如同家人，相比之下士兵們更願意跟隨李密，因為跟著他有肉吃。

翟讓不甘心俯首聽命，就交代李密：「我準備回瓦崗了，你願意回就回，不願意回就隨便，就此別過。」一說完，翟讓帶兵東行，而李密則繼續西進，一路連哄帶打又攻下了幾座城池，形勢一片大好。就在李密以為翟讓不會再回頭時，翟讓居然又回來了。原來東行到半路他就後悔了，他不想再回瓦崗當土霸王了，也想跟著李密做一番大事，這一次，他是真的服了！

尊號魏公 劍指天下

統一了思想，壯大了隊伍，李密開始著手做大事了，他的目標是洛陽。

此時的洛陽由十四歲皇孫越王楊侗鎮守，輔助他的是光祿大夫段達和太府卿元文都，這些官員當官還湊合，打仗就提不起來了，更關鍵的是管用的士兵都被皇帝楊廣帶到了江都，留下鎮守洛陽的其實都是充數的兵，據說這些兵常年都不訓練。

李密召來翟讓一起商議，決定先攻佔離洛陽一百里的洛口倉，李密斷定洛口倉此時必無防備，而一旦攻打，一百里之外的洛陽也來不及救援，因此拿下洛口倉不在話下，這就叫「先發制於己，後發制於人」。此時的翟讓已經心悅誠服，他決定死心塌地追隨李密。為了防止自己把事情辦砸了，他建議李密自任先鋒，自己擔當後衛，一切唯李密馬首是瞻。

事實果真如李密所料，李密、翟讓率領七千人馬從陽城（河南省登封縣東北）北出發，翻過方山（河南滎陽市西南）進入羅口（河南鞏縣西南）攻擊洛口倉，不久攻克。攻下洛口倉，李密慷皇帝之慨，打開糧倉各窖，由附近的災民隨意搬運，李密要用寶貴的糧食，贏得天下民心。

聽說洛口倉被攻佔，越王楊侗差點哭了出來，只能緊急調派虎賁郎將劉長恭、光祿少卿房崱率領騎兵、步兵共兩萬五千人討伐李密。

兩萬五千人聽起來數目龐大，實際上卻是魚龍混雜。東都百姓聽說政府募兵，又聽說李密一夥不過是一群盜米的賊，因此參軍積極性空前高漲，洛陽城內的國子學、太學、四門專科學校的學生，皇親國戚、貴族子弟紛紛報名參加，他們都要為國效力。然而這些人的特點是中看不中用，上陣前鬥志高昂，上陣後四散敗落，用這麼一幫人去打仗，贏了反而不正常。

大業十三年二月十一日，虎賁郎將劉長恭率領這兩萬五千人攻擊李密部隊的正面，河南討捕大使裴仁基繞到李密部隊後面進攻，顯然大家都是讀過兵法的，只不過李密讀得更精。

由於政府軍太高調了，他們的合圍計畫很快傳到了李密的耳朵裡，李密當下將全軍分成十隊。四隊向後轉，構築有利地形，等待裴仁基的部隊；六隊向前挺進，直接迎戰劉長恭的大部隊。

歷史總是充滿著巧合，二月十一日這一天也有巧合，按照約定劉長恭和裴仁基的部隊要一起發動進攻，然而劉長恭的部隊到了，裴仁基的部隊還沒有到，兩路夾擊只能變成一路迎擊了。

劉長恭部隊剛剛抵達，全軍還沒有吃早飯，看到李密的部隊衣衫不整，陣容稀鬆，劉長恭認為李密的部隊只是烏合之眾，打完仗再吃飯，一點不耽誤。然而就是因為這個想法，很多人自此再也沒吃上飯，劉長恭自己也險些加入這個大名單。

兩軍甫一接觸，李密讓翟讓打前部，很快翟讓就抵擋不住了，士兵們紛紛敗退，形勢一度非常不利。然而就在劉長恭得意的時候，李密率領另一支人馬從側翼殺了出來，將劉長恭的人馬攔腰斬斷，分片包圍，政府軍一下就亂了。

佔據洛口倉多日的起義軍已經飽餐多日，士氣高漲，而還沒有吃早飯的政府軍則是渾身無力，動作變形，再加上本身就是雜牌部隊，學生、皇親國戚、貴族子弟怎麼能抵擋住視死如歸的亂民，很快兩萬五千人崩潰了，四散逃難，而虎賁郎將劉長恭也火速加入了他們的行列。

劉長恭打仗不行，逃難還是很有經驗，在逃難之前，他脫下了扎眼的大將戰袍，極其低調地混入了逃跑的小兵行列中，經過不懈努力，劉小兵成功突圍，全身而退，而且還得到了越王楊侗的赦免。

只不過兩萬五千人的裝備輜重全部友情贈送給了李密，其中還包括劉長恭那件扎眼的大將戰袍。

旗開得勝，所向披靡，李密的事業達到了一個高峰。

經過翟讓的提議，眾人一致推舉李密當盟主，尊號魏公。二月十九日，也就是大勝的第八天，李密設立高壇，當日即位，改稱永平元年，宣布大赦，魏公府設立「三司」、「六衛」，任命翟讓為上柱國、司徒，封東郡公。

自此趙魏地區以南，江淮以北起義軍紛紛回應李密，宣布接受李密的領導，李密設立《百營名冊》，做遙控統制，這些起義軍都加盟在李密旗下。

在糧食的召喚以及李密人格魅力的影響下，各地的變民絡繹不絕的前往投奔，李密很快地擁有部眾多達數十萬，場面宏大，規模驚人。形勢還在發展，利多還在繼續，李密再接再厲策反了原河南討捕大使裴仁基。

裴仁基原本一心一意為隋朝效力，在軍中很得軍心，每次的戰利品全部賞賜給士兵，然而即使裴仁基很得軍心，他還是受到掣肘，因為皇帝還給他配備有監軍御史，這個監軍御史叫蕭懷靜。

蕭懷靜的任務不是打仗，而是監督裴仁基，然後直接向皇上彙報，有了這層關係，兩人的關係自然不會好，而現在裴仁基又有更大的把柄落在了蕭懷靜手裡，這個把柄就是沒有按時出兵。按照當初與虎賁郎將劉長恭的約定，裴仁基應該在二月十一日一早抵達洛口倉攻擊李密部隊，然而他卻沒有按時抵達，等他快到洛口倉的時候劉長恭的部隊已經崩潰，因此裴仁基的部隊沒有參戰就調頭回來了，這樣裴仁基就成了一個有罪之人，只要蕭懷靜的報告送上去，裴仁基這輩子就算完了。

經過兒子和部屬的勸告，再加上當年楊積善和斛斯政受酷刑的景象不斷浮現在他的面前，一咬牙，一跺腳，裴仁基殺了蕭懷靜，降了！

得到了裴仁基，李密隨後又得到了兩員猛將，一個叫秦叔寶，一個叫程咬金（程知節）。這兩個人都成為李密的驃騎將軍，同另外兩個驃騎將軍一起，四個驃騎將軍總計率領八千壯士，這八千人是李密的親兵，稱之為「內軍」。對於這八千人的戰鬥力，李密還是很低調的，只是經常說：「此八千人足當百萬。」

兵多了，將廣了，李密的膽也壯了，那個曾經啃過樹皮步履維艱的逃犯不見了，重新站在世人面前的是一個意氣風發的元帥。以前的李密曾被皇帝楊廣趕出了親兵衛隊，現在的李密則要跟皇帝叫板了。在他授意下，幕僚祖君彥寫出了《為李密討隋檄文》，檄文洋洋灑灑，歷數隋室皇帝十大罪，從楊堅一直罵到楊廣，酣暢淋漓，痛快之至，可以說楊廣的名聲主要被李密給敗壞的。

檄文中有一句：「罄南山之竹，書罪未窮；決東海之波，流惡難盡。」這就是成語「罄竹難書」的由來。

檄文發了，皇帝罵了，李密拉開架勢要與隋室決裂，隋朝的上空，風起雲湧。

生逢亂世，疑問連連，全天下的百姓都在疑惑，問蒼茫大地，誰主沉浮？

晉陽起兵

第十二章

晉陽，夢開始的地方

當李密壯志滿懷的時候，晉陽監獄的一間牢房裡有一個人正在遭受牢獄之災，這個人的牢獄之災是因李密而起，因為他是李密的連襟（兩人的夫人是親姐妹），政府無法抓到李密，因此就先抓他的親戚充數。這個人叫劉文靜，被捕前是晉陽令，時年五十歲。

劉文靜也是官宦子弟，祖父做過石州刺史，父親為隋作戰犧牲，被追授上開府儀同三司。劉文靜則受父親的蔭澤襲儀同三司，宦海沉浮，五十歲才做到晉陽令。五十歲才做到縣令，對混跡官場的人來說這份成績只能算勉強及格，然而劉文靜卻並不這麼看，在他看來富貴就在他的手中，他只是在等待機會而已。

劉文靜有一個朋友叫裴寂，時任晉陽宮監（晉陽行宮總經理），兩人關係甚篤。身逢隋末亂世，裴寂悲觀，劉文靜卻很樂觀。曾經有一次兩人一起下榻賓館，夜晚談話談到了很晚，透過窗戶裴寂看到長城烽火臺上熊熊燃燒的烽火，不禁感慨：「貧賤如此，復逢亂離，將何以自存！」

劉文靜微微一笑，接過話頭：「時事可知，吾二人相得，何憂貧賤！」

裴寂不明就裡，而劉文靜是話有所指，劉文靜的話只說了一半，埋下一個伏筆，剩下的另一半他暫時還不想說出來，因為時機還不成熟。不過劉文靜很清楚，裴寂有個朋友叫李淵，等時機成熟，這個叫李淵的朋友就會帶領他們一起做一件大事。

現在受李密牽連，身為晉陽令的劉文靜變成待罪的囚犯，不過劉文靜依然樂觀，因為他知道一副枷鎖是鎖不住他的，他劉文靜就是要做大事的人。

這幾天劉文靜一直在等一個人，只要這個人能來，大事就成了一半，榮華富貴其實都不在話下。按照劉文靜的推算，這個人應該要來了。劉文靜正在胡思亂想的時候，一個人走了進來，這個人不是別人，就是唐公李淵的次子李世民。

說起李世民可不簡單，單從血緣看此人就很了不得。他的曾祖父是八柱國之一李虎，他的曾外祖是八柱國之首的宇文泰（**母親竇氏是宇文泰的外孫女**），他的祖母是八柱國之一獨孤信的女兒。從血緣上看，李世民身上流淌著三個柱國的血液，分別是宇文泰，李虎，獨孤信，而到玄武門之變後，有這三種血緣的只有他一個人了，自此唯獨一人，再無分號。

劉文靜是通過裴寂的引薦認識李世民的，一見李世民他就覺得這個青年與眾不同，在他看來李世民有劉邦的大度，有曹操的神采，絕非凡人。而他的朋友裴寂卻不這麼看，這是因為他跟李世民太熟了，在他看來李世民就是他看著長大的孩子，一個十九歲的大孩子，哪裡談得上英明神武呢？什麼劉邦的大度，曹操的神采，別逗了，我看也就長得像一個人，誰？他爹——李淵。

劉文靜沒有理睬裴寂的反應，在他心中已經斷定李世民是個非凡的人物，因此在屈指可數的幾次交流中，他爭取給李世民留下深刻的印象，他在言語中流露出對時局的關心和對天下的關注，而這些正是吸引李世民的地方。

現在劉文靜已經身處牢獄，李世民還能不能想起那個只有數面之交的朋友呢？

劉文靜的判斷沒錯，李世民不僅想起來了，而且還親自來了，目的就是與劉文靜來一次「獄中對」。劉文靜與李世民在籌劃自己的天下大事。

兩人剛一開始還有點含蓄，劉文靜還有點遮掩。

李世民：「時局這麼亂可怎麼辦呢？」

劉文靜：「天下大亂，除非有劉邦、劉秀的才能，除此之外，無法平定。」

李世民：「你怎麼就知道沒有這樣的人呢？別跟我繞彎子了，我這次來是跟你商量大事的，你要信得過我就說，信不過，我轉身就走。」

劉文靜一看，機會來了，趕緊將自己的計畫和盤托出。

「如今皇帝遠在江都，李密包圍洛陽，天下的亂民數以萬計。在這種情況下，如果有一個能拯救天下的人出現，揮動義旗，天下的亂民都會聽從他的命令，然後以這些人為基礎，妥善使用，要奪取政權易如反掌。我當晉陽令已有數年，而太原城內有很多百姓都是逃難而來，我知道他們中誰是豪傑，誰可以加以使用，只要義旗一舉，十萬人馬瞬間可以召集。而你父親手下還有數萬軍隊，兩股力量合到一起，趁大興政府空虛，長驅入關，號令天下，頂多半年，大業可成。」

劉文靜剛說完，李世民激動的握住了劉文靜的手：「君言正合我意。」

劉文靜確實是一個軍事天才，在隨後起事中，一切都按照劉文靜預計的發展，從西元六一七年五月十五日李淵逮捕副留守長官王威、高君雅開始，到這一年十一月九日攻破大興，整個起事過程，歷時不到半年。

走出監獄的李世民躊躇滿志，他知道在未來的幾個月中一定會有大事發生，而他和他的父親將成為歷史的主角。

儘管李世民的活動都是在私下進行，可這一切都被李淵看在眼裡，而他裝作不知道。對於隋室，他有著複雜的感情，他所有的一切都是孤獨姨媽給的，自己作為外甥去爭奪姨媽家的天下，感情上他有些接受不了。再者年輕氣盛的李世民可以不考慮家族的利益，頭腦一熱就舉旗造反，而自己呢，自己從七歲就襲了唐國公，自己的所作所為要對得起祖上的血汗，也要照顧到家族的利益，一百多口子的身家性命畢竟不是鬧著玩的。

造反看起來只是一咬牙、一跺腳，事實上卻沒有那麼簡單。如果僥倖成功，榮華富貴不愁，如果不幸失敗，那麼整個家族連個立錐之地都沒有，而且還要背上千古罵名。不到萬不得已，走投無路，誰又願意造反呢？

躊躇滿志的李世民暫時沒有管李淵的態度，他準備先從父親的周邊做工作，而周邊工作的重點就是晉陽宮監裴寂。

裴寂這個人其實比較平庸，宦海浮沉多年，脾氣早就磨沒了，現在擔任晉陽宮監也就是混個日子，平常沒有別的愛好，就是愛好賭點小錢，這一點跟楊素的弟弟楊約一樣。有愛好就好辦，而且裴寂這個愛好用錢就能解決。李世民動用了父親給自己的私房錢，並把這些錢提供給龍山縣令高斌廉，讓高斌廉每天都找裴寂賭錢，條件只有一個：只許輸，不許贏。

以前裴寂只是把李世民當成半大小子，從來沒有把他當回事，因為他和他爹李淵太熟了。現在通過解除監禁的劉文靜牽線，裴寂與李世民有了接觸，經常四個人一起廝混，劉文靜與李世民喝茶聊天，高斌廉和裴寂一旁賭錢。時間久了，裴寂也贏得盆滿缽滿，跟李世民也是越混越熟。眼看時機成熟，李世民把自己的大計畫與裴寂交了個底，而拿了人家錢財的裴寂也終於答應跟李世民一起做李淵的工作。

正巧此時李淵也在為自己的前途發愁，因為他收到了皇帝楊廣的問責詔書。事情的起因是去年一年與東突厥作戰的失利。當時李淵剛剛上任不久，東突厥派騎兵進犯馬邑郡，得到急報的李淵安排副留守長官高君雅會同馬邑郡太守王仁恭出兵抵抗，結果屢戰不利，後來就被御史到楊廣那裡參了一本，現在皇帝追查了下來。雖然失利不是李淵的直接責任，但他畢竟是高君雅的上級，追查起來他是要負領導責任的。現在他和高君雅都被暫停職務，等候調查。

聽說李淵被暫停職務，李世民覺得機會已經來臨，壯著膽子向父親試探。

「現在皇上無道，民變四起，晉陽城外都是戰場，如果您還拘泥於做臣屬的小節上，下有盜匪你殺不完，上有皇帝的嚴刑在等著你，危險時刻有可能來臨。然而如果現在起義兵，反而可以轉危為安，這可是天賜良機，不能錯過！」

聽完兒子的話，李淵吃了一驚，他知道兒子在背後做小動作，但是他不知道已經籌劃到這個地步了。

李淵頓時表現的很憤怒：「汝安得為此言，吾今執汝以告縣官！」作勢拿起筆，卻又放下了，無奈的對李世民說，「吾豈忍告汝，汝慎勿出口！」

李世民走後，李淵陷入了沉思，他知道兒子的話很有道理，然而起兵的風險太大了，自己承擔得起嗎？

第二天李世民又來了，父子間又有了一次深談。

李世民緩緩的對父親說：「現在亂民越來越多，國家已經失控，以父親您的一己之力，能把盜匪都抓完嗎？即使都抓完又怎麼樣，太僕卿楊義臣不就是一個例子嗎？他剿匪算成功吧，可現在呢，還不是被皇帝冷落，朝不保夕。再說現在外邊都在傳李姓當王，右驍衛大將軍李渾沒有什麼過失就被滿門抄斬，現在皇帝對李姓的大臣和將軍都起了殺機，父親您還以為自己高枕無憂嗎？眼下之計只有採用我昨天說的方法才能轉危為安，事不宜遲，不要猶豫了。」

其實不用李世民說，李淵也很清楚這些道理，他知道無論是在戰場還是在現實中，只有刀把握在自己手裡才是最安全的。

李淵悠悠地對李世民說：「吾一夕思汝言，亦大有理。今日破家亡軀亦由汝，化家為國亦由汝矣！」

這是李淵第一次比較清楚的表態，實際上他知道，不到萬不得已絕不能造反，實在是已經沒有安全感了，那就跟兒子一起反了。

李淵正在煩惱的時候，老友裴寂又來了，裴寂也是來做他的工作的。裴寂先告訴李淵一件事這件事讓李淵嚇了一跳。裴寂告訴李淵，上次喝酒之後他安排陪李淵上床的那兩個美女其實是晉陽宮的宮女，也就是說李淵睡了皇帝楊廣的宮女，給皇帝戴了兩頂綠帽子。

裴寂的話讓李淵直冒冷汗，「侵犯宮女」可是死罪啊，那是給皇帝戴綠帽子啊。

看李淵有些含糊，裴寂又加了一把火：「你家二小子李世民最近正在私下招募兵馬，打算創立大業，這事如果讓皇帝知道就是死罪；我安排宮女陪侍你，如果讓皇帝知道也是死罪。我跟世民已經通過氣了，我們決定一起幹，就差你表個態了。」

看著一本正經的裴寂，李淵意識到自己是被裴寂和自己的兒子算計了，只是他們的算計多餘了。即使他們不算計、不籌劃，李淵也在心裡籌劃，他比李世民他們更清楚國內的形勢，至於直指關中的布局他也曾盤算過，別忘了當年楊玄感起義的全過程他都關注過，楊玄感起義主要就是關中的眼沒有做活。

事已至此，李淵就坡下驢：「吾兒誠有此謀，事已如此，當復奈何，正須從之耳。」

就在李淵著手準備的時候，楊廣的詔書又來了，命太原副留守王威將李淵、高君雅解赴江都問罪。得知消息之後，李世民火速拜見李淵，敦促父親馬上起兵，只要大旗一舉，各地起義軍必定紛紛歸降，再加上裴寂在晉陽宮積累的財富大事必成，千萬不能拘泥小節，被朝廷使節抓走，那可就什麼都晚了。

忍無可忍，那就無須再忍，沒有安全感的李淵決定起兵，命李世民暗中準備。

然而就在這時楊廣的使節又來了，宣布赦免李淵，既往不咎，即日起官復原職。得，這下起兵又沒有理由了，暫時又安全了，李淵又緊急通知李世民，少安毋躁，先觀望一段再說。

平靜下來的李淵沒有停止思考，他又想起了很多往事。

前年當河東討捕使時，大理司直夏侯端當他的副手，兩人曾經有過一次深談。夏侯端精通天象、占卜、面相，對李淵非常看好，他告訴李淵，夜觀天象帝星不穩，而晉陽上空卻有異象，恐怕對應的就是你，現在皇帝忌恨李姓大臣和將軍，李渾已經死了，下一個有名望有能力的可就是你了。當然天象可能是說辭，亂世之中很多人都想押寶，尋找大富貴的機會。

去年李淵當上太原留守之後，鷹揚府司馬許世緒也曾經勸過李淵：「外面都在傳言李姓當王，而你又擁有太原郡、雁門郡、馬邑郡、樓煩郡、西河郡五郡的兵馬，如果以這些資源起事，可以成就帝王的大業，如果待在原地不動，這些地方四周都可能受到攻擊，輕而易舉的就會被人滅亡，對著這些，你可要自己考慮清楚。」

屈指一數，勸說李淵起兵的還有好幾個，分別是行政司鎧武士彠（**武則天的父親**），前任太子左勳衛唐憲，以及唐憲的老弟唐儉。這些人一個共同的特點都是對現實不滿，人心思變，他們都想把寶押在李淵身上，一旦大事成功，他們就是開國元勳了。

對照當時的記載，有些史書聲稱晉陽起兵是李世民一手策劃的，其實太武斷了，李淵並不是毫無準備，也不是完全被李世民牽著鼻子走，只是他比李世民考慮的事情更多，顧慮的事情更多，因此一直拖延，遲遲不肯起兵。

看著李淵遲遲不肯起兵，劉文靜急了，熟讀兵法的他明白「先發制於己，後發制於人」，如果就這麼拖延下去，消息一旦走漏，大家就全得完蛋。現在只有一個辦法，逼迫裴寂找李淵攤牌。

劉文靜找到裴寂，揪著裴寂的衣服警告說：「你是晉陽宮監，居然提供宮女供客人姦淫，這可是死罪。再說，你是不是誠心想害唐公呢？是不是想拉著他給你墊背呢？一句話，唐公不起兵，大家全完蛋。」

本來裴寂心裡就打鼓，經劉文靜一說，心裡更怕了，趕緊去找李淵攤牌：「大哥，求你了，趕緊起兵吧！」

經過幾天思考的李淵終於想通了，自己留在皇帝手裡的案底太多了，指望皇帝的憐憫活命幾乎不可能，而且也會讓人恥笑，這不是李淵做事的風格。

自此，李淵下定決心：起兵！

西元六一七年，李淵已經五十一歲了，有人一直強調晉陽起兵是李世民倡議，李淵回應，其實並不盡然，看待起兵這個問題，不妨對比一下兩個人的年齡。

李世民十九歲，血氣方剛；李淵五十一歲，已經是知天命的年齡。李世民可以不管不顧，自己拍板，立即執行，反正所有的問題自己扛；而李淵呢，五十一歲的年齡容不得他有年輕人的衝動，不到萬不得已，不到安全感盡失，他斷不能盲動。對於李世民來說起兵屬於第一次創業，而對於已經走過大半輩子的李淵來說，不到萬不得已，誰又願意在年過半百的時候二次創業呢？現在沒有辦法，歷史將五十一歲的李淵推到了風口浪尖，他要帶領自己的子弟兵去爭奪自己曾經誓死捍衛的隋室江山。歷史，就是這麼善變。

對於表弟楊廣，李淵一直懷著複雜的感情，他必須承認表弟比他有才華，比如寫詩繪畫；比他有能力，比如治理國家。然而李淵自信他有一點強過表弟，那就是他比表弟更懂民心。

楊廣一出生就含著金湯匙，雖然也在很多地方接受過錘鍊，但他的身分注定他始終高高在上，不可能真正了解民心。而李淵則有所不同，雖然他也出身官宦人家，但他七歲喪父，讓他懂得了世態炎涼，人世疾苦。他歷任譙州、隴州、岐州刺史，滎陽、樓煩兩郡太守，在這些地方他都接觸過當地的百姓，他比楊廣更知道人心的向背。再加上數年的軍旅生活，他悟出了一個真理：軍心可鼓，民心可用。只要擁有民心，起兵大業必成。

李淵決定起兵後，立即找來了劉文靜，讓他火速偽造一道詔書，並把詔書的內容貼遍晉陽的大街小巷，務必讓這道假詔書的內容路人皆知。

這是一份什麼樣的詔書呢？是一道強制徵兵的詔書。

詔書上說，皇帝決定四征高麗，責成太原、西河、馬邑、雁門四郡二十歲以上五十歲以下男子年底前到涿郡集合，違令者斬！

這是一份空前絕後的徵兵令，歷史上沒有一個王朝曾經出臺過如此不近人情的徵兵令，一般而言，多是採用「逢二抽一」、「逢三抽一」，頂峰到「逢五抽三」。百分之百的徵兵根本就不可行，然而當地的老百姓卻相信這就是皇帝的意思，在他們看來，不體恤民情的皇帝什麼事都做得出來。謠言很快傳遍了晉陽的大街小巷，大家都相信這是真的。李淵和副留守長官王威、高君雅派人向百姓解釋，結果越解釋越像是真的。

看著民心思變，謠言四起，副留守長官王威和高君雅想破腦袋也沒有想明白事情的起因，而李淵卻暗暗的看在眼裡、記在心中，他知道在這個敏感的時刻，一切必須是慎之又慎，眼前的這兩個傢伙，表面看是自己的下屬，實際卻是皇帝安插的眼線。

李淵下定決心要反，然而手下的那點兵還不夠，想要大張旗鼓的徵兵又不行，因為在歷朝歷代，想要徵兵都要得到皇帝批准，沒有經過皇帝同意徵兵，那就不是徵兵了，而是謀反。

就在李淵左右為難的時候，馬邑的起義軍首領劉武周幫了李淵一個忙。

劉武周本來是河間景城（今河北交河縣東北）人，父親劉匡舉家遷徙到了馬邑郡。劉武周驍勇善騎射，在豪俠圈裡很有人緣，原本在當地擔任鷹揚府校尉。後來馬邑郡郡長王仁恭看他比較驍勇，就提拔為自己的親兵隊長，平時駐紮在王仁恭的內宅負責王仁恭的安全。

原本劉武周對王仁恭還是忠心耿耿，直到一個女人的出現。這個女人是王仁恭的小妾，長得頗有姿色，劉武周常年駐紮內宅，兩個人的接觸就多了起來，一來二去，就有了瓜葛。

在那樣的大宅院裡，風流韻事是藏不住的，漸漸的就有人知道了他們的不正常關係，這下劉武周麻煩了，奉命守衛內宅卻給郡長戴綠帽子。眼看姦情就要暴露，劉武周決定不逃避了，索性一不做二不休，要得罪就把王仁恭得罪到底。

劉武周的第一步跟李淵一樣，從輿論下手，先在群眾中製造憤怒的情緒，他派出自己的親信去四處煽動：「如今百姓饑餓，餓殍遍野，王郡長卻緊閉糧倉不給救濟，哪有這麼當官的，誠心不管大家的死活。」

憤怒的情緒一經煽動就無法控制，這時劉武周又對外聲稱自己病了。

劉豪俠生病了，大家自然很關心，附近的豪俠都來探望，而「生病」的劉豪俠就在「病榻」上做豪俠們的思想工作。幾天下來，豪俠們統一了思想，定下了主題。主題很簡單，兩個字：「搶糧」。要搶糧就得先搬開王仁恭這塊石頭，只要搬開這塊石頭，糧倉推門就進。

西元六一七年二月八日，郡長王仁恭還像往日一樣在衙門裡辦公，劉武周晉見。王仁恭揮手示意劉武周稍等片刻，他把手頭的工作處理完再說，然而劉武周卻沒有等，大步衝了過來，王仁恭剛要發火，先看到了劉武周手裡的刀，還沒喊出聲，刀已經下來了。到死王仁恭都不明白劉武周的真實目的，為什麼，為什麼呢？

為什麼？往大了說是為了糧食，往小了說是為了一個女人。

砍死了王仁恭，剩下的人都安靜了，他們都知道劉武周是個狠人，在狠人面前只有聽話才是最好的防彈衣。

帶領大家做大事的劉武周沒有食言，下令打開糧倉，救濟貧苦百姓，隨後向馬邑郡下轄的各縣發布文告，宣布劉武周接管馬邑郡的消息，只要大家服從管理，糧食管吃。有「糧食管吃」這四個字，沒過幾天劉武周的麾下聚集了一萬多人。

與李密他們熱衷於自立為王不同，劉武周當王之前要給自己先找一個靠山，這個靠山是誰呢？這個靠山就是東突厥。

殺掉郡長王仁恭之後，劉武周派人去向東突厥始畢可汗阿史那咄吉表忠心，這下讓始畢可汗興奮不已，給漢人當了幾十年孫子，今天終於又輪到漢人給我當孫子了。高興之餘，始畢可汗賞賜給劉武周狼頭大旗一面，並封為定楊天子。與劉武周一樣效忠東突厥的還有朔方郡起義首領梁師都、榆林郡起義首領郭子和，梁師都的封號是解事天子，郭子和的封號是平楊天子。

說起來劉武周、梁師都這些人挺沒品的，要起義就起義，非要另外當一回漢奸，同李密他們相比，李密頂多是亂民，而他們則是亂民加漢奸。

現在漢奸劉武周無意間幫了李淵的忙，幫了什麼忙呢？

原來劉武周攻佔了汾陽宮，而汾陽宮也歸李淵管轄，這下李淵就有了徵兵的理由。李世民是第一時間得到了汾陽宮被攻佔的消息，他意識到這是一個可以利用的機會，趕忙找父親李淵商量。

「父親您是留守長官，而現在盜匪攻佔了皇帝的離宮，皇帝怪罪下來就是死罪，不早定大計的話，全家的災禍馬上來臨。」

聽了李世民的話，李淵明白了問題的嚴重性，同時也意識到這是一個難得的徵兵理由，連夜召集副留守長官王威，高君雅，通報了劉武周攻佔汾陽宮的消息。

通報完消息，李淵往椅子上一靠：「我們沒能阻止劉武周攻佔汾陽宮，皇帝怪罪下來，我們都是滅族的罪，大家說怎麼辦呢？」

李淵一攤手，王威、高君雅全都沒了主意，一個勁看著李淵，那意思是說，大主意還得你拿，你是一把手。

李淵接著抱怨：「我們如果要大規模動用軍隊跟劉武周作戰，肯定要報皇上批准，可江都離這裡三千多里，一路上都有盜匪，消息能不能送到都是問題。就算送到了，等皇帝批准了，盜匪早就打進來了，咱們肯定都被粉碎了。」

聽著李淵的分析，王威和高君雅頻頻點頭，等李淵說完，馬上接過李淵的話頭：「您既是皇親國戚，又是皇帝信任的官員，您不作主誰作主。現在向三千里之外的皇帝請示根本不現實，為了消滅盜匪，就應該獨斷專行。」

聽到這裡，李淵知道一切盡在自己掌握了，順勢做出一幅很勉強的表情：「那好吧，我就聽你們的，獨斷專行一次，眼下這點兵馬肯定不夠，得馬上招兵買馬。」

此時的王威和高君雅已經被李淵賣了，還在樂呵呵的幫李淵數錢，聽李淵說要招兵買馬，兩個人一個勁的點頭：「應該的，應該的。」

有了徵兵的理由，李淵馬上命令李世民、劉文靜、長孫順德、劉弘基等人到各地招兵買馬，僅僅十多天的時間，一萬多人馬已經募集到麾下。與此同時，李淵派出親信兵分兩路，一路去河東傳喚李建成、李元吉，一路去大興傳喚女婿柴紹，這三個人是起事不可少的人物。

一萬多人召集完畢，副留守長官王威、高君雅察覺出了一些問題，為什麼招募來的這些兵馬不交給政府管理而是交給李淵的賓客長孫順德和劉弘基管理呢？再說長孫順德、劉弘基這兩個人是征遼東的逃兵，按律可是當斬的。兩個人把疑惑說給了行政司鎧武士彠，武士彠趕緊替李淵掩飾：「長孫順德他們都是李淵的賓客，如果把他們抓起來，李淵肯定不會答應，一鬧起來，政府肯定就亂了，到時不用盜匪打，咱們這些人內亂就完了！」

王威和高君雅想想也有道理，變亂時期當有非常之法，不妨就讓長孫順德他們先帶著吧。武士彠剛把王威他們安撫住，留守司兵田德平又跳了出來，他也覺得長孫順德有問題，想建議王威深入調查，結果也讓武士彠給按住了：「你懂什麼，剿匪的軍隊一向是李淵負總責，王威他們就是隨從，讓二把手調查一把手，虧你想得出來。」

儘管武士彠左右抵擋，然而還是擋不住王威和高君雅懷疑的心，畢竟他們上任的時候是懷有特殊使命的，他們名義上是李淵的副手，實際上他們是替皇帝來監視李淵的。皇帝當時給過他們特權，如有變故，可先行處理再上報，現在該到了使用這項特殊權力的時候了。

事不宜遲，王威和高君雅火速做了部署，經過策劃，他們準備在李淵到晉祠祈雨的時候實施抓捕。一切都已安排妥當，就等李淵落網。

然而即便王威等人已經張好了網，他們還是沒有等到收網的那一天，他們並不知道在他們進行精心布置的同時，有一雙眼睛正在背後偷偷的觀望，並把這一切與李淵聯繫到了一起，這個人就是李淵的朋友，晉陽鄉長劉世龍。當時劉世龍正在晉祠附近，偶然看到王威和高君雅的親兵在晉祠進進出出神情詭異，有著豐富鬥爭經驗的他很快意識到其中一定有不可告人的目的，因為他知道過幾天李淵將到這裡祈雨。劉世龍將這個消息通知了李淵時，李淵只是微微一笑，他知道撕破臉的一天已經到了。

五月十五日上午，李淵和王威、高君雅一起在衙門裡辦公，此時劉文靜領來了開陽府司馬劉政會，兩個人站在庭院中聲稱有要事稟報。李淵示意王威去接劉政會的狀紙，然而劉政會卻避開了王威的手，嘴裡高喊：「我要舉報的就是兩位副留守長官，狀紙只能唐公親自過目。」李淵假裝非常疑惑。

等李淵展開狀紙看完，瞬間變臉：「王威和高君雅暗中勾結突厥，近日就來攻城，趕緊把這兩個奸細拿下！」

看到李淵變臉，高君雅頓時明白發生了什麼，大聲指著李淵叫罵：「分明是你這個叛賊要謀殺我們！」

高君雅說得沒錯，只可惜明白得太晚了，一旁等候多時的劉文靜、劉弘基、長孫順德已經撲了上來。而李世民則帶領軍隊封鎖了晉陽城的各條街道，晉陽城的百姓已經被告知：兩位副留守官員勾結突厥，近日就將攻城！一時間緊張的情緒瀰漫在晉陽的上空，大家都把希望寄託在他們心目中的救星——李淵身上。

拿下了王威、高君雅，放出了突厥將來攻城的消息，李淵沒有如釋重負的感覺，反而更加緊張，下一步應該怎麼辦呢？如果突厥不來，怎麼辦？如果老百姓反過來懷疑自己又該怎麼辦呢？

歷史就是由無數的巧合組成，李淵盼望的突厥很快就出現了。兩天之後，東突厥軍隊數萬人攻擊晉陽城，輕騎兵從外城北門衝入，又從外城東門衝出，一切就跟約定好似的。這下王威和高君雅傻眼了，全城的百姓都相信就是他們引來突厥，恨不得殺之而後快。李淵也很善解人意，他要用這兩個人的人頭贏得更多的民心，隨即命人在鬧市區將二人斬首示眾，晉陽城內一片拍手稱快之聲。

斬了王威、高君雅，可以忽悠住晉陽城的百姓，可是忽悠不走東突厥的兵馬，怎麼辦呢？李淵很快想到了兩條計策，一條叫空城計，一條叫疑兵計。

李淵命裴寂等人動員軍隊進入戰鬥狀態，同時命人打開內城的所有城門，城門附近沒有一兵一馬，想進隨便進，就看你敢不敢進！（**空城計**）

東突厥的兵馬一看城門大開，以為有詐，紛紛勒住馬，不敢進城，只在城外徘徊，進又不進，走又不走。

空城計只能玩一次，玩多了就不靈了，李淵一看突厥進又不進，走又不走，空城計已經不管用了，兩軍對壘還得靠真刀真槍。李淵下令部將王康達率一千人出戰，務必給東突厥一個下馬威。理想與現實往往是相反的，王康達沒有給東突厥下馬威，一千多人有去無回，全當了炮灰。李淵一看硬拼不行，還得跟突厥使詐，當天深夜派全軍秘密出城，第二天再高舉旌旗，擂動戰鼓，轟轟烈烈的入城，東突厥的兵馬一看，壞了，隋朝的援軍這麼快就到了。

相持兩天，東突厥兵馬見無機可乘，索性在城外胡亂搶了一圈，揚長而去。

逼走了突厥，李淵著急的等待兒子和女婿的到來。十幾天後，李建成、李元吉、柴紹都趕到了，而李淵的另一個兒子李智雲卻沒有到。原來李建成、李元吉、李世民是李淵的嫡出，而李智雲則是庶出，平時李建成和李元吉就不喜歡這個弟弟。此次接到李淵的傳喚，事出緊急，兩個人倉促之間只顧自己逃出，居然忘了通知李智雲。

聽了李元吉的彙報，李淵一聲歎息，他知道李智雲已經凶多吉少了，只要河東那邊知道自己起事，當地的官員一定會將李智雲斬首。果不出所料，在他舉起義旗不久，李智雲就被當地官員押到大興斬首，這也是繼李元霸早夭之後李淵失去的另一個兒子。

聯盟東突厥

人都齊了，馬也差不多了，然而李淵還覺得還差點東西，差什麼呢？聯盟。

在起兵之前，李淵一直在研究晉陽的地理位置，他發現對於晉陽威脅最大的其實不是劉武周、梁師都那些起義軍，也不是附近忠於隋王朝的郡縣，而是東突厥。以李淵現在的兵力，跟東突厥死磕是不現實的，而如果讓劉武周之流加盟又會讓天下英雄恥笑，那怎麼辦呢？

這時劉文靜提出一個建議：「不死磕，不加盟，我們結盟。」

加盟和結盟有區別嗎？有。

加盟是服從東突厥的領導，承認與東突厥是下級與上級的關係，而結盟只是鬆散的結成同盟，彼此獨立，只不過借對方的旗號虛張聲勢。用現在的話說就是，結成戰略合作夥伴關係，而不是戰略合作上下級關係。

聽了劉文靜的建議，李淵馬上表示同意。顯然這是一個比較理想的做法，既可以保證晉陽根據地的穩定，又可以借突厥的旗號虛張聲勢，一舉兩得。

說幹就幹，李淵動筆給始畢可汗寫了一封極為恭敬的書信，言語極其謙卑，隨信還附上一份厚禮。李淵在信上說：「我準備發動正義之師，迎接皇帝從江都返回，隨後咱們兩國還互相結成姻親，繼續兄弟般的友誼。這次如果您願意跟我一同前往，千萬別隨意搶劫百姓；如果不願遠行，只願意將來接受和親，等我供奉金銀財寶也可以，您自己選擇吧！」

始畢可汗接到李淵的信後，召集官員討論，他非常願意與李淵合作，因為他對楊廣比較反感。

他認為即使李淵迎接楊廣回大興，楊廣也不會念及李淵的好處，時間一長就會害死李淵，緊接著就攻打東突厥，所以李淵提出迎接楊廣回宮他不同意。而如果是李淵自己稱帝，他倒是很願意合作。

始畢可汗在回信裡表達了自己的意思，這下李淵的手下膽氣更足了，有這麼多軍隊，還有東突厥的支持，大事必成。於是大家都鼓動李淵順應東突厥的意願立即稱帝，這樣大家就有盼頭了。

稱帝？誰不想，問題是時間還不成熟，李淵知道如果自己現在稱帝，那麼所謂的正義之師就師出無名了，所以現在還不是稱帝的時候，稱帝何必急於一時呢？

然而如果李淵不稱帝，東突厥不支持怎麼辦？畢竟李淵的兵多數是步兵，要組建騎兵部隊還需要東突厥的戰馬。

經過商議，李淵決定繼續與東突厥和談，對於楊廣的問題採用折中的辦法，尊稱楊廣為太上皇，擁護皇孫楊侑即皇帝位，這樣對隋朝的各郡縣可以宣稱李淵繼續尊隋，對東突厥也能有所交代，至少保證皇帝不再是東突厥厭惡的楊廣。

遠在江都的皇帝楊廣不會想到，自己的帝位就這樣被表哥當成了交易，當初以為他只是一個「老太太」，而誰又能想到，這個「蔫老太太」的心地卻是這樣的壞。

歷史總是充滿輪迴和諷刺，李淵把楊廣排擠成太上皇，然後自己當了皇帝，然而他沒有想到是有人已經悄悄把他當成了榜樣。僅僅九年之後，李淵就遭遇了與表弟楊廣相同的命運。

定下了忽悠的主題，劉文靜再次奉命出使東突厥，此行的目的是繼續忽悠突厥人，既要使突厥出兵，又要使突厥出戰馬，而且馬要多，人要少。

為什麼要「馬多人少」呢？因為李淵的麾下馬少人多，讓突厥出人主要就是借個勢，對外是個震懾，而不要人多的主要考慮是戰後不用回報太多。說到底，李淵就是一個老奸巨猾的獵手，習慣用最小的投資獲得最大的回報。

穩住了突厥，定下了尊隋的旗號，李淵的二次創業真正開始了。尊隋其實只是一件皇帝的新裝，連李淵自己都承認「不過是掩耳盜鐘」。

小試牛刀

西元六一七年六月五日，李淵正式向下屬各郡縣發布文告宣布起兵，號召各郡縣服從行動聽從指揮。

接到文告，下屬的郡縣全部表示唯李淵馬首是瞻，唯獨西河郡除外，於是西河郡就撞到了槍口上，他們成為李淵殺雞儆猴的對象。

同一天，李建成、李世民率軍出征，開始為自己的家族事業打拼，這次是李唐王朝的第一次出兵，也是李唐王朝爭奪江山的開始。行軍路上的李建成、李世民一路興奮不已，在他們看來，父子合力、兄弟齊心，天下大事半年可成。然而哥倆誰也沒有意識到，僅僅幾年之後，他們就會變成為當初一起奪得的江山兵戎相見的仇敵，如果知道是這樣的結局，當初的他們是否也會有猶豫呢？

行軍路上的李家軍士氣高漲，一支仁義之師一路上秋毫無犯、百姓無傷，即使偶有損耗，李建成與李世民馬上掏錢補貼百姓，卻從不追查肇事者，僅此一舉收齊人心。李淵的兩個兒子算是得到了李淵的真傳，收買人心的功力讓楊廣只有給他倆提鞋的份，其實收買人心也是一種能力，楊廣卻偏偏並不具備。

氣勢高昂的李家軍沒有費太多周折，固守的西河郡僅僅五天就被攻破。西河郡人人自危，大家最擔心的就是屠城，因為隋末起義的一些起義軍首領一旦攻下固守的城市，屠城就成了他們的第一選擇。那麼李家軍會不會也拿出屠城的手段來殺雞儆猴呢？

進入西河郡，李世民派人抓住了固守的西河郡丞高德儒（**兩年前報告鸞鳳祥瑞的那傢伙**），一下子人心惶惶，連郡丞都抓了，何況平頭百姓呢？西河郡的人們在等待李世民的下一個動作。

看到被捆綁的高德儒，李世民變了臉色，指著高德儒的鼻子痛罵：「你把野雞當鸞鳳，欺騙皇上，騙取官位，道德極其敗壞。我等起義軍就是要消滅你這等馬屁精。」言罷，李世民下令處斬，懸首三天。可憐的高德儒因為前年的一次謊話，換來了兩年後的災禍。

殺了高德儒，西河郡的百姓還在疑惑，下一個倒楣的會是誰呢？大家瞪大眼睛看著李世民。而李世民呢，向民眾揮一揮手，都散了吧，該幹嘛幹嘛去！

驚愕了半天的人們終於明白，原來李家軍不是來屠城，而是來拯救天下蒼生的。早知道這樣，防守個什麼勁呢！

無疑，李世民是聰明的，只用一個人的人頭就起了數重作用，第一重宣告李氏起兵是義軍，以誠信為本；第二重宣告李氏起兵只誅殺害群之馬，不擾一般百姓；第三重宣告李氏起兵的目的是「清君側」。

此次出征西河郡來回只用了九天，只殺了一個人，卻得到了一個城市。一個人頭，三重宣告，善於經營的李世民收到了奇效，無怪乎李淵興奮的說：「以此行兵，雖橫行天下可也。」

西元六一七年六月十四日對於李淵是值得紀念的一天，李唐王朝的草台班子於這一天正式成立了。雖然成立之初條件有點簡陋，待遇有些寒酸，然而卻從此打下了武德年間高層政治結構的基本框架，幾乎可以肯定的說，能夠進入這個草台班子的人，日後都能算作開國元勳。

這一天，李淵設置了大將軍府，死黨裴寂出任秘書長（**長史**），鬼精靈劉文靜出任軍政官（**司馬**），唐儉（**日後諷諫李世民不能馬上治天下的那位**）和前長安尉溫大雅出任記錄官，武士彠（**武則天父親**）出任鎧曹（**軍械軍事參議官**），劉政會等人為戶曹（**民政軍事參議官**）。

上陣親兄弟，打虎父子兵，同劉邦依靠漢初三傑不同，李淵在軍事上依靠的主要是自己的兒子和女婿。世子李建成封隴西公，左領軍大都督，指揮左翼三軍；次子李世民封敦煌公，右領軍大都督，指揮右翼三軍；女婿柴紹為右領軍府長史（**秘書長**）。

李唐王朝初期的軍事體系可以概括為：李淵自任總司令，李建成和李世民為排名不分先後的副總司令，各自率領一支方面軍，女婿柴紹為李世民方面軍的總參謀長。從這個配置來看，就是一個家族體系。

梳理好軍事指揮體系，安頓好大將軍府的草台班子，李淵的精力又轉到了東突厥身上，因為東突厥是李氏起兵勝負的關鍵。

有些人一再強調晉陽起兵是李世民一個人的功勞，其實失之片面。以晉陽起兵形勢的複雜性，年輕的李世民是應付不了的，李世民不乏銳氣，不缺信心，然而他缺的是人生的經驗和歲月的歷練，因此在晉陽起兵的時候，把握全域的是李淵、運籌帷幄的是李淵、忽悠突厥的是李淵、招降納叛的是李淵、收買人心的是李淵、掩耳盜鐘的主角也是李淵，這些事實是不容抹殺的。

草台班子成立四天之後，李淵接見了一個特殊的客人，這個客人的名字叫康鞘利，官職是東突厥的柱國，身分是東突厥始畢可汗的使節。

康鞘利此行帶來了一千匹戰馬，始畢可汗傳話說隨便挑、隨便選，買多買少李淵自便，另外如果有需要，東突厥願意出兵護送李淵入關。

看著康鞘利帶來的戰馬，聽著始畢可汗的承諾，李淵的大腦開始高速旋轉，五十年來的人生經歷告訴他，天下沒有免費的午餐。

老道的李淵沒有被戰馬擾亂了思緒，也沒有被始畢可汗的承諾沖昏頭腦，他很清楚自己的實力，也很清楚突厥人的真實目的。眼下借重突厥人的實力看起來很輕鬆，然而借人家的是要還的，今天的借貸必然會成為未來的包袱，因此這個包袱絕不能輕易背。

李淵態度謙卑的接見了康鞘利，然後從一千匹戰馬中挑出了五百匹，剩下的五百匹就以囊中羞澀為由拒收了。將領們一看李淵哭窮，不知道李淵葫蘆裡賣的什麼藥。

打發走康鞘利，將領們開始跟李淵抱怨，為什麼不要那五百匹馬呢？我們寧願自己買單。

李淵看著誠懇的將領們，緩緩的解釋了自己的做法：「突厥人有的是馬，而且貪財，如果我們這次買了他們一千匹馬，他們必定馬上送來兩千匹，三千匹，到那時候我們就不用打仗，天天就跟他們販馬玩了。我說我們囊中羞澀，這就絕了他們的念想。另外那五百匹馬你們也不用擔心了，肯定還是咱們的，我跟康鞘利商量過了，那五百匹馬可以分期付款，咱們不用給錢馬先騎著，等有了錢再給。」

聽完李淵的話，將領們紛紛在心裡豎起了大拇指。

處理完一千匹馬的交易，李淵又安排劉文靜上路了，此行的目的是忽悠東突厥出人，不過人不需要多，五百就夠，多了一個都不要。此時的東突厥人就是給李淵充門面的，另外是向劉武周那些人表明：李淵跟東突厥的關係好著呢，就別打晉陽根據地的主意了。

事實證明，李淵的策略相當成功，經過李淵和劉文靜的多次忽悠，總計從東突厥那裡忽悠來五百個人、一千匹馬，不但裝飾了李氏義軍的門面，同時消除了晉陽的後顧之憂。

萬事已經俱備，李淵義軍箭上弦，劍出鞘，大事已在眼前，天下誰與爭鋒！

出征，
李唐大旗高高飄揚

第十三章

散官童子李淵

西元六一七年七月五日，此前在太原窩裡橫的李淵正式出征，出征前一天他任命十五歲的李元吉擔任太原留守，負責看家，而他與李建成和李世民則率領三萬大軍出征，開拓李氏江山基業。

出兵之前，李淵率領三萬士兵高喊口號，宣稱忠於隋室，擁護代王楊侑。

李淵一行先到了西河郡，到西河郡時已經是七月八日，這一天是一個開天闢地的日子，對於西河郡來說，這一天上天給他們派來了一個「散官童子」。

「散官童子」沒聽說過，不都是「散財童子」嗎？

按一般規律來說，世界上常見的是「散財童子」，人人都渴望見到散財童子，李淵在西河郡扮演的就是這樣一個角色，不同的是他不是散財童子，而是散官童子。

這一天，李淵接見了一千多人，在他接待的人中，七十歲以上的一律被授予散官（有官稱無官位），也就是說，只要在西河郡而且是七十歲以上，那麼你就是五品老頭了。

五品老頭有什麼好呢？也沒有什麼實惠，只不過聽著舒坦，以後再見著五品官就不用下跪了。

五品老頭獲得的是心理安慰，而西河郡的青年才俊們獲得的是真正的實惠。只要青年才俊面見了李淵，李淵當場面試，當場任命官職，辦事效率之高天下少見。經過李淵一天不間斷的努力，這一天李淵任命了一千多人。

當然由於創業初期條件非常簡陋，被任命的官員沒有拿到正規的任命狀，而只是拿著李淵手寫的白條就上任了。一時間西河郡內，李淵的白條滿天飛，在路上遇到的人們經常掏出彼此的白條比較一下官職，按照規定官職低的給官職高的敬禮，官職高的給官職低的訓話，總之西河郡上下一片熱火朝天的官場景象。

李淵的任命熱火朝天，裴寂等人看得心驚肉跳，生怕李淵手寫順了手把自己的官職也任命出去，到時人家拿著白條來上任那就鬧笑話了。最後裴寂的官位總算保住了，慶幸之餘就開始提醒李淵：老夥計，您這官職是不是太氾濫了啊！

李淵聽後，不以為然的搖了搖頭，說出了一句讓裴寂佩服終生的話：「創業初期要啥沒啥，不用官職忽悠別人，我還能用什麼忽悠呢？」裴寂仔細一想，也是。草台班子大將軍府一窮二白，全部的積蓄都變成了軍餉和軍糧，不用官職來畫餅充饑，李淵還能拿出什麼呢？

有過這次交流之後，裴寂堅決支持李淵的濫封，因為濫封雖然濫，但至少能省下糧食和軍餉，只要有這些東西，大業終究還是有希望的。

在李淵大肆濫封的第六天，也就是七月十四日，李淵全軍抵達了賈胡堡（山西省汾西縣北），此地南距霍邑（山西省霍州市）五十餘里，此時在霍邑駐紮著一隻攔路虎——虎牙郎將宋老生，宋老生正帶領兩萬人馬在這裡等待著李淵，而左武候大將軍屈突通則駐守河東郡與宋老生交相呼應，他們的任務就是將李淵堵截住，然後分割包圍消滅。

這一天正下著連綿大雨，李淵全軍無法前進只能就地駐紮，然後命人回太原運送一個月的糧草來救濟，全軍只能在連綿的大雨中等待機會，只能等天晴才能有下一步行動了。

李淵正進退兩難的時候，東突厥的使節到了。這個使節是來報喜的，他告訴李淵始畢可汗已經同意了李淵的外交條件，同意出兵五百陪同李淵進軍。

雖然只有五百名突厥兵，但也是來之不易，因為李淵開出的條件其實很屈辱。李淵派劉文靜向始畢可汗表示：願意跟東突厥一起出兵攻打大興，事成之後土地和人民歸李淵，金銀財寶則歸東突厥所有。可以說這是一個相當無恥的條件，還沒進大興就把大興的百姓給賣了，沒辦法，那個年頭老百姓不值錢。

鬥智，忽悠與反忽悠

有了東突厥切實的表態，李淵總算放心了，此時他又開始尋找下一個同盟，找來找去，他在一個人的名字上畫了一個圈，這個人就是李密。

說起來李淵和李密的祖上還是有淵源的，李淵的祖父是李虎，李密的曾祖父是李弼，李虎和李弼都是北周初期的八柱國，兩個人既是同事，也是親密的戰友，不過兩人並不是同宗，雖然都姓李，五百年前也不是一家。李淵的李姓出自隴西郡狄道（甘肅臨洮），而李密的李姓出自遼東襄平（遼寧遼陽）。

現在兩個八竿子打不著的李姓為了造反的大業準備走到一起來，不過由誰當領導卻是一個大問題，李淵覺得自己起兵前級別高，而李密則認為自己的造反資格老。

在賈胡堡的連綿大雨中，李淵給李密寫了一封信，信中召喚李密共同起事，擁護楊侑，共成大業，同享富貴。

接到李淵的召喚，李密頗不以為然，因為此時李密的形勢大好，就在二十多天前他又打了一場大勝仗。在這場戰役中，李密採用了多兵種聯合作戰，在他的陣容中，左邊是騎兵，中間是弓箭兵，右邊是步兵，一路平推過去，隋軍土崩瓦解，李密一舉收服隋軍佔領的洛口倉。

手中擁有洛口倉，有多兵種聯合作戰的陣容，有逐漸積累的造反經驗，各方面李密都比李淵高出一籌。

李密立刻命寫手祖君彥給李淵回信，信中先是很親熱的認李淵為同宗，進而謙虛的表示自己的實力不足，緊接著強調自己已經是盟主了，最後表明態度：我願意跟你一起成就大事，不過是我領導你，而且需要你帶領你的兵馬到我的地盤上當面盟誓。

話說的這個份上，李密的態度已經很明確了。

看完李密的來信，李淵已經能夠想像出李密意滿志得的樣子，以他五十年的人生經驗來看，這個李密八成是成不了事的，因為做人要穩不能狂，狂是沒有好處的。而李密呢，造反大業剛剛上路，表現出的狂妄卻不可阻擋。無論做什麼事都不能狂，造反這個很有前途的事業更不能例外。

看出了李密的狂妄，李淵決定把忽悠進行到底，他做人一向都非常低調，而這一次他準備把低調進行到底，要把李密忽悠得找不著北。

李淵在信中坦誠的說自己出身名門，受朝廷厚恩，此次起兵主要還是為了保護隋室，擁立更值得擁立的人，然而由於已經五十多歲了，不中用了，懇請李密兄弟成功之後拉老哥一把，能把老哥一脈列入皇室的家譜就感恩戴德了。在信的結尾處，李淵還強調「李密」符合神秘的《桃李子》預言，盼望李密早點讓預言成真，最後一句話：我很看好你呦！

什麼是忽悠，這就是忽悠。春風得意的李密不會想到，在這封卑躬屈膝的來信後面，掩蓋的是李淵爭奪天下的雄心。

李密還是太嫩了，當李淵跟隨老狐狸楊堅鞍前馬後時，李密還在撒尿和泥；當李淵在地方呼風喚雨時，李密還在楊廣的儀仗隊裡當大頭兵；當李淵在皇宮內臥薪嘗膽時，李密還在某一個偏僻的山村裡啃樹皮。從人生經驗來看，李淵吃的鹽比李密吃的米多。

李淵的低姿態馬上贏得了李密的信任，當然這個信任也是表面的，能在那個時代成為呼嘯一時的英雄，沒有兩把刷子是不行的。在李淵與李密的相互忽悠中，兩個人都藏著心眼，李淵希望通過忽悠把李密牢牢的拴在洛陽，這樣李密就不會跑到大興與自己爭；而李密想的卻是通過忽悠讓李淵向自己表示臣服，這樣自己的盟主地位就會更有號召力。

通過忽悠，兩個人都達到了目的，李淵向李密表示了臣服，李密也「聽話」的紮根於洛陽周圍，兩人各取所需，各自爭奪自己的天下。儘管在這一刻兩人不分高下，然而就在這一刻之後，兩人面臨的形勢卻是天壤之別，而結局更是天涯之遠。

就在李淵和李密相互忽悠的同時，遠在江都的楊廣發布了一個任命，任命王世充率領江淮精銳部隊會同其他幾支部隊援救洛陽攻擊李密。看似一個簡單的任命，卻在無意間左右了隋唐的歷史走勢。自此之後，紮根洛陽周圍的李密陷入了無邊的混戰，他的對手有洛陽城內的越王楊侗和他的部屬，有遠道而來的王世充聯合軍隊，還有後來想要進入洛陽的宇文化及，李密的軍隊要先後應付三方面的勢力，而李密畢竟只是李密，他沒有呂布以一敵三的能耐。

而李淵呢？他極其明智的選擇了攻擊大興，在大興城內，他的對手只有垂垂老矣的衛文昇和少不更事的代王楊侑，攻擊的難度係數遠遠小於李密，而一旦攻下大興，後續的成功率則是百分之百。

李淵和李密的境遇是隋末歷史走勢的一個縮影，也是兩人戰略眼光的較量，李淵定計大興，李密定計洛陽，這幾百公里的距離有如天與地。

其實兩人還有一個極其重要的區別，那就是李淵的部隊骨幹是整齊劃一聽指揮的正規軍隊，而李密的隊伍則是靠著大米聚合的烏合之眾，以烏合之眾聚眾造反易，奪取天下卻難。

事實上李淵的棋路李密也曾想到過，只不過他的隊伍以大米為黏合劑，離開了洛口倉，幾十萬軍隊立刻分崩離析，到那個時候別說大興，就是近在咫尺的洛陽也是無能為力。說到底，困死李密的不是李淵的忽悠，而是洛口倉的大米，大米讓李密雄心壯志，同時也讓李密鼠目寸光，離開了大米，他寸步難行。

分歧，起兵路上的進退兩難！

雨一直下，沒有停上的意思，李淵和將領們抬頭看看天，臉上是掩飾不住的無奈，因為他們不知道雨什麼時候會停，也不知道下一次行動會是在什麼時候，但他們都知道糧倉裡的糧食已經不多了，這幾天發到手裡的乾糧已經開始缺斤短兩了。手中有糧，心中不慌，沒有糧草的部隊別說打仗，就是打獵都成問題了。

就在大家為糧食發愁時，小道消息又開始傳播，而且說得有鼻子有眼。小道消息說，劉武周準備趁晉陽空虛向晉陽發起進攻。這個消息可是晴天霹靂，晉陽是李淵大軍的基地，糧草全靠晉陽供

應，而將士們的家小也都在晉陽，一旦晉陽失守，後果不堪設想。（**晉陽是太原城的組成部分，并州政府所在地**）

愁眉不展的李淵召集將領們開會，會場上空愁雲不散。裴寂先給李淵分析了目前的形勢：糧食一天比一天少，快見底了；宋老生、屈突通橫亙在前不易攻破；李密雖然結盟但為人狡詐；東突厥雖然號稱出兵但可能出爾反爾；劉武周和東突厥的有聯盟，有可能跟東突厥一起行動。最後總結陳詞：權宜之計，先回救太原，穩定後方。

裴寂喋喋不休的時候，李世民已經有些不耐煩了，心裡暗自叫罵：有朝一日我當家一定廢了你。等到裴寂說完，李世民騰地站起來，一條一條反駁裴寂：「滿地都是莊稼，還用擔心沒有軍糧；宋老生輕率急躁，一戰就能把他擒住；李密儘管狡詐，但是他捨不得洛口倉的糧食，走不遠，不會對我們構成威脅；劉武周和東突厥表面穿一條褲子，實際各懷鬼胎，劉武周就算想襲擊太原，但他也擔心別人抄他的後路。現在最關鍵的是不能回撤，一旦回撤，大軍必定四散崩潰。」李世民斬釘截鐵的說完，李建成當即附和贊成，在一點上，兄弟倆的看法是一致的。

從當時的形勢以及後來的發展看，李世民的分析句句在理，這說明他確實是一個軍事天才，然而這個軍事天才的話並沒有得到李淵的認可，李淵聽從了老搭檔裴寂的話，下令左翼大軍先行返回，右翼大軍伺機回撤。

當天夜裡，左翼大軍開拔，而李世民卻依然不死心。他又來到了李淵的大帳前，試圖說服李淵回心轉意，而侍衛通報李淵已經睡下了，明天一早再來吧。

悲憤的李世民沒有辦法，只能圍著大帳團團轉，最後忍不住放聲大哭，這一哭就驚動了本來就沒睡著的李淵。

聽到兒子痛哭，李淵讓人把李世民叫進了大帳內，父子之間又一次討論撤軍的問題。李世民痛心疾首的跪在李淵面前激動的對李淵說，我們的大軍為大義起事，進攻一定獲勝，後退一定失敗。一旦撤軍，宋老生和屈突通追擊，太原周圍忠於隋室的兵馬堵截，我們必定死無葬身之地。

看著痛哭流涕的李世民，李淵在心中緊張的盤算著，原本撤軍是為了求穩，現在看來撤軍不會穩，反而會更險。一旦全軍崩潰，李氏全族可就等著滅族了。此時李淵突然想到了四年前的楊玄感，楊玄感起義初期如火如荼，後期卻一味求穩，最後導致滅族。看來起義這種事情只能破釜沉舟，有進無退，想要尋求穩妥，反而可能死的更快。

罷！罷！罷！眼下只能一條路走到黑了！

李淵上前扶起正在痛哭的李世民：「事情成敗都在你了，我不多說什麼了，聽你的！」

當夜，李世民和李建成快馬加鞭，追回已經後撤的左翼大軍，全軍統一思想，有進無退，為了正義的擁護隋朝大業堅持到底。

七月二十八日，從太原運來的糧食到了，全軍擺脫了缺糧的困擾，而太原基地也安然無恙，自此吃飽了飯的李淵大軍上下再也不提回撤的事了。

我要當五品老頭

連綿的大雨一直下了十幾天，到八月一日時雨終於停了，天終於放晴了。在雨停後的第二天，李淵下令在陽光下曝晒鎧甲、軍械、武器、衣服。

八月三日，李淵開始進兵，從賈胡堡沿著東南山麓小路一直走到了霍邑城下，在霍邑城內駐紮的正是宋老生，在李淵看來宋老生其實是隻紙老虎。

在長達半個多月的雨天中，處於有利地形的宋老生居然一直沒有出戰，甚至連次象徵性的騷擾都沒有，在李淵看來這就是紙老虎，只敢在原地嚇唬人，卻從來不敢主動出擊。

懷著對宋老生的蔑視，李淵到了霍邑城下，此時的他又產生了一個疑慮：如果宋老生堅守不出戰又該怎麼辦呢？

對於李淵的擔憂，李建成和李世民卻不以為然：「這個很容易，我們先用單薄的兵力引誘他出戰，宋老生有勇無謀肯定會出戰。假如他不出戰，我們就在城下散布謠言，就說宋老生準備跟我們私通，到時宋老生怕被同僚彈劾也會出戰。總之他一定會出來送死。」

聽著兒子們的話，李淵覺得很有道理，宋老生確實沒有頭腦，兒子們的方法或許可以嘗試一下。

李建成和李世民帶領幾十名騎兵到了霍邑城下，指著霍邑城大罵，他們準備罵宋老生的祖宗十八代，結果剛罵了兩代，宋老生就受不了了。一聲令下，三萬兵馬從東門和南門呼嘯而出，凶神惡煞地向李世民和李建成的幾十名騎兵衝了過來。

完成了誘敵出戰的任務，李建成和李世民飛奔回了大營，此時李淵的後續人馬陸續抵達，是先交戰，還是先吃飯成了一個問題。李淵主張全軍先吃飯，吃飽飯才有力氣戰，而李世民卻堅持機不可失，一旦先吃飯，宋老生可能就變卦回城了。

在李世民的堅持下，李淵下令先交戰、後吃飯，打勝了請大家吃大餐，此言一出，大營內歡聲雷動，「吃大餐，吃大餐！」士氣就這樣被激勵了起來。

李淵和李建成在城東列陣，李世民在城南列陣，敵我雙方力量對比基本是一比一，因為原本都是隋軍的戰鬥序列，所以戰鬥力也差不多。

雙方開戰之後，李淵方面有些吃緊，畢竟他們是遠道而來，又在雨中駐紮了將近二十天，而宋老生的部隊則是休整多時，體能上明顯佔優。在宋老生部隊的衝擊下，李淵和李建成稍向後退，形勢非常危急。就在這時，李世民趕過來增援，直撲宋老生的陣地，從背後攻擊。

隨同他一起來的是鷹揚指揮官段志玄，兩個人衝在前面為士兵們做示範，李世民先後砍捲了兩把刀，身上全是血，開始段志玄還以為李世民受了傷，勸李世民撤退，而李世民搖搖頭，甩甩刀上的血：「放心吧，這都不是我的血。」

得，領導說接著砍，就接著砍。

就在李世民已經累得抬不起手臂時，李淵陣營中有個聰明的傢伙歇斯底里的大喊了一句：「已經活捉宋老生了！」一聲大喊之後，整個戰場陷入了瞬間的沉靜，而瞬間沉靜之後，戰場又如同砸了鍋，所有的人都在奔跑，三萬隋軍在前面跑，三萬義軍在後面追，仗已經沒法打了，隋軍的信心已經崩潰。

宋老生此時正在陣中，一看兵敗如山倒，已經無法控制了。本來宋老生還想站到高處大喊一聲：「我在這呢，剛才那人是在造謠！」可轉念一想，李淵可是神射手，一旦自己登高一呼，那肯定就成了他的肉靶子，想想還是算了吧，跑吧，逃命要緊。

然而已經來不及了，隋軍崩潰之後，李淵的軍隊直撲城門，反應敏捷的城內守軍在這危急的時刻馬上關閉了城門。就在城上守軍暗自慶幸的時候，他們卻發現大事不好，原來主將宋老生還活著，而且就在城門之外。

就在城內守軍還在猶豫開不開城門時，宋老生極其低調的下了戰馬，跳入護城壕溝，只要過了壕溝，城下面扔下一條繩索，他就算虎口脫險了。

宋老生百般算計還是漏算了一步，他沒有想到他的背後有人，而且這個人的速度比他快。

就在宋老生已經躍上壕溝尋找繩索時，比他速度還快的劉弘基趕了上來。宋老生還在東張西望時，劉弘基不打招呼，一刀砍了下來。宋老生尋覓了半天沒有找到繩索，卻等來了兜頭一刀。

宋老生死了，以頭為證，城內外的隋軍都嚇破了膽，而李淵的大軍卻砸了鍋，山呼海嘯的叫喊：「吃大餐，吃大餐！」

李淵帥旗一指：「攻城！攻下此城，城內吃大餐！」

饑腸轆轆的義軍士兵開始攻城，在他們眼裡，城上的隋軍就是他們的包子。儘管沒有攻城工具，然而這也沒有難住想吃飯的義軍，夠不著城牆就拼命地跳，再不夠高就搭人梯，幾輪反覆之後，霍邑城終於攻下了，饑餓的義軍終於吃到了夢想中的大餐。

攻進了霍邑城，李淵開始論功行賞，當場兌現。當時有人提出士兵中有人以前是奴僕的身分，這些人是不是就不用賞了呢？聽了這個提議，李淵當場大發雷霆：「什麼話！衝鋒陷陣的時候飛石和流箭齊下，石頭和箭頭認識你是奴僕還是貴族嗎？」一句話把全軍說得眼淚汪汪：「還是李大人知道尊重人啊！」

賞完自己人，李淵開始重複西河郡濫封的故事。

在霍邑城內，李淵又任命了一大批五品老頭，大批青年才俊揣著李淵的白條走上了領導崗位，另外一大批青年才俊則加入了李淵的義軍。而成為俘虜的隋軍也得到了寬大處理，想要參加義軍的，歡迎；家在關中想要回家的，歡送，臨走還給個五品散官的白條，回到關中即使是種田，你也是五品農民了。

可以說霍邑完全複製了西河郡的故事，然而效果卻非常好，無論是西河郡還是霍邑都在稱頌李淵的恩德，而那些還沒有得到濫封的郡則產生了期待：「什麼時候李淵到我們這裡呢？什麼時候我也能當個五品老頭呢？」

一邊是糧食，一邊是婚姻

就在李淵不停攻城掠地的同時，李密也沒有閒著，他也在不停的招降納叛。這一年九月五日武陽郡（河北省大名縣）郡丞元寶藏獻出郡城投降李密，被任命為上柱國，封武陽公。

按照一般的程序，元寶藏讓自己的賓客給李密寫了一封感謝信，這封信寫得洋洋灑灑，很有文采，讓李密看得如癡如醉，李密索性寫了一封信：「老元啊，把幫你寫這封信的這個人給我吧！」

既然領導喜歡，那就拿去吧。元寶藏火速安排這位賓客到李密的總部報到，這個賓客報到之後迅速被任命為元帥府文學參軍、掌記事（**總記錄官**），一天之內從一個蹭飯吃的賓客變成了李密跟前的紅人，看來這個賓客實在不簡單。

這個賓客確實不簡單，在唐朝聲名顯赫，在後世影響深遠，這個賓客就是唐太宗的那面鏡子——鄉巴佬魏徵。

魏徵從小喪父，家中貧寒卻喜歡讀書，雖然胸懷大志，卻被周圍的人當成怪人，主要是他常不按常理出牌，家裡窮得叮噹響他也不在乎，成天都琢磨一些奇怪的東西，而且絲毫不管別人怎麼看待。本著精神層面的追求，他早年間還當過道士，後來覺得當道士沒前途，這才又出來混了個差事，給元寶藏當賓客，負責文書工作。平常為元寶藏整理文件，寫寫信，結果給李密寫的那封感謝信讓李密看中了他的文采，從此小文書魏徵就站到了歷史舞臺的正中央。

應該說李密這個人還是很有眼光，說他能從一封感謝信中挖掘出魏徵；然而李密又是沒有遠見的，日後魏徵為李密設計了「守株待兔、以逸待勞」的計策，結果李密沒有採納反而貿然出擊，最終輸掉了爭奪天下的資本。

收編完魏徵，李密又在打黎陽倉的主意，而為他提出這個策劃的正是徐世勣。

在徐世勣看來，黎陽倉是比洛口倉更大的糧倉，也是爭奪天下更大的資本，因此主張李密奪取黎陽倉，只要有了黎陽倉，兵就會越來越多，勢力就會越來越大。

聽完徐世勣的提議，李密在心中飛速地盤算了一下，決定馬上執行「黎陽倉計畫」。李密派徐世勣率領五千人馬，自河南陽原縣西南的原武鎮渡過黃河，會同元寶藏等共同攻擊黎陽倉，結果只稍遇抵抗就輕鬆攻克。

攻克黎陽倉之後，李密的人馬據守設防，同時大開倉門任附近的饑民隨意搬運，願意留下參軍的人糧食管夠。這樣十幾天的時間，李密的帳下又多了二十萬人馬，勢力又得到了進一步的壯大。

然而就在李密沾沾自喜時，泰山道士徐洪客的來信讓李密陷入沉思之中。道士在信中說：「幾十萬士兵長久聚集在一起，糧食才是他們的黏合劑。到最後糧食吃完了，隊伍也就散了。即使有留下來的也會厭惡戰爭，難堪大用。現在士兵們還有銳氣，為什麼不能順運河東下，直撲江都，活捉暴君號令天下呢？」

道士的話深深地敲打著李密的心坎，李密很想與他當面交談，隨後李密極有誠意的邀請道士，然而道士卻始終沒有露面。終其一生，李密沒能見到這個有見解的道士，而這個道士徐洪客只給歷史留下了這樣的一封信，再也沒有留下任何蹤跡。

李淵用封官許願收買人心，李密用糧食聚合人氣，而皇帝楊廣卻用婚姻維持日劇下降的人氣。原來隨同楊廣到江都的大多數驍果勇士來自關中，家屬也都在關中，已經結婚的想念遠在關中的家小，而沒有結婚的則在思念家鄉的未婚妻或者女友，如此一來逃亡就擋不住了，經常會有三五一夥的驍果衛士逃跑回關中，而逃跑的人數多了之後，終於驚動了皇帝楊廣。

皇帝楊廣趕忙讓裴矩想對策，裴矩想了一想說了兩個字，「配婚」。

裴矩為皇帝分析：「驍果衛士的老家大都在關中，如果是單身的就更思念家鄉，這都是人之常情。但如果讓他們在本地成婚，那麼他們的心可能就定下來了，逃亡也就不會發生了。」

楊廣一想很有道理，不就是給驍果衛士配婚嗎？這個還不簡單，一道詔書就解決了。

楊廣說幹就幹，隨即下令，著江都郡境內真心想結婚的寡婦、大姑娘以及想還俗的尼姑，即日起到江都行宮前集合，供驍果衛士進行速配，速配成功後即日成婚。另外強調，如果原本既有驍果衛士與駐地姑娘、寡婦或者尼姑談戀愛的，只要向組織坦白即視為速配成功，准予正式結婚。

詔令公布之後，驍果衛士歡聲雷動，江都郡內的大姑娘、寡婦和想還俗的尼姑也歡呼雀躍，

「終於有機會嫁給驍果衛士了」，無疑皇帝楊廣做了一件大好事。

然而，楊廣沒有想到的是，即使配婚也沒有鎖住驍果衛士的心，在配婚熱乎勁過去之後，驍果衛士對家鄉的思念與日俱增，思念恰如春草，更行更遠還生！

西元六一七年九月，李淵、李密、楊廣三個隋朝的中年男人正在做著各自的事情，目標只有一個：天下。李淵靠的是濫封，李密靠的是大米，楊廣靠的是婚姻。然而從成績來看，李淵優秀，李密及格，楊廣卻是扎眼的不及格。

隋朝的三個男人，走在歷史的三岔口上。

李淵的變通

從八月三日攻下霍邑郡之後，李淵的好消息不斷。

先是劉文靜終於帶著突厥的五百名士兵、兩千匹戰馬趕上了大部隊，這就意味著與東突厥的戰略合作夥伴關係正式形成，太原基地暫無後顧之憂。各地來投效的人越來越多，附近起義軍首領也紛紛歸附，孫華是其中最大的一支。

而在黃河沿岸，來投效李淵的也非常多，這些人還主動貢獻船舶，每天數以百計，沒幾天的工夫，這些船就夠組成一支無敵艦隊了，李淵索性趁熱打鐵，李氏水軍宣告成立。

好消息雖然不斷，李淵依然保持著清醒的頭腦，他知道雖然宋老生已經解決了，但是另一隻攔路虎屈突通還在。

屈突通這個人性格倔強，執法嚴格，跟弟弟屈突蓋是隋朝兩大硬茬。當時有一段順口溜說的就是這哥倆：「寧食三斗艾，不見屈突蓋。寧服三斗蔥，不見屈突通。」

然而在李淵看來，現在的屈突通已經不比當年了，自己近在咫尺，而屈突通卻不敢主動進攻，這說明他已經沒有了當年的銳氣，另外屈突通對部隊的控制可能也不如從前了，這樣李淵的機會就來了。

李淵叫來左統軍王長諧，與王長諧約定分兩路進攻屈突通據守的河東郡。如果王長諧約戰，屈突通怕背「臨陣畏敵」的黑鍋一定會出戰，到時候李淵就直撲河東郡抄屈突通的老窩；如果屈突通堅守不戰，那麼王長諧就拆掉蒲津橋，阻斷屈突通過黃河的退路，而李淵依舊攻擊河東郡，困獸屈突通一定會被活捉。

戰事確實按李淵的預想發展，屈突通果然派出部將桑顯和攻擊王長諧的大營，幸虧有孫華等人抄了桑顯和的後路，不然王長諧這一路就算報銷了。

孫華一包抄，桑顯和的部隊頓時潰亂，一路狂奔逃回了河東郡。本來孫華準備一鼓作氣拆毀蒲津橋，結果到蒲津橋一看，不用動手了，人家桑顯和已經把活幹了，剛才撤退的時候桑顯和順手把蒲津橋的繩索給砍了。看來屈突通那邊已經做好了固守的準備。

伴隨著王長諧的勝利，李淵揮軍到了河東城下，將河東郡團團圍住，出乎李淵意料的是，屈突通倒是不慌不忙，從容登城固守，倒像是早就等著李淵來包圍。

現在難題出來了，面對屈突通這個刺蝟，到底下口還是不下口呢？如果下口，很有可能被這隻刺蝟扎住，而且一扎就是好幾個月；如果不下口撤圍而去，那麼這隻刺蝟很可能尾隨李淵趁機亂咬。

對於下口還是不下口，李淵的部將們也分成了兩派，一派主張寧可冒著被扎的危險也要馬上下口，一派則主張繞過河東直取大興。當然還有一派就是兩面派，看哪派贏了他就跟哪派走，無疑這一派其實是大多數。

主張下口的代表人物是裴寂，他認為必須馬上解決屈突通，不然一旦繞開河東郡，屈突通必會一路尾隨，到時大興城內守軍跟屈突通裡應外合，李淵大軍就成了餃子餡。

而主張甩開屈突通的代表是李世民，他認為屈突通的目的在於自守巢穴，目光短淺，絕不敢從背後襲擊義軍，而今之計兵貴神速，必須乘勝進攻大興，沿途召集各路起義軍，如果困在河東城下，大好的機會將一一錯過。

從軍事角度而言，裴寂和李世民都有道理，他們都從各自的角度考慮了問題，現在皮球又踢回給了李淵，該是他最後拍板的時候了。

李淵不愧是老奸巨猾的平衡高手，他同時採納了兩種意見。留下一部分將領繼續圍困河東纏住屈突通，而自己則親率大軍直撲大興，結果證明兩手抓策略非常成功。相比之下，李密的策略就相形見絀了，李密只能固守一條路實行一手抓策略。

歷史是最好的審判官，後來的事實證明李淵的決定是正確的。李淵親率大軍直撲大興，沿途投降的城市接二連三，蒲津、中潬、華陰三座城市先後歸順，而首都大興下屬的各縣也紛紛派來使節向李淵表示歸順的誠意。至此首都大興已經成為一座孤城，而通往大興的路則成了李淵的自由通道。

匯流，天下歸心

繞過了河東郡，李淵前方一片坦途，九月十六日李淵抵達了朝邑（陝西大荔縣東），在這裡又發生了與西河郡、霍邑同樣的故事。一天之內，朝邑又多了一批五品老頭和揣著李淵白條上任的人，而投奔李淵的人還是源源不斷，從四面八方趕來。

九月十八日，李淵做出部署，派李建成、劉文靜、王長諧率軍數萬人進駐永豐倉，把守潼關，防範從東方過來的隋軍；李世民帶領劉弘基、殷開山等人前往渭水以北攻城掠地。

此時三個在唐朝留下大名的人出現了，他們分別是冠氏縣令于志寧，安養縣尉顏師古，李世民的大舅子長孫無忌。這三個人一同拜見了李淵，拿到了三張白條。于志寧任記室（**記錄官**），顏師古任朝散大夫（**從五品**），長孫無忌跟隨李世民任渭北行軍典簽（**渭北大軍司令部收發室主任**）。

一切剛安排妥當，李淵的一個老朋友尾隨而至，這個老朋友的名字叫屈突通。

屈突通得知李淵已經渡過黃河到達朝邑之後，馬上命令副將堯君素兼任河東郡副郡長防守河東郡城，而自己親率數萬大軍增援大興。令屈突通沒有想到的是，這一任命成就了堯君素的忠誠，卻映襯了自己的渺小，日後已經投降李淵的屈突通返身回來遊說堯君素，卻遭到了堯君素的斥責。儘管堯君素最後也沒有保住河東郡，但至少他與河東郡共存亡，屈突通說到沒有做到的事情，堯君素做到了。什麼是差距？這就是差距。

屈突通一路追擊到了潼關，眼看過了潼關就可以直通大興，然而他也遭遇了攔路虎，這隻攔路虎的名字叫劉文靜。潼關這個地方易守難攻，屈突通只能對著劉文靜望城興歎。

本來屈突通打算投奔駐紮潼關都尉南城的守將劉綱，結果到了南城之後發現自己又來晚了，李淵部將王長諧已經早早斬殺劉綱駐紮在南城了。其實屈突通想進南城也可以，不過前提是繳械投降當俘虜。不願當俘虜的屈突通只能掉頭再奔北城，暫時駐紮在孤立無援的都尉北城，與王長諧、劉文靜遙遙相望。

在這期間，來拜見李淵的人數以萬計，此時他又迎來了幾股生力軍，分別是堂弟李神通的隊伍，女兒（**後來被封為平陽昭公主**）的隊伍，以及女婿段綸的隊伍（**段綸是前兵部尚書段文振的兒子**）。

這三支隊伍中最神奇的當屬平陽公主的部隊，這支部隊是平陽公主一手組建起來的。當初李淵派人召喚柴紹到晉陽報到，柴紹交代平陽公主：「你爹要造反了，你趕緊撤丫子跑吧！」而平陽公主絲毫沒有慌亂，反而安慰丈夫：「你就安心上路吧，別管我，我一個女人好辦。」

柴紹奔赴晉陽之後，平陽公主立刻變賣家產，逃亡山林之中，聚集部眾，對遠近的起義軍召喚拉攏，漸漸地部眾越來越多。此時一個叫何潘仁的人進入了平陽公主的視線，這個人也有一些部眾，在平陽公主看來，這個人可以為己所用。

說起來何潘仁這個人有點意思，他本來是外國商人，是到隋朝經商的。後來天下大亂，何潘仁用商人敏銳的頭腦發現造反的利潤比經商高得多，因此就義無反顧的拉起隊伍，集合了數萬人，幹起了無本買賣——打家劫舍。何潘仁跟一般的起義軍首領不一樣，他尊重知識份子，他的秘書就不是一般人，而是尚書右丞李綱。讓國務院事務秘書長做自己的秘書，何潘仁的譜真夠大的。

不過何潘仁這個人的眼光還是很獨到，當平陽公主派家奴馬三寶前來遊說時，他馬上就動了心。他知道平陽公主本身不簡單，而平陽公主背後的老爹李淵更不簡單。因此馬上服從命令聽從指揮，跟隨馬三寶一起按照平陽公主的指令投入李神通的帳下。一個專門利己的外國人從此成了李氏大軍的重要將領，看來造反也是沒有國界的。

在平陽公主等人向李淵報到之後，李淵命令平陽公主率軍前往渭北與李世民會師，在這裡平陽公主見到了弟弟李世民，也見到了老公柴紹。按照一般的做法，平陽公主該把自己的部隊交給老公柴紹了，然而平陽公主卻不這麼做，自己親率精銳一萬多人與丈夫柴紹各自設立總部。平陽公主的總部有一個響亮的名字，「娘子軍」。

在各路人馬奔流匯入李淵大海的同時，李世民也在彙聚著自己的江河，在渭北征戰過程中，只要遇上有才幹的人，他就收入自己的帳下，儘管不能像老爹李淵那樣打白條，但李世民用自己的真誠籠絡著這些將來必定有用的人才。

在李世民收攏的這些人才中，有一個人是主動送上門的，他在十七年前跟老爹說過隋朝一定會滅亡，這個人在中國歷史上留下了響亮的名字——房玄齡。

房玄齡時任隰縣（山西汾陽縣）縣尉，聽說李世民禮賢下士，因此就自己到李世民的大營外叩門請見。兩人見面一交談，李世民當即意識到這是一個不可多得的人才，而房玄齡也把李世民當成了不可多得的潛力股。兩人一見如故，自此房玄齡成為李世民的記室參軍（軍事參謀），開始了為李世民的打工生涯。

李氏大軍聚攏到現在，已經有了二十萬人的規模，以這二十萬人進行改朝換代，或許已經足夠了。

中國歷史的朝代興亡還是有著一定的規律，一般都是舊王朝滋生了自己的掘墓人（元朝和清朝的建立除外）。此時在李淵大軍中的骨幹力量都是隋朝的各階層官員，這些人生於隋朝、長於隋朝、吃隋朝的米，卻造起了隋朝的反。歷史就是這樣殘酷，舊王朝總是在不經意間培養了自己的掘墓人。

李淵大軍從上到下，隋朝官員遍布其中。李淵最高官職曾擔任禁軍大將軍，裴寂、劉文靜也是地方官員，段綸則是前兵部尚書段文振之子，丘師利、丘行恭則是隋朝交趾郡長丘和之子，房玄齡的父親房彥謙也是隋室的官員。

人心向背，王朝興替，皇帝楊廣怎麼也不會想到僅僅十幾年的時間他就失掉了天下民心，遠在江都的他不會想到當他還在處心積慮的為王朝拆東牆補西牆的時候，他的老實表哥李淵已經屯兵到了大興城下，只要一聲令下大興就成了李淵的鐵桶。

九月二十七日，李世民派人向李淵請示合圍大興的日期，與此同時李淵得到消息，屈突通已經悄然率軍東去，潼關警報就此解除，再無後顧之憂。

興奮中的李淵沉思了片刻，他知道合圍的這一天遲早會來，但從沒有想到居然是如此之快。以前的他總以為通往大興的門是緊閉的，然而一路走來他卻發現，原來通往大興的門一直是虛掩的。

歷史上的改朝換代總是有些無法解釋的現象，為什麼改朝換代的一方看似勢力貧弱卻能成功？為什麼隋朝上百萬的軍隊都不能撲滅李淵的星星之火呢？其實這一切不外乎三個原因。

第一個原因是隋朝的上百萬軍隊看似眾多，卻因為中國的地大物博給攤薄了，天下大亂，政令不通，部隊就無法大規模集中，因此與李淵對陣的不是整體的一百萬，而是零散的數萬人的小部隊。

第二個原因是人心的向背，一旦人心背離，數十萬的軍隊也會土崩瓦解。

第三個原因「此消彼長」，被打敗的隋軍迅速又被集中起來，相同的人馬，不同的旗幟，自此隋軍變義軍，隋軍消亡，義軍增長。

此消彼長，人心向背，遠望大興城的李淵知道合圍的時候到了，拿下大興，天下從此落入自己的手中。

十月十四日，李淵下令各軍圍城，此時距離晉陽起兵僅僅五個月的時間。

大興，大興

李淵一聲令下，大興城就變成了鐵桶，桶的裡面是大興城，桶的外面是李淵的二十萬軍隊。在合圍之前，李淵命人向大興的守軍解釋：此次遠道而來不是為了攻城，而是為了更好的擁護隋朝政府，當然這些都是騙人的鬼話，自然是沒有人信的。然而謊話終究是謊話，如今要想拿下大興城靠謊話是不行了，還得靠實戰。

李淵來勢洶洶，大興城內兵荒馬亂，此時的大興城內已經沒有了主心骨，因為原來的主心骨刑部尚書衛文昇已經在一個月前病倒了，臥病在床，不能執行公務。

沒有了衛文昇，代王楊侑只能委派左翊衛將軍陰世師與京兆郡丞骨儀以代王的名義登城據守，然而這兩個人跟衛文昇相比能力不足、威望不足，想要靠這兩個人力挽狂瀾基本不可能。

大興城內的楊侑如坐針氈，叫天不應、叫地不靈，二十萬大軍圍城，數萬守軍守城，城內人心思變，城外孤立無援，如果皇帝楊廣在還可以下詔號令天下勤王，而楊侑呢，教一個十幾歲的孩子如何獨立面對喪亂的危局？

大興城在僵持了二十多天後還是沒有保住。

十月十四日李淵下令圍城，十月二十七日李淵下達總攻令。在攻城之前李淵強調，不准冒犯隋室七廟，不准冒犯代王和其他皇室成員，如有違背屠滅三族。

攻城開始之後，李淵新歸屬的部將孫華衝到了最前面，結果很不幸，一支流箭飛來正中孫華將軍，孫華將軍就此倒下，沒有看到大興城解放的那一天。

攻城一直持續了十三天，十一月九日，李建成的部下軍頭雷永吉把自己的名字刻在了史書上。這一天，雷永吉率先爬上城牆攻入了大興城內，大興城自此告破。

李淵大軍一路殺進了太子宮，此時太子宮的部屬已經紛紛逃跑，只有侍讀姚思廉還陪在楊侑的身邊。李淵的士兵衝進了大殿，正要衝向楊侑時卻被姚思廉大喝一聲：「唐公舉義兵，匡帝室，卿等毋得無禮！」

姚思廉一聲大喝鎮住了沖昏了頭腦的士兵，也保住了楊侑最後的尊嚴，實際上在場的人都知道，「李淵擁護隋室」只是裝大尾巴狼的口號，只是誰也不願意去捅破。

聽說楊侑就在太子宮內，李淵馬上趕來迎接，絲毫沒有擺自己姨姥爺的譜，反而非常誠懇的給楊侑行大禮。行完禮後，姚思廉扶著楊侑一直到了大興後殿，再往前姚思廉進不去了，只能就此告別，流淚哭泣，叩拜而去。

家貧出孝子，國難見忠臣，在喪亂的動盪時刻，別人紛紛逃亡，只有這個普通的侍讀還堅守在自己的崗位上。他用最後的機靈為皇室保住了象徵性的尊嚴，然而他知道能為隋室做的只有這麼多。

安頓完楊侑，李淵住進了長樂宮，宣布撤銷隋政府的所有嚴酷法令，頒布臨時約法十二條。處理完公事，該處理點私事了，李淵的私事就是報仇。

儘管史書上說李淵這個人性格豁達，但是具體到私事上他還是睚眥必報。此次他復仇的對象是左翊衛將軍陰世師，京兆郡丞骨儀等十幾人，這十幾人怎麼得罪李淵了呢？

原來在李淵起兵之後，衛文昇等人得到了消息於是就派人挖了李淵家的祖墳，毀了李家的家廟，讓李家享受了跟當年楊素一樣的待遇。現在帶頭的衛文昇已經病死，那麼剩下陰世師、骨儀這些核心成員就得接受李淵的報復了。

其實李淵的仇不僅僅是祖墳被挖，還有一個殺子之恨。當時他起兵後，遺落在河東的兒子李智雲就被綁送到了大興，代王楊侑下令衛文昇等人處死了李智雲。現在舊仇新恨一塊算，陰世師這些人在劫難逃。

陰世師和骨儀算得上是隋朝的好官良將，陰世師忠厚，骨儀清廉，只可惜他們所在的位置得罪了李淵，因此只能以身殉國。

猛人李靖

儘管李淵睚眥必報，但還是有猛人能躲過李淵的屠刀，這個人就是日後的衛國公李靖。

李靖本名藥師，從名字上看，他小時候的理想是當個道士。事實上他確實對道教很有研究，世傳他精通占卜之術，能夠呼風喚雨，這都是因為他曾經研究過道術的緣故。

李靖少有盛名，既有文才也有武略，性格也頗為自負。常對朋友說，大丈夫立世，倘能遇到知遇之主，時會相湊，就當立功名以取富貴，何必學儒人斤斤於辭章造句。這種抱負有點像躬耕於南陽的諸葛亮，看來有才的人都有點狂。

對於李靖的才氣，當時很多人都很欣賞，他的舅舅名將韓擒虎曾經摸著他的腦袋說：「當今之世，可以談大軍戰略的，只有這個孩子了。」一向自視甚高的司空楊素曾經指著自己的位子對李靖說：「將來你必坐此位。」

這麼有才的李靖是如何與李淵結仇的呢？起因是李靖的一次自費告狀。

當年李靖在馬邑郡擔任郡丞，而李淵擔任太原留守。李靖對李淵早已聞名，因此格外關注李淵的動態。隨著李淵的反意越來越濃，李靖已經察覺出來，無奈自身能力有限，只能走上遠赴大興告密的道路。

要說李靖這次告密也不容易，先是偽裝成囚徒坐囚車出了李淵的管轄範圍，然後一路小跑到了大興。到大興彙報完畢之後又準備下江都當面向楊廣彙報，結果道路不通，只能滯留大興城內，順便幫助大興守軍守城。大興城破，李靖就成了俘虜，李淵一盤點，呀，這個人也在啊，那就湊個數，跟陰世師他們一起斬了！

就這樣李靖與陰世師一起被押上了刑場，如果沒有奇蹟發生，等待他的必定是兜頭一刀。

刀一次一次落下，前面已經砍了幾個，奇蹟還是沒有發生。

既然沒有奇蹟只能自己製造奇蹟了，輪到李靖時，李靖衝著李淵大喊了一聲：「公興義兵，欲平暴亂，乃以私怨殺壯士乎！」這一幕是不是特別眼熟呢？沒錯，當年韓信也曾經有過這樣一聲高喊，後來就有了點兵多多益善的韓大將軍。在李靖之後還有一個人有過這樣一聲高喊，這個人就是安祿山，不過跟韓信的「多多益善」不同，他給歷史留下的是「安史之亂」。

李靖一聲大呼，驚動了正在看行刑的李淵，李淵在心裡暗自為他叫了一聲好，不過叫過好之後，李淵又猶豫了，這個人到底留還是不留呢？

李淵正猶豫的時候，李世民來了，他早就聽說過李靖的大名，他也知道一旦自己把李靖從刀口下拖出來，那麼以後這個人的命就是自己的了。

盤算完畢，李世民大喊一聲「刀下留人」，然後去跟父親李淵求情。經過李世民的求情，李淵做個順水人情把李靖交給了李世民，從此「刀下冤鬼」李靖搖身一變就成了李世民的死黨，再後來就成了青史留名的衛國公。

李淵向左，李密向右

第十四章

原地踏步的李密

在西元六一七年九月，李淵、李密、楊廣三個隋朝的中年男人正在做著各自的事情，與此同時他們也走到了歷史的三岔口。

在李淵進軍大興的同時，李密也沒有閒著，他也試圖向自己的目標洛陽進發，然而與李淵的一片坦途不同，李密面臨的卻是步步雷區，苦戰了幾個月，李密依然原地踏步。

西元六一七年九月十一日，越王楊侗派虎賁郎將劉長恭等率洛陽守軍出城與王世充的聯合部隊會合，大家合兵一處，兵力總計十萬人，與李密隔著洛水對峙。同時皇帝楊廣下令洛陽聯軍由王世充節制，自此洛陽混戰就成了王世充與李密兩個人的交戰。

說起來兩個人還有點淵源，這兩個人居然還是同門師兄弟，因為他們有一個共同的老師——徐文遠。對於這兩個學生，徐文遠老師這樣評價的：「李密是正人君子，有包容的雅量，王世充乃一卑鄙小人，對故友舊人照樣下手，我不敢冒犯。」

就是這樣的一個卑鄙小人，卻得到了皇帝楊廣的無限信任。皇帝楊廣怎麼也不會想到這個無比信任的王世充也會背叛他的王朝。在楊廣的計畫中，他把王世充當成高手派給楊侗，然而他沒有想到，王世充還有另外一個身分：皇家殺手。

王世充來了，十萬大軍也來了，李密的麻煩真的來了。從此李密與王世充陷入到混戰之中，沒有人說得清楚他們的交戰細節。《略記》中記載王世充攻擊李密所向無敵，沒有一次不勝利。《蒲山公傳》記載凡三十餘戰王世充大多失敗。《河洛記》記載四十餘戰王世充沒有勝績。最後我們也弄不清到底誰的戰績好，我們只知道王世充與李密誰也沒能消滅對方，對峙一直在延續。

十月二十五日，李淵已經完成了對大興的包圍，而李密還在跟王世充混戰。這一天夜裡，王世充在夜色的掩護之下渡過洛水，進駐到黑石（河南鞏縣南）。第二天，王世充留下一部分部隊守衛大營，自己親率精兵在洛水北岸列陣。李密聽到王世充出戰當然是求之不得，馬上率領自己的兵馬渡過洛水迎戰，然而這一次李密失算了。在他渡河渡到一半時，王世充開始進攻，這在兵法上就叫「半渡擊之」。這一仗李密損失慘重，高級參謀柴孝和也落水身亡。

李密一看不好，只能帶領騎兵南渡過了洛水，命令其他殘餘部隊撤退到月城（**洛口倉附近新築的偃月城**），而自己帶領騎兵保持機動，然而正是保持機動的騎兵讓李密轉危為安。

王世充大軍一路追擊到了李密屯兵的月城，將月城團團圍住，只要假以時間，月城必破無疑。此時李密即使想從周邊援救也不可能，因為王世充的兵實在太多了，李密根本衝不破王世充的包圍圈。

怎麼辦？難道眼看著王世充攻佔月城？

李密盤算了一下，瞬間想到了一個辦法，不過這個辦法也有點冒險。

李密率領騎兵直撲王世充的黑石大營，騎兵反覆衝擊，黑石大營的士兵恐怕大營失守，一連燃起六柱烽火向王世充告急。看著熊熊燃燒的烽火，王世充歎了一口氣，只能草草收兵，原來李密用的是「圍魏救趙」！

就在王世充狼狽回軍的同時，李密帶領騎兵們又給王世充紮好了口袋，當王世充依計劃進入口袋時，李密又給了王世充迎頭一擊，殺了王世充三千多士兵。

經此一戰，王世充緊閉營門，拒不出戰。

就在王世充情緒低落時，越王楊侗的使節來了，楊侗向王世充表達了洛陽全體同仁的關愛和支持，雖然嘴上沒說，但慰問的潛臺詞在說：老王，什麼時候再戰呢？

到這個時候再不出戰，那就太沒臉了，王世充心一橫給李密發了一封信：來，接著打！

西元六一七年十一月九日，在李淵大軍成功攻佔大興的這一天，李密與王世充又進行了一場大戰，這場大戰讓李密一度看到了進駐洛陽的曙光。

這一天王世充與李密在夾石子河（河南鞏縣東南洛水支流）列陣交戰，李密的營壘南北相連十餘里。這一戰依然由翟讓打前鋒。一如慣例，翟讓進攻不利向後撤退。王世充以為遇到了軟柿子，驅動兵馬追擊，這一追擊又進入了李密的口袋。王世充正追擊時，王伯當和裴仁基從兩旁橫切而入，王世充後軍被隔斷，與前面的部隊無法呼應。此時李密親率中軍主力直撲王世充，王世充大軍又亂成一團。大軍被切成兩段分割包圍，王世充的命令根本沒有人聽，只能率領騎兵衝破包圍圈，一路向西逃竄。

經此一戰，李密全軍信心大增，全軍上下一片樂觀，進駐洛陽指日可待，屆時當可以與大興的李淵一較短長。然而僅僅在兩天之後，意外發生了，李密期待的曙光瞬間消失，再也沒有出現。

內訌，無法治癒的絕症

對於農民起義來說什麼是絕症？內訌！

現在李密和翟讓也走到了內訌的邊緣，如果沒有十一月九日的那一場大勝，或許內訌還不會來得如此之快。然而正是十一月九日的那一場大勝讓李密下定了最後的決心，在他看來洛陽已在眼前，他不能跟一個與自己不和的人分享勝利的果實，畢竟勝利的桃子只能由自己來摘，不容別人沾手。這個人就是翟讓。

投奔翟讓以來，李密和翟讓曾經一起走過火紅的日子，在那段時間裡他們兄弟同心，所向披靡，隊伍也一天天壯大起來。攻佔洛口倉之後，李密和翟讓的隊伍如日中天，而素有容人之量的翟讓也心甘情願的當起了李密的下屬，西元六一七年二月十九日，經翟讓提議李密被推舉為盟主，尊稱魏公，而翟讓則成了他手下的上柱國、司徒。

儘管在李密和翟讓本人看來，兩個人位置的更迭其實很正常，然而在別人看來卻有些不正常，而翟讓的嫡系更是不能理解，為什麼老革命翟讓要讓位給李密這個空降兵呢？

翟讓的司馬叫王儒信，這個人一直有著自己的小算盤，在他看來，如果翟讓能壓過李密，那麼自己的地位也會水漲船高，如果翟讓始終處在李密的下面，那麼自己恐怕再無出頭之日。在小算盤的驅使下，王儒信一直鼓動翟讓自任大塚宰（**國務院總理**），剝奪李密的大權。然而每當王儒信提起時，翟讓都會笑著搖搖頭，然後不讓王儒信再提。就這樣王儒信的計畫始終沒有成功，然而這一切都悄悄的傳進了李密的耳朵裡。

勸翟讓奪權的人不止王儒信，翟讓的哥哥、柱國、滎陽公翟弘也是王儒信的同道。在他看來翟讓簡直不可理喻，哪有把權柄往外讓的，因此他經常跟翟讓吵鬧：「天子汝當自為，奈何與人！汝不為者，我當為之！」然而這僅僅是吵吵，這些粗人什麼事都不放在心上，然而心思縝密的李密卻把這一切都記到了心裡。

如果僅僅是這些話語也就罷了，問題是翟讓的粗暴性格讓他得罪了太多的人，而更不幸的是，痛恨他的人恰恰圍繞在李密的身邊。

翟讓得罪的關鍵人物總計有四人，總管崔世樞、記室邢義期、左長史房彥藻、左司馬鄭頲。

總管崔世樞在起義初期投奔的是李密，不過翟讓聽說崔世樞很有油水就把他弄到了自己私宅拘押了起來，責令崔世樞吐出銀子為自己贖身。崔世樞把能找的錢都找了，最後還是湊不齊翟讓索要的數目。翟讓大怒準備對崔世樞動刑，這時李密及時趕到求情才把崔世樞給撈了出來，不過兩個人的樑子就算結下了。

邢義期與翟讓結怨的起因其實很瑣碎，起因只是一場賭局。翟讓招呼邢義期一起賭博，然而邢義期擔心輸錢缺席了。被放了鴿子的翟讓大為光火，一怒之下打了邢義期八十軍棍。

房彥藻的結怨更瑣碎，居然就是因為一句話。有一天翟讓惡狠狠的對房彥藻說：「前些日子打汝南郡的時候聽說你掠了不少銀子，你居然只送給魏公，而不分給我，你什麼意思呢！要知道魏公是我讓他幹的，大事最終如何，還不一定呢！」說者或許無心，聽者一定有意，翟讓說完這話也就忘了，而受了恐嚇的房彥藻卻把這句話上報了李密。

至於左司馬鄭頲，他跟翟讓並沒有多少私人恩怨，主要是他跟李密走得太近了，因此無形中他也成了討厭翟讓的人。

現在四個人，四張嘴出現在李密的面前，主題只有一個，做掉翟讓！

四個人七嘴八舌向李密訴說翟讓的惡行，最後的結論是翟讓貪婪成性、剛愎自用、目無君王，應該早圖。四個人說的這些李密都知曉，然而他擔心的是形勢尚未穩定，一旦做掉翟讓，手足殘殺，怎麼給遠近歸附的英雄們做榜樣呢？

四個人並不管李密的態度，他們決定殺人殺到底，送佛送到西，索性把翟讓得罪到底：「壯士斷腕，為的是保全性命。現在您仁慈了，一旦翟讓率先發動，後悔可就來不及了！」

這句話說到了李密的心坎裡，這讓安全感不足的李密深有同感。是啊，我不殺他，他就有可能殺我，得，那就殺吧！

勝利可以讓一個人陶醉，勝利也可以讓一個人沖昏頭腦，十一月九日的勝利讓李密迷失了方向，也讓他最終錯過了攻佔洛陽的機會，因為在兩天後，他犯下了一生中最大的錯。

兩天後，也就是西元六一七年十一月十一日，距離李密當上盟主不到九個月的時間。在這九個月裡，李密和翟讓的友情發生了快速的質變，到這一天已經變得不共戴天。蒙在鼓裡的翟讓依舊把李密當兄弟，而李密卻悄悄的把翟讓當成了仇敵。是兄弟，更是仇敵！

這一天，李密宴請了翟讓和翟讓的幾個親密兄弟，這幾個親密兄弟包括翟讓的哥哥翟弘、翟讓的侄兒翟摩侯、親信王儒信、單雄信、徐世勣，毫無疑問這是一場貨真價實的鴻門宴。

按照座位的安排，李密和翟讓、翟弘、裴仁基、郝孝德共坐一席，單雄信等人擔任翟讓的護衛，痛恨翟讓的房彥藻和鄭頲則來回張羅，現場一片歡聲笑語，然而誰又知道歡聲笑語的背後卻是重重殺機。

李密先故作姿態的說了一句話：「今天都是高層官員聚會，就不用那麼多人侍衛了，都出去吧！」說完，李密的侍衛帶頭走出了現場，而單雄信等人還是沒有動。如果單雄信不動，李密還是沒有動手機會，這時房彥藻出來了：「大家都在飲酒作樂，可天氣寒冷，不妨讓司徒的侍衛們也喝杯酒吧！」

李密接過話頭：「這你得請示司徒大人了！」司徒翟讓不疑有他，隨意的揮了一下手：「很好，下去吧！」就這樣一句話，翟讓就把自己送上了死路。

侍衛們都出去了，唯獨剩下了一個人，李密的死士蔡建德，此時的蔡建德正拿著一把單刀，站在一旁護衛，翟讓看了他一眼，沒發現什麼異常。

此時侍衛已經屏退，防守已經真空，李密的計畫也開始實施。

開席之前，李密拿出一把良弓，交給翟讓把玩。喜歡兵器的翟讓愛不釋手，而李密在一旁說，拉開試試。翟讓下意識的拉滿了弓，他覺得這張弓還是有一點缺點，得跟李密交代一下。

然而他不知道，他一張弓，就是一個暗號。身後的蔡建德突然舉起刀一刀砍下，原來李密這次玩的是「張弓為號」，翟讓瞬間栽倒在地。

做掉了翟讓，翟弘、翟摩侯、王儒信一個也沒有跑掉，他們都成了翟讓的「死」黨。

就在這混亂的時刻，還是有一個人趁亂跑了出去，這個人就是徐世勣。不過徐世勣剛跑到門口，就被門口的衛士一刀砍到了脖子上。衛士剛想砍第二刀時，徐世勣的朋友王伯當出現了，馬上喝令住手，這下才保住了徐世勣的命。而正在外面飲酒的單雄信知道變故之後，馬上跪在地上求饒，李密揮揮手，放過了他和翟讓的侍衛。

李密對著周圍掃視了一圈，發現徐世勣的脖子還在流血，趕緊叫軍醫拿藥，自己親自給徐世勣上了藥。李密以為自己的此舉一定會為自己贏得一個死黨，然而他想錯了，徐世勣脖子上的傷可以治癒，但心中的傷卻無藥可醫。自此兩個人一直暗存芥蒂，直到李密潰敗也不敢投奔徐世勣，因為這一刀砍得太深了，不僅在脖子上，更是在心裡。

做掉了翟讓，李密獨自一人進入翟讓大營，向翟讓的士兵解釋了發生的這一切，隨即下令徐世勣、單雄信、王伯當三分翟讓士兵，一切跟從前一樣。

然而事情已經發生，怎麼可能一切跟從前一樣？

其實對於翟讓等人的死，將領們並不是十分在意，因為翟讓等人確有惡行。翟讓為人殘暴，翟摩侯猜疑嫉妒，王儒信貪污腐敗，這三個人被殺並不值得同情。然而中國畢竟有一句古話：「兔死狐悲，物傷其類」，從翟讓的身上，部將們彷彿看到了自己的結局。

自此，李密的部將們開始離心，儘管從外面看還是鐵板一塊，然而內部的裂痕卻越來越深。

翟讓死後，本來沒有一個人同情，然而洛水岸邊卻有一個人一聲歎息，這個人不是翟讓的朋友，也不是翟讓的親人，這個人是翟讓的敵人——卷毛將軍王世充。（豺聲卷髮，忌刻深阻）

其實王世充早就分析過翟讓和李密兩個人，以他豐富的人生閱歷以及豐富的知識判斷，翟讓和李密必定不會長期和睦，一定會有火拼的一天，因此在王世充一直盼望翟李火拼，這樣他就有破敵的機會了。

然而當機會真正來臨時，王世充卻因為之前的失利而無力進行反撲，只能在洛水岸邊一聲歎息。在他看來李密天資聰明、做事果斷，將來成龍還是成蛇尚未可知。

王世充或許是對的，但他似乎忘記了中國還有一句老話：「天作孽，猶可違；自作孽，不可活！」

這句話適合李密，同樣適合王世充！

大業的終結

西元六一七年十一月十五日，對於李淵這是值得紀念的一天，在這一天以前他為楊家打工，從這一天開始，楊家為他打工。

這一天李淵準備好法駕（皇帝出門二級儀仗隊）迎接代王楊侑到大興殿，隆重舉行登基大典，楊侑也就成了歷史上的隋恭帝。登基之後，十三歲的楊侑宣布大赦天下，改年號為義寧，自此楊廣的大業成為歷史。西元六一七年十一月十五日之前為大業十三年，十一月十五日之後為義寧元年，一年兩年號，真夠亂的。

亂的不僅是年號，還有楊廣的皇帝身分。明明楊廣還在江都活蹦亂跳，更關鍵是人家壓根沒有辭職下野的念頭。可是沒辦法，李淵單方面宣布楊廣的皇帝職稱作廢，從這一天起你楊廣就是太上皇了。

兩天後，李淵從長樂宮進入大興城，正式接手隋王朝的權力，從形式上看這個權力還是隋王朝授予的。十三歲的楊侑授予姨姥爺李淵假黃鉞、使持節、大都督內外諸軍事、尚書令、大丞相，晉封唐王。

假黃鉞就是擁有皇帝誅殺時專用的銅斧；使持節就是代表皇帝全權的符節；大都督內外諸軍事就是全國各軍區的司令長官；尚書令相當於國務院總理。總之一個國家總共有這麼多最高權力，現在全歸了李淵，因此李淵也就成了不是皇帝的皇帝。從中國歷史來看，一旦權臣到了這個地步，下一步就是登基，至於是不是選擇登基，那就看權臣願不願意捅破這層窗戶紙。

當然十三歲的楊侑也不是什麼權力都沒有，他還有一樣非常重要的權力：祭祀。也就是說除了到郊外祭祀天地和一年四季祭祀隋室祖先，剩下的都讓姨姥爺李淵打包。從此楊侑就不用太操心了，集中精力長身體就可以了。

楊侑忙著長身體，姨姥爺李淵不能閒著，他得馬上開始打賞跟隨自己起事的人。不當家不知柴米貴，拿別人的東西送人不心疼，李淵幾天的工夫就把宮裡的庫藏賞賜空了。這下麻煩可大了，政府沒有辦公經費了。這可怎麼辦呢？

世上無難事，關鍵時刻右光祿大夫劉世龍站了出來，輕輕給李淵支了一招，這一招還相當管用。

劉世龍的方案很簡單，說白了就是用木材換綢緞。當時大興城內木材緊缺，綢緞過剩，他建議李淵把大興城內和皇家林苑的樹木都砍了，然後加工成木材出售，以木材換綢緞，這一攬子計畫估計能換到幾十萬匹綢緞，屆時發工資用綢緞，政府採購也用綢緞，幾十萬匹綢緞支撐一段時間肯定沒問題，至少能讓政府完全運轉起來。

本著先公後私的原則，李淵處理完「木材換綢緞」計畫就著手處理自己的家事。在他看來，家事還是很簡單的，只不過是那三個兒子的待遇問題，這個簡單，發個任命就可以了。

十一月二十二日，李淵宣布了一項任命，這項任命明確李建成為唐王世子（**擁有天然繼承權**），次子李世民為京兆尹、封秦公，李元吉封齊公。

任命一出，李淵一身輕鬆，在他看來只要按年齡排序，兒子們的問題就會迎刃而解。二十年前他曾經耳聞目睹了兩個表弟的奪嫡爭鬥，二十年後他堅信這一幕不會在自己的兒子身上發生，畢竟自己的家教一直很嚴厲。然而春風得意的李淵怎會想到，這項看似簡單明瞭的任命會為日後埋下禍根，十年後的他居然也會步表弟楊廣的後塵，被人尊稱為太上皇。

歷史，是輪迴，也是反覆。

兩個人的選擇

最高權力已經集於一身，在別人看來，李淵已經成功了。然而一向為人低調的李淵卻保持著清醒的頭腦，每次得到別人的讚譽，他都會表現得誠惶誠恐。

攻佔大興只是李淵的第一步，他還有太多的路要走，還要有太多的難題需要解決，老冤家屈突通就是其中一個，因為他離大興實在太近。

原本在李淵起兵時，屈突通的任務是圍追堵截加以消滅，結果圍堵了半天，李淵還是進了大興，而屈突通在潼關的都尉北城當「狗都不理」的將軍。現在屈突通的部隊與劉文靜的部隊已經相持了一個多月，雙方誰也無法吃掉誰，而此時雙方的心態也悄悄的發生了變化，劉文靜有大興作為後援因此並不慌亂，而屈突通孤立無援，因此期待速戰速決。

在速戰速決心態的支配下，屈突通派部將桑顯和率軍衝擊劉文靜的大營，結果這次衝擊很徹底，除了桑顯和，其他人一個也沒能回來。

原本桑顯和是可以收穫一場大勝的，結果因為一頓不該吃的飯讓他與勝利無緣。

桑顯和的大軍來勢凶猛，劉文靜幾乎抵擋不住，三個大營已經被攻破了兩個，剩下一個也是岌岌可危。然而就在這個關鍵時刻，桑顯和做出了讓他後悔一生的決定：既然對方已經沒有還手之力，全軍就地開飯，吃完飯直接打掃戰場！

打蛇的時候不僅要打七寸，而且一定要打死，桑顯和將軍恰恰忽略了這一點。就在桑顯和全軍就地開飯之際，回過味的劉文靜整合起自己的部隊，重新豎起被桑顯和軍隊衝垮的營門柵欄，全軍開始死守。與此同時，一支二百多人的精銳騎兵從桑顯和部隊的背後殺來，正在吃飯的桑顯和大軍一下子亂了。

這支突然殺來的騎兵部隊是昨夜劉文靜派出的偵察部隊，連他自己都已經忘在了腦後，沒想到這個危急時刻起了關鍵作用。劉文靜隨即揮軍出擊，兩路攻打正在吃飯的桑顯和大軍，這一戰桑顯和手下很多士兵再也沒有吃上飯，而桑顯和本人也成了光桿司令，一個人灰溜溜地跑了回去。本來屈突通的本錢就在日益減少，現在本錢就更少了。

到了這個時候，擺在屈突通面前的只有三條路，投降、死扛、自殺，他會選擇哪一條呢？此時有人勸屈突通投降，而屈突通卻摸了摸自己的脖子：「我一身侍奉兩位皇帝，拿人俸祿卻不能救人危難，我不能這麼做，我這個脖子遲早為國家挨這一刀！」

主將如此，小兵跟從，在屈突通的心裡已經下定決心，先死扛到底，實在不行，自殺殉國。

然而屈突通選擇哪條路卻由不得他，因為老冤家李淵很惦記他。到了大興之後，李淵就找到了屈突通的家僕，並交給這個家僕一個光榮的任務：勸降。接到任務的家僕興沖沖地去見屈突通，本來以為會得到屈突通高規格的接待，沒想到屈突通將他就地斬首，由此可見屈突通是鐵了心跟李淵打到底。

大興陷落之後，屈突通的家屬全被李淵俘虜，這讓屈突通的日子更加雪上加霜。想來想去，屈突通已經沒有別的路，最現實的路就是東下到洛陽，聯合洛陽的部隊反擊大興，這樣才有可能報國仇家恨。

屈突通隨即出發，留下部將桑顯和鎮守潼關都尉北城抵擋劉文靜。屈突通臨走時，一再囑咐桑顯和堅守到底，桑顯和也莊嚴的對天發了誓，屈突通這才滿意的率軍東下。然而令屈突通沒有想到的是他前腳剛走桑顯和就投降了劉文靜。

屈突通一路東下，劉文靜的騎兵一路尾隨，在這個騎兵隊伍中還有兩個特殊的成員，一個是說話不算數的桑顯和，一個是屈突通的兒子屈突壽，這兩個人將在關鍵的時刻起到了關鍵的作用。屈突通與劉文靜兩軍終於在稠桑（河南靈寶市）遭遇，已經無路可走的屈突通紮住陣腳想要死扛到底，就在此時，從劉文靜陣中出來了一個人，這個人就是屈突通的兒子屈突壽。屈突少爺是出來現身說法的，目的是讓老爹放下屠刀立地成佛，然而屈突老爹卻絲毫不領情，衝著兒子罵道：「這個蟊賊從哪裡來的？你我過去是父子，今日是仇敵。」隨即衝手下一揮手：「準備放箭！」

屈突通手下士兵正在左右為難時，說話不算數的桑顯和衝了出來，這個人的一句話勝過了千軍萬馬。桑顯和衝著這些士兵大喊了一句：「京師已經陷落，你們的家都在關中，還要到哪裡去？」一語驚醒夢中人，屈突通的隊伍瞬間崩潰，士兵們齊刷刷的放下武器。事情到了這個份上，屈突通也無能為力了，自己已經是光桿司令，還能做什麼呢？只能是投降。

應該說每個人內心中都有一種烈士情結，在事情沒有出現時總在想著自己會壯烈殉國，然而事到臨頭，對生的渴望就會極大的遏制殉國情結，因此古往今來，多的是叛徒，少的是壯士。

屈突通投降的還是很悲壯的，心如死灰的他跳下馬，衝著東南方向下拜，放聲大哭：「臣力屈至此，非敢負國，天地神祇實知之！」這是一次悲壯的投降，這也是一次推卸責任的投降，衝東南的一拜與其說是在向皇帝楊廣訴說，不如說是在抵禦自己內心的責備。

其實也怪不得屈突通，他畢竟只是一個普通人，一個對生活充滿渴望的普通人。懷著對生的渴望，屈突通被押往大興見到了他的老朋友李淵，沒想到老朋友李淵居然熱情得像團火，熱情得讓屈突通找不到北。一番寒暄之後，李淵任命屈突通為兵部尚書，封蔣公，同時兼任秦公（**李世民**）元帥府秘書長。

疑惑的屈突通看著李淵，而李淵正滿懷誠意的看著屈突通，屈突通看清楚了，這回李淵手裡拿的不是白條，而是貨真價實的任命狀，真知今日，何必當初呢？

投降時痛哭流涕，投降後連升三級，屈突通自己也雲裡霧裡，恍如隔世。然而屈突通很明白，李淵這是拿自己告訴那些還在頑抗的隋朝官員：趕緊投降吧，保你連升三級。連升三級的廣告對很多人管用，但對一個人卻一點都不管用，這個人就是屈突通以前的部將堯君素。

當初屈突通為了追趕李淵留下堯君素鎮守河東城，自己率軍追擊李淵。現在自己卻投降了李淵，更難堪的是李淵還交給他說降堯君素的任務。沒到河東郡之前，屈突通以為這次說降應該是一個輕鬆任務，然而他沒有想到這是一次不可能完成的任務。

來到河東郡城下，屈突通叫出堯君素對話。堯君素一看屈突通的裝束，再看身後的義軍，堯君素明白自己的老領導已經跳槽了。看到這裡，堯君素忍不住淚流滿面：「都說要忠於國家大義，為什麼要落到這步田地呢？」

看著堯君素，屈突通壓抑已久的淚水也止不住了：「但凡有出路，誰願意投降呢？時局已經如此，老弟還是早早投降吧！」

堯君素擦乾眼淚，衝屈突通一瞪眼：「你是國家高官，皇上委以守衛關中的大任，代王依靠你保衛國家祭壇，你怎麼能辜負國家，偷生投降，而且還給人當說客呢？你胯下的馬還是代王賞賜的，你還有臉騎。」

聽完堯君素的話，屈突通更加痛苦：「君素啊，我也是力量枯竭，不得已才到這一步啊！」「是嗎？我的力量還沒有枯竭，就不用多說了。」說完，堯君素轉身離去。

這是屈突通和堯君素的最後一次對話，這次對話後兩個人各奔東西。屈突通一路平步青雲，成為唐朝的開國功臣，後來還享受了凌煙閣畫像的待遇。而堯君素則選擇了困守河東郡城，終其一生，河東郡城都是忠於隋室的孤城。看來即使一個政權再不得人心，也總會有一些堅持理想的忠臣。

跟屈突通相比，堯君素的忠誠是貨真價實的。從屈突通做完說客之後，李淵先後派出呂紹宗、韋義節、獨孤懷恩進攻河東郡城，但都無法攻克，只是將包圍圈越縮越小。

然而包圍圈儘管縮小，堯君素的忠誠依然沒有改變，他甚至還親手製作了一隻木鵝，將奏章裝到了木鵝的脖子裡，將木鵝順黃河漂流而下一直漂到了洛陽。洛陽的守軍撈起來上交給政府，當時已經稱帝的楊侗看了，一聲歎息，隨即擢升堯君素為金光祿大夫（正三品）。當然這個封賞並沒有實際意義，只不過是楊侗用這種方式表彰一個忠臣。那一刻少年楊侗的心是熱的，畢竟在山河破碎的時刻，還有一個忠臣在堅守著楊家的大旗。

困境中的堯君素隨後又拒絕過三批說客。

第一批是投降李淵的洛陽官員龐玉和皇甫無逸，他們告訴堯君素說，東都朝不保夕，我們已經投降了，你也抓緊吧。堯君素聽了，搖搖頭。

第二批是李淵的特使，他給堯君素帶來了李淵欽賜的免死金券。他告訴堯君素說，李淵承諾只要投降永遠赦免你的死罪，堯君素還是搖搖頭。

第三批是一個特殊的人物，這個人物跟堯君素的關係很親密，這個人就是堯君素的妻子。妻子對他說：「隋王朝已經滅亡，你何必自找痛苦。」堯君素的表現出乎大多數人的預料，大喝一聲：「天下名分和大義，不是你們女流之輩所能知道的。」說罷拉弓射箭，妻子倒地而死。

堯君素一直堅守到西元六一八年十二月六日，在這期間，外邊發生了很多事，唐王朝建立、宇文化及弒君、王世充東都割據，而堯君素還在河東郡城內安靜的堅守。在這期間他已經得知皇帝死於江都，他也知道唐王朝建立，然而他還是選擇堅守。在他看來他不僅僅是在忠於皇帝，更是在忠於自己的名分和大義，他不僅僅是在堅守隋室的大旗，更是在堅守自己的信念。

西元六一八年十二月六日，堯君素被侍從薛宗、李楚客刺死，頭顱被送往唐朝都城長安。然而河東郡城的堅守仍在繼續，堯君素的部將王行本從解縣趕回清理了門戶，然後又開始了新的堅守。

王行本的堅守一直堅持到西元六二〇年正月十四日，內無糧草、外無援軍的王行本準備突圍，然而沒有一個人願意跟隨。無奈之下，王行本向唐軍投降，然而一切都已經晚了，早已失去耐心的李淵下令處斬，河東郡城的堅守到這一天終於終結了。雖然王行本以投降告終，但終其一生還是堅守了自己的原則。

人的一生，放在浩瀚的歷史中只是短短的一瞬，然而在那個特殊的歷史瞬間，不同的人做出了不同的選擇，有的人選擇妥協，有的人則選擇了堅守。

洛陽外的鷸蚌相爭

大興城內已然是李淵的天下，而洛陽城外還是李密和王世充的戰場，鷸蚌相爭的李密和王世充不會想到，他們的相爭只不過是在替李淵打掃戰場。

黑石城一戰之後，李密和王世充消停了一段時間，這段時間出奇的安靜，安靜得讓人幾乎忘掉了戰爭。安靜一直持續到西元六一七年的十二月二十四日，這一天李密接見了幾個從王世充那邊過來投誠的士卒。

李密有一搭沒一搭的問幾個士卒：「你們那個卷毛王大人這些天在忙什麼呢？」

士卒們忙不迭地說：「這段時間反正有不少新兵入伍，王將軍還一個勁用酒肉給我們改善生活，至於他想幹什麼，我們就不知道了。」

說者無心，聽者有意，李密知道王世充一向很小氣，對士兵很苛刻，而這段時間卻經常為士兵改善生活，看來是有所圖了。根據李密調查，王世充的糧草根本支撐不幾天了，而這幾天全軍還在大吃大喝，為什麼呢？只有一個理由，準備採取行動了。

想到這，李密的手心已經滲出了汗：「差點被這個孫子蒙了，這幾天他肯定有行動。」

隨即李密開始行動，趕緊命郝孝德、王伯當、孟讓帶各自的人馬進入城邊設伏，而守城總管魯儒登城據守。

應該說李密這個部署是押寶的，他不是王世充肚裡的蛔蟲，他不知道王世充哪天來，只能賭一把聽天由命了。李密這一賭可苦了手下這些弟兄，農曆十二月二十四日，正是數九寒天，而李密偏偏這個時候安排他們設伏，這不是跟自己過不去嗎？

大家一邊設伏一邊抱怨，一直抱怨到晚上三更，王世充真的出現了，這下大家不抱怨了。王世充也是讀過兵法的，他知道兵法講究「出其不意」。然而他沒有想到的是他的同門師兄弟李密也是讀過兵法的，李密的兵法就是「兵來將擋」。

王世充一行衝到城邊，率先來迎接他們的是王伯當。不過養精蓄銳的王世充太猛了，王伯當沒能攔住，這道防線被王世充輕鬆突破，只要王世充順勢攻下城，那李密就得搬家了。

幸好，城上也有準備，王世充的士兵攀城攀到一半時才發現，原來城上早就有了迎客的準備，不過招待他們的不是瓜果和桃李，而是冷冰冰的弓箭。人家居高臨下佔據有利地形，王世充的士兵仰攻，地勢上就落了下風，攀城的士兵紛紛墜落，攻城沒有指望了。

望著城牆，王世充歎了口氣，算了，走吧！

想走？已經來不及了，王伯當竟然把遊兵散勇又集合了起來，趁黑又發起了衝鋒。這下王世充抵擋不住了，被殺的連同掉到河裡凍成冰棒的又有一千多人，本來想出來打兔子，結果被兔子咬了。

在這之後李密和王世充又糾纏了多個來回，兩人糾纏到西元六一八年正月，得到七萬人增援的王世充士氣大振，一鼓作氣竟然把李密打得沒有還手之力，王世充趁勝推進，駐紮到了鞏縣北郊，此時兩軍大營幾乎到了面對面的程度。

正月十五日，王世充又驅動大軍，這一次他要與李密決一死戰，然而一個小小的疏忽影響了戰爭的走勢。

這一天王世充派出大軍進攻李密，大軍被分為了幾個部分，每部分軍隊在洛水邊自行建造浮橋，先造完浮橋的先過河，後造完的後過河。結果各軍造浮橋的進度不一樣，動作快的已經渡過了洛水，而動作慢的浮橋剛造了一半。這下可就亂了套了，洛水兩岸都是王世充的人，但行動已經錯亂，統一指揮更談不上了。

然而即使混亂如此，虎賁郎將王辯還是攻破了李密大營周邊柵欄的拒馬，只要再前進一步，李密的大營就要被攻破了。此時李密的大營內已經一團慌亂，瀕臨崩潰。

就在這時，倒楣的卷毛將軍王世充出現了，他並不知道王辯的劍馬上就要刺中李密的咽喉，他在這個時候居然做出了一個讓他後悔終生的舉動：鳴金收兵。

原本王世充是想把隊伍撤回來整頓一下，然後再全線出擊，這樣他就能用這個大石頭狠狠地砸向李密的腳，然而他沒有想到高高落下的大石頭砸的卻是自己的腳。王世充鳴金收兵讓瀕臨崩潰的李密有了喘息的機會，瞬間就組織好反撲的部隊向後撤中的王世充部隊反擊，現在又輪到王世充崩潰了。

全軍數萬士兵撤退到洛水邊，然後再去爭搶那幾座浮橋，結果光是掉進洛水淹死的就有一萬多人。悲劇到此還沒有結束，大敗的王世充不敢回東都洛陽，轉道奔向河陽（河南孟津縣），而倒楣的是要到河陽必須要渡過黃河，更倒楣的是這一段黃河居然沒有橋，要想過河只能蹚水過了。

還好，這時的黃河正處於枯水期，蹚水是可以過的，然而這是正月十五的晚上，天氣發生了點小變化，變化確實也不大，也就是狂風夾雜著暴雨。渾身濕透的士兵頂著狂風渡河，冒著暴雨行軍，在這個鬼都會凍哭了的冬夜，有數萬人倒在了去河陽的路上。如此一來，想追擊王世充根本就不需要嚮導，順著凍僵的屍體，一路就能找到王世充的老巢。

出兵時好幾萬，回來時好幾千，卷毛將軍王世充成了一個敗家子。想來想去沒臉見人，一到河陽王世充就找了個監獄自己住了進去。這是向越王楊侗請罪的真人秀，那意思是說：我沒臉了，你處置我吧！然而此時的楊侗還能處置王世充嗎？洛陽上下能用的只有王世充一個人了，剩下的就是段達之流，不用王世充他用誰去呢？無奈之下，楊侗還是派出使節特赦王世充，命他回軍洛陽，外加金銀美女賞賜以示安撫。

結束監獄作秀的王世充壯著膽子回到了洛陽，駐紮在含嘉城（洛陽北城內），此時他手下的全部人馬拼湊起來總計一萬多人，這就是王世充全部的棺材本了。

王世充落魄了，李密就發達了，發達的李密乘勝奪取金墉城（古洛陽城西北角），順勢把總部遷到了這裡。

此時的李密與洛陽內城只有一步之遙，大營的鼓聲逆風都能傳到洛陽城中，這是李密一生中距離成功最近的一次，然而他沒有想到眼前這短短的路卻是他始終無法跨越的鴻溝，看似咫尺之遙，對他卻是天涯之遠。

李密的軍隊此時已經達到了三十萬，這三十萬人就在邙山北麓列陣，向南直逼洛陽的上春門。洛陽城內自然又是亂成一片，經過部署，金紫光祿大夫段達、民部尚書韋津聯合出戰。城內實在是沒人了，只能弄這兩個人出來湊數。段達一看李密浩浩蕩蕩的三十萬人，當時倒吸一口涼氣，來不及跟韋津打招呼，自己緊急掉頭先溜了。

李密一看，帥旗一揮，兩人的部隊立刻崩潰，出來湊數的韋津也死於亂軍之中。

經此一戰，李密的影響更大了，河陽都尉獨孤武都、檢校河內郡丞柳燮、職方郎柳續等人紛紛向李密投降，而且這些人還不只是一個人投降，連同他們手下的部隊一起打包投降了李密。此時李密手下的那些加盟也紛紛派出使節攜帶奏章要求李密稱帝，這些人包括竇建德、朱粲、孟海公、徐圓朗。與此同時從隋軍投誠過來的裴仁基也建議李密早日確定皇帝的位號。

看著這些奏章，李密卻保持著固有的清醒，他知道現在的繁榮只是表面，拿不下東都一切都是虛空。洛陽就是李密一生中的關鍵之眼，做活了這個眼，李密就會存活，做不活這個眼，李密也就不存在了。於是李密淡淡的對裴仁基說：「東都還沒有平定，這些事還談不上。」

李密沒有想到，這句謙虛的話語竟然為自己的一生定了調，自此之後洛陽局勢又發生了巨大變化，局勢再也不由李密一個人掌握。

此時東都洛陽糧食已經緊缺，政府開始招募自帶乾糧守城的士兵，只要你願意當兵，只要你願意自帶乾糧，那麼恭喜你，你就是散官二品了，隨即洛陽就多了這樣一批兵，一手拿著武器，一手拿著上朝用的象牙板。

不久之後，李建成、李世民打著救援的旗號東下洛陽遊弋，而宇文化及也從江都趕來，再加上原來的死敵王世充，李密陷入一個巨大的漩渦之中。

誰將從漩渦中成功脫身，誰又將成為最後的勝利者，一切都是未知數，而等待李密的將是茫茫未知的旅程，李密，你準備好了嗎？

最後的江都

第十五章

死結

都說三個女人一臺戲，其實三個男人何嘗不是一臺戲。李淵、李密、楊廣，三個有故事的男人構成了一齣王朝更替的大戲，在這齣大戲中沒有絕對的主角，也沒有固定的劇本。於是在隋朝末年，三個舉足輕重的男人走到了歷史的三岔口，李淵盤踞大興，李密爭奪洛陽，而楊廣則徘徊在江都，歷史將由誰執牛耳，在那個時候充滿著巨大的變數。

先拋開盤踞大興的李淵，略過爭奪洛陽的李密，該集中精力說說徘徊在江都的楊廣了。畢竟此時的他有兩個頭銜，一個是皇帝，一個是太上皇。在這段歷史中，大幅篇章記錄的是李淵的春風得意，很少有人去關注楊廣的失落，人們只看到李淵把楊廣尊為太上皇，但卻很少有人關注楊廣的內心感受。

那麼楊廣知道李淵謀反嗎？他又是在什麼時候知道這一切的呢？史書沒有給出明確的答案，那麼不妨由我來給大家進行邏輯推理。

首先按照楊廣對投降李淵官員家屬的處理來看（李孝常投降李淵，楊廣逮捕其兩個弟弟準備處死），楊廣是知道李淵謀反的，那麼他又是隔了多長時間知道的呢？我推測時間差應該是兩個月。

根據歷史的記載，江都政變是在西元六一八年三月十一日，而李淵是在這一年的五月十四日命令楊侑禪讓皇位，兩件事隔了兩個月零兩天。可以肯定的是到五月十四日之前的一兩天，李淵確認了楊廣的死訊，這樣算來，消息從江都傳到大興歷時兩個月。

按照消息對等傳遞的原則，李淵在西元六一七年十一月十五日立楊侑為帝，尊楊廣為太上皇，以消息傳遞需要兩個月來算，大約在西元六一八年正月十五日這一天，楊廣聽到了這個駭人聽聞的消息，在那時他才知道原來自己的皇帝職位竟然被李淵蓋了註銷的黑章，從此自己的皇帝職位就算過期了，這又算哪門子事呢？

此時的楊廣除了能在心裡每天問候一下李淵，而在現實中他又能拿入室搶劫的李淵怎麼樣呢？除了苦笑，他什麼也做不了。當一個皇帝只剩下苦笑時，這個皇帝基本也就到頭了。

楊廣的苦澀其實由來已久，當然這杯苦酒都是楊廣自己釀造的。當初力排眾議義無反顧三下江都其實已經埋下伏筆，因為江都和大興的地位實在不能同日而語。

打個比喻，大興就是帝國的心臟，而江都只是帝國的手掌，以心臟控制手掌易，以手掌控制心臟難。楊廣放棄大興直奔江都，這一切只能說是自己惹得的。現在李淵已經登堂入室，而楊廣孤零零的漂流在江都。

西元六一八年的楊廣是孤獨的，也是無助的，這一年他的帝國四分五裂，數人稱王，偌大的帝國被大家切了蛋糕，而他只分得了江都那一角。這一年參與分蛋糕的人很多，有大興的李淵、洛陽的李密、武威郡的李軌、天水郡的薛舉、榆林郡的郭子和、朔方郡的梁師都、涿郡的羅藝、馬邑郡的劉武周、上谷郡的王須拔、樂壽的竇建德、齊郡的王薄、魯郡的徐圓朗、濟陰郡的孟海公、海陵的李子通、曆陽郡的杜伏威、餘干的林士弘和巴陵郡的蕭銑、冠軍的朱粲，總之來的都是客，就是沒有誰再把楊廣當成主人。

主人不再是主人，客人也不再是客人，主客之道一旦亂了套，天下自然也就亂了套。值得一提的是，這一年也是年號最混亂的一年。把各式各類的年號都算上去，這一年形形色色的年號共二十一個，而原本這一年應該只有一個年號：大業十四年。

楊廣在心中不斷反思著過去，卻絲毫看不到未來。儘管口中不願意承認，但他比誰都清楚大業已經離他而去了，帝國也在風雨飄搖。

怎麼辦？怎樣才能度過人生的難關？此時的楊廣就是在過獨木橋，前面有狼，後面有虎，他能過得去嗎？

楊廣無計可施，於是他用酒精麻醉自己。自從三下江都以來，他把工作的重心進行了重大轉移，以前的他以國家建設為主，尋歡作樂為輔，而現在尋歡作樂成了主旋律。

為了樂出風格、樂出水準，楊廣在行宮內設立了一百餘房，每一房內都是豪華裝修，美女裝飾，按照單循環的原則，每天抽出一房做東宴請楊廣，一輪下來一百多天就過去了，然後再重新開始。別人過日子是按天，楊廣過日子是按輪，別人的一年是三百六十五天，楊廣的一年其實就是三輪。

在江都的每一天，楊廣都是在酒中睡去，在美女叢中醒來，陪同他酗酒的美女有一千多人。然而酒精麻醉的只是楊廣的神經，卻不是他的大腦，每次酒醒之後他更加苦惱，只能接著用酒麻醉自己的神經，沖淡自己的意識。只有在酒裡他才能回到過去，只有在酒裡他才能找到從前的自己，也只有在酒裡他才能記起曾經的大業。誰說酒不是好東西呢？

當然楊廣也有清醒的時候，清醒後的楊廣如同一個癌症晚期的病人，懷著對這個世界深深的眷戀。退朝之後他會紮上頭巾，穿上短衣短褲，提著手杖，遊遍宮裡的一個個舞榭歌台，從白天一直走到夜晚，從日出一直走到日落。此時的他赫然發現，原來宮裡是如此之美，而自己以前卻從來沒有發現。

晚上夜深人靜時，楊廣經常做的一件事是看天象和算命，這一直是他的業餘愛好，居然已經達到了專業的水準。看著天象，楊廣經常對蕭皇后說：「天象異常，象徵著我的那顆帝星黯淡，看來外邊有很多人想害我。不過話又說回來，即使做不了皇帝，我也可以像陳叔寶那樣當長城公，而你至少也是沈皇后（陳叔寶妻子）那樣待遇。不必過於煩惱了，喝酒，喝酒！」

夜已深，酒已殘，星空黯淡。

沉醉後醒來的楊廣突然拿起鏡子端看著自己，他看的不僅僅是韶華逝去的臉，還有經歷歲月滄桑的脖子。這高貴的脖子曾經在晉州吹過風沙，在江南歷過大雨，在百姓面前儀態萬方，在四夷面前豪氣干雲，而現在這麼好的脖子又該誰來砍呢？

一旁的蕭皇后驚愕的看著自己的丈夫，不知道用什麼樣的語言來安慰，而此時，楊廣又反過來安慰蕭皇后：「富貴貧賤、痛苦歡樂輪流交替，又何必過於悲傷！」

這就是楊廣，皇帝楊廣、太上皇楊廣，丈夫楊廣、佛教徒楊廣、老者楊廣、普通人楊廣。歷來都說皇帝是真龍天子，其實那都是騙人的，皇帝也是人，皇帝也是逃不出七情六欲的普通人。無論曾經輝煌、曾經神武，到最後都抵抗不住歲月侵蝕的蒼老。

假使挫折早來十年，楊廣不至頹廢如此！

假使年輕十歲，天下之事猶未可知。

挫折對李淵而言是人生的閱歷，對楊廣而言卻是難以癒合的傷痕。李淵是生命力頑強的野草，愈挫愈勇，而楊廣則是溫室裡的花，一旦溫度變化，就是滅頂之災。因此李淵能以五十一歲的高齡起兵，而楊廣卻在四十八年那一年心灰意冷。

北方已亂，心意已散，一國之君楊廣沒有氣力去恢復山河，卻在醞釀東南割據。大國天子頹廢到此，不知道到黃土之下他還有沒有臉跟老爹楊堅打招呼了。

然而皇帝楊廣不管別人怎麼說，他是一心一意想遷都了。從地理位置而言，江都四通八達、無險可守，不適合建都，眼前最合適的地方就是丹陽郡（南京）了，畢竟在南北朝時，它也是一國之都，而且還據有長江天險。

遷都論一出，滿朝文武七嘴八舌，內史侍郎虞世基代表擁護派，而右候衛大將軍李才則是反對派，兩個人當著楊廣的面大吵一架，武將注定吵不過文官，李才敗北憤憤退出。

其實李才代表著很多人的觀念，他們認為楊廣應該火速返回大興，只要回到大興，天下依然是楊家天下，而如果退保江東，那樣只能眼睜睜看著國土流失、四分五裂，到最後江東也守不住。

無疑，李才的觀念是正確的，如果楊廣迷途知返，如果楊廣能放下身段二次創業，天下並沒有到不可收拾的地步。畢竟到現在為止楊廣還是貨真價實的皇帝，李淵的手裡只有自己私刻的橡皮章。假使楊廣大赦天下，號令天下各郡起兵勤王，那麼握有橡皮章的李淵很可能形勢急轉直下，天下權柄將再回楊廣手中。

然而假設僅僅是假設，皇帝楊廣已經累了，也頹廢了，再也沒有征陳的霸氣和征高麗的勇氣，因為他的霸氣和勇氣已經在過去十三年裡用完了。

地主和長工永遠不會是一條心，此時楊廣這個最大的地主也遇到了不同心的問題，他手下的驍果衛已經跟他不是一條心了。

皇帝醞釀著遷都，而從關中而來的士兵卻醞釀著返鄉，遷都和返鄉於是形成了巨大的矛盾，這個矛盾不斷發展、不斷擴大，到最後矛盾終於成為死結，一道楊廣永遠打不開的死結。

驚變！

有的人想走，有的人想留，想走的是背井離鄉的驍果衛，想留的是皇帝楊廣。

此時江都的形勢已經是黯淡一片，大興淪陷、洛陽被圍、政令不通，全國各地的供奉無法轉運到江都來，因此江都也逐漸的出現了糧荒的跡象，而糧荒動搖了驍果衛原本堅定的心。

驍果衛隸屬於皇帝楊廣的禁軍部隊，在皇家部隊中屬於待遇好、地位高的部隊，這支部隊的主體是關中子弟，而最後問題就是出在關中子弟的身上，因為這些人都想家了。

想家在現代看來不是問題，交通發達、資訊通暢，想家的問題很好解決。然而在那個年代，資訊不通、交通艱難，一封信需要走幾個月甚至幾年，在這種背景下思鄉的情緒也就會蔓延開來。

自從楊廣西元六一六年三下江都以來，全軍思鄉的情緒就一直在蔓延，除了楊廣，其他的人其實都有思鄉的心。這些思鄉的心原本指望著過一兩年就能回到故鄉，然而一年多過去了，皇帝楊廣依然沒有回大興的意思，於是回鄉就成了一種奢望。

思鄉到最後就發展成逃亡，士兵們聚在一起竊竊私語，他們都有一顆回鄉的心。不過多數人也只是說說，畢竟軍令如山逃亡可不是鬧著玩的。

終於還是有人帶頭吃了螃蟹，這個人就是禁衛郎將竇賢。竇賢的出逃還不是個人行為，而是一次集體行為，他是帶著直屬部下集體逃亡的。他這一逃，江都就炸了鍋。皇帝楊廣可以原諒個人的逃亡，但他無法原諒竇賢的集體逃亡，在他看來這不是逃亡，是背叛。

「追回來，斬！」

楊廣以為斬了竇賢這隻雞，剩下的猴也就老實了。不曾想雞殺了，猴更鬧騰了，從此逃亡的人更多。

楊廣又想出了一個辦法，這個辦法很絕：「逃亡者斬，部屬有逃亡的領軍者斬，另外贈送滅族。」這個方法太絕了，對任何人都很絕，甚至包括皇帝楊廣本人，正是這個決絕的方法，讓楊廣引火焚身。

在楊廣的酷令下，有三隻猴子活躍了起來，為了自身的安全，三隻活躍的猴子走到了一起。他們分別是虎賁郎將司馬德戡、虎賁郎將元禮、直閣將軍裴閔通。

當時司馬德戡正奉楊廣的命令率領驍果衛駐紮在東城，任務是保障皇帝的安全。然而司馬德戡卻已經無法集中精神，因為他發現自己已經沒有安全可言了，擺在他面前的只是一條死路。

為什麼說都是死路呢？這都是楊廣造成的。

首先，司馬德戡準備履行自己的職責，向皇帝報告驍果衛中有人想逃亡，然而司馬德戡又擔心楊廣說他誇大其詞，龍顏一旦不悅，當場打死也就是幾分鐘的事，因此這是死路。

其次，如果不報告，只要驍果衛有人逃亡，那作為領軍的虎賁郎將，是負有領導責任的，不用囉嗦，斬立決，打包贈送滅族，也是死路。

第三，即使手下無人逃亡，同時也不需要向皇帝彙報，但是誰能保證遠在關中的家屬不投降李淵呢？只有家族中有一人投降李淵，那麼不好意思，斬立決，外送滅族，還是死路。

司馬德戡、元禮、裴閔通分析完後頹然發現，皇帝楊廣留給他們的是一道三選一的選擇題，可答案只有一個——死路一條。

如何才能擺脫死亡的命運，辦法也只有一個——逃亡。

於是司馬德戡等人就開始尋找同盟軍，這一找不要緊，企圖逃亡的隊伍越來越壯大，這個隊伍中有內史舍人元敏、鷹揚郎將孟秉、門下省符璽郎牛方裕、勳侍楊士覽和虎牙郎將趙行樞等等。

企圖逃亡漸漸地成了公開的秘密，大家不再竊竊私語，而是光明正大的在大庭廣眾下討論，明白人知道這是在研究逃亡方案。

這個時候有個機靈的宮女聽說了他們的逃亡計畫，本著對皇族的忠誠，宮女迅速報告了蕭皇后，蕭皇后不敢怠慢，趕緊帶著宮女去見楊廣，然而楊廣的反應令她們大吃一驚。

楊廣聽完宮女的彙報，勃然大怒：「這說的是什麼話，太平世界都被你們這些人說亂了，推出去，斬了！」

機靈宮女沒得到封賞，反而得到了兜頭一刀，這個世界已經不正常了。

在這之後，還是有責任心強的宮女向蕭皇后彙報，而蕭皇后只能苦笑的告訴宮女，天下已經不可挽救了，再多說只能讓皇帝煩惱，不必了。

此時的楊廣就是一隻鴕鳥，把自己的頭埋在沙子裡，然後跟自己說「我什麼都沒看見耶！」

如果這群人僅僅是執行逃亡方案，那麼楊廣至少暫時安全，畢竟逃亡的不會是全部，而空缺的名額可以在當地招募填充，他至少還可以苟延殘喘一段時間。

然而事情卻發生了變故，這一切都是因為一個人的介入，這個人就是將作少監宇文智及。

宇文智及的名頭不夠響亮，但他老爹的名頭卻很響，他老爹就是楊廣的死黨宇文述。宇文述有三個兒子，按著長幼的順序分別為宇文化及、宇文智及、宇文士及。從智商和學識來看，宇文士及是最高的，楊廣最喜歡，還把自己的女兒嫁給了宇文士及。

相比之下，宇文化及和宇文智及則不太受待見，兩個人曾經因為私自與突厥貿易被楊廣判處死刑，直到被斬前的一刻才下令赦免，而且還是看在宇文述的份上。在赦免死刑之後，宇文化及和宇文智及一直被軟禁，直到宇文述去世之後，楊廣大發慈悲才把哥倆放了出來並委以重任，然而他沒有想到這一放竟然是後患無窮。

宇文智及是怎麼知道逃亡計畫的呢？他是從兩個朋友那裡得到了消息。這兩個朋友一個是趙行樞，一個是楊士覽。趙行樞是他的鐵桿朋友，而楊士覽則是他的外甥。現在他們逃亡計畫告訴了宇文智及，並且約定三月十五日一早執行。

初聽逃亡計畫宇文智及很興奮，同時對趙行樞和楊士覽充滿了感激，不過一轉念他覺得這個計畫有個巨大的漏洞，這個漏洞就是忽視了楊廣的威望。在宇文智及看來，儘管楊廣無道，但畢竟還是有人執行他的命令，一旦楊廣下令追捕，那麼這些人必然逃無可逃，最終還是死路。

不逃是死，逃也是死，難道就沒有活路了？

宇文智及緩緩的說：「有，但必須修改計畫。」

「不逃，那不是死嗎？」

「很簡單，做掉楊廣！」宇文智及緩緩的拋出了最關鍵的一句。

是啊，逃亡不是萬全之策，楊廣還可以下令把人抓回來，然而如果做掉了楊廣，問題就徹底解決了。

宇文智及的話讓趙行樞和楊士覽茅塞頓開，他們不知道這其實是宇文智及的經驗之談。在那次不遂的斬首讓宇文智及明白了一個道理，刀只有握在自己的手中才最安全，一旦刀握到了別人的手中，就要靠別人憐憫在刀口下生活，而這樣的生活是朝不保夕的。現在他就要爭取把刀握在自己的手中。

趙行樞和楊士覽回去把宇文智及的建議傳達給了司馬德戡一干人等，大家一盤算準備參與逃亡的有好幾萬人，如果在逃亡路上遭遇楊廣其他的部隊，勝負沒有把握，而如果用這些人直接來對付楊廣，那勝算就在自己的手中，因為刀完全握在了他們的手中。

盤算完畢，總覺得還缺點什麼，想了半天想起來了，原來還差一個領袖，誰來當呢？經過趙行樞的建議，就讓宇文智及的大哥宇文化及來當吧，沒有人比他更合適。

天將降大任於斯人也，必先苦其心志，而現在被天降大任的宇文化及卻在瑟瑟發抖，最後他還是答應了，因為他抵禦不住當領袖的誘惑。

領袖搞定了，中層幹部也到位了，剩下的問題就是發動群眾了，虎賁郎將司馬德戡知道，楊廣的威信已經降到了冰點，只要在群眾中點一把火，一定會讓楊廣在烈火中得到永生。

同歷史上的很多起義和兵變一樣，這次兵變也是從一段謊言開始的。

司馬德戡從中層幹部中挑選出兩個人，這兩個人是直長許弘仁、醫正張愷，這兩個人都是小官，不過他們有個共同的特點：人緣好。他們的任務就是到驍果衛中傳播小道消息。

許弘仁和張愷進入了軍營，鬼鬼祟祟的把小道消息傳遞給所認識的驍果衛，每傳播一次總會強調一下「我只告訴了你，你可千萬要保密」。就這樣，沒一會兒，小道消息就成了眾所周知的秘密。

眾所周知的秘密是什麼呢？眾所周知的秘密是這樣說的：「皇帝聽說驍果衛準備叛逃，正在釀造大量的毒酒，準備利用宴會的時機將驍果衛全部毒死，只留下南方人陪他守護江都！」

沒有比這更惡毒的小道消息，也沒有比這更好的導火索。

三月十日，虎賁郎將司馬德戡召集了全體驍果衛軍官，進行了最後的動員，已經在心中完成動員的軍官們一臉的悲憤，異口同聲：「全聽將軍命令！」

其實，在驍果衛們醞釀兵變的時候，還是有一些異象發生的，不知道是天意如此，還是迷信使然。這一段時間，異象連連。

動物方面：有烏鵲在楊廣的幄帳築巢，驅不能止。

星象方面：熒惑犯太微，按照星象說法這種星象象徵人間有帝王被弒。

水文方面：有石自江浮入於揚子，石頭莫名其妙地漂了起來，世界不正常了，秩序要亂。

太陽方面：日光四散如流血。

這些異象綜合到一起，隋書記載：上甚惡之。（楊廣很不高興）

三月十日這一天也是有異象的，這一天突然颳起了大風，天色陰暗，白晝如同黃昏，放在現在的北京也就是一場極為普通的沙塵暴，而在隋末的江都這就是一個王朝的滅亡異象。

這一天，楊廣其實還有救贖的機會，只可惜被秘書虞世基給耽誤了。當時有忠於楊廣的官員已經察覺了異常，並把消息通報給了虞世基，結果虞世基說「再研究，再考慮」，這一研究、一考慮，兵變就發生了。

錯過了救贖的機會，司馬德戡等人已經磨刀霍霍，元禮和裴閔通當晚正好在皇宮內值勤，這是天然的內應；城門校尉唐奉義跟裴閔通約定，當晚所有城門都半掩。當晚三更，司馬德戡在東城集結數萬驍果衛，燃起火把，與城外的部隊遙相呼應，行動開始。

東城燃起的火光驚動了神經衰弱的楊廣，楊廣連忙問裴閔通：「發生了什麼事？」

「沒啥事，草料庫起火了，外面的人正在救呢！」

忽悠死人不償命。

聞聽此言，楊廣將信將疑，他不知道此時宇文智及已經在宮城外劫持了忠於楊廣的虎賁郎將馮普樂，並封鎖了各條街巷。

隨同楊廣在江都的皇孫燕王楊炎發現情況不對，連忙從城門側的水洞爬了進去，一溜小跑跑到了玄武門前，正面撞上的正是內應裴閔通。楊炎不知裴閔通是敵是友，順勢撒了謊：「我得了急病快死了，請讓我見祖父一面。」可惜他遇到的是淨忽悠別人的裴閔通，小忽悠想忽悠住老忽悠，下輩子吧！

裴閔通不跟楊炎廢話，只說了兩個字：「拿下！」

三月十一日一大早，天還沒有亮，司馬德戡把軍隊交給裴閔通，這些軍隊將接替宮城侍衛，全面控制局面。裴閔通帶領數百騎兵進入成象殿，護衛士兵一看有騎兵闖入，大聲呼喊「有賊！」

裴閔通一個激靈，立刻後退，同時下令關閉所有城門，只留下東門未關，算是給護衛士兵一個出路。裴閔通率領騎兵進逼，殿內的護衛士兵發現情況不對，又不願意死磕，紛紛放下武器出城，然後找個角落看熱鬧去了。

然而並不是所有的人都選擇看熱鬧，右屯衛將軍獨孤盛就選擇了死磕。

獨孤盛眼見全副武裝的騎兵出現，不明就裡的對裴閔通說：「哪來的軍隊，好像有點奇怪啊！」裴閔通輕蔑的看了獨孤盛一眼：「形勢至此，跟你無關，謹慎一點，別亂動就行了。」

如果是一般人可能就此走開，而獨孤盛選擇了抗爭到底，對著裴閔通大罵一聲：「老賊！你說的是什麼話！」說罷就帶領十幾個侍從衝殺了過去，一番撕鬥之後，獨孤盛等全部被殺，以十幾人對陣數萬人，精神可嘉，結果殘酷。

獨孤盛並不是唯一抗爭的人，御前帶刀侍衛獨孤開遠也選擇了堅持。獨孤開遠帶領數百士兵衝到了宮城的玄武門前敲門大喊。在孤獨開遠看來軍隊武器還都齊整，如果楊廣能出來鼓舞士氣，仍有可能擊退叛軍，倘若不然必定大禍臨頭。然而任憑獨孤開遠喊破了嗓子，楊廣還是沒有出現，而獨孤開遠手下的士兵也開始有人逃散，這幾百人對陣裴閔通的數萬人自然是螳臂當車，獨孤開遠很快被俘。令人意想不到的是，兵變的士兵倒也敬重他的忠誠隨即把他釋放，條件是不要多管閒事。

歷史總是由無數的巧合組成。

原本宮城最重要的一個門是玄武門，易守難攻，只要能守到天亮，楊廣就有可能轉危為安，然而等到兵變士兵抵達玄武門時，他們發現玄武門居然空無一人。

戰略要地空無一人，這是唱的哪一齣呢？

這一齣戲叫裡應外合。

原來宇文化及在宮中有一個內應，這個內應是一個姓魏的女官。當天魏女官利用職務之便假傳聖旨，宣布在崗的士兵可以自由出宮，休息一天。有此等好事，自然沒有人願意錯過，這一下玄武門就空了，加鎖的防盜門一下子就成了擺設，司馬德戡等人輕輕一推抬腳就進，原來兵變如此簡單啊。

在內應魏女官的策應下，兵變軍一路殺進了宮城內的小巷，正苦於找不到楊廣時，一個美女走了出來，指指西閣，楊廣這下藏不住了。

楊廣被兵變軍押了出來，迎頭就看到了裴閔通，楊廣很納悶，這個人從自己當親王時就是自己的親信，怎麼今天就謀反了呢？裴閔通坦然的說：「我不敢謀反，只是士兵們想念關中，我們想請你一起回大興而已。」楊廣一聽馬上回應：「嗨，我也一直想回呢，走，現在我跟你們一起動身。」

有些事錯過了就無法回頭，現在才想起回大興，晚了！

此時名義上的領袖宇文化及已經被兵變軍迎到了宮城門外，此時的他依然抖作一團，手扶著馬鞍不敢抬頭。

宮城內裴閔通正要求楊廣上馬出城，而楊廣卻矯情了起來，原來他嫌裴閔通的馬鞍太舊了。裴閔通心中暗笑：死到臨頭還擺譜呢！也罷！

換上了新馬鞍，楊廣騎上了馬，裴閔通一手提刀，一手牽馬，一路出了宮城，宮城外的兵變軍歡聲雷動，這次輪到楊廣瑟瑟發抖了。

宇文化及一看裴閔通押著楊廣出來大驚失色，急忙吩咐：「還把他弄出來做什麼，趕緊帶下去下手！」

楊廣怒視著宇文化及，試圖用皇帝的威嚴嚇住宇文化及：「宇文化及，如果你就此停止，我可以饒你不死！」

宇文化及不敢與楊廣對視，只是連連向裴閔通擺手：拉下去，拉下去！

寢殿之中，楊廣的路走到了盡頭，眼前的這些人他都有些印象，而且對這些人不薄，在生命的最後時刻他實在想不通，為什麼這些人會背叛自己呢？在生命的最後時刻，他想弄清帶頭的究竟是誰，而司馬德戡說，領頭的不是一個人，而是無數憤怒的靈魂附體。

此時隋唐著名的老油條封德彝奉宇文化及之命前來公布楊廣的罪狀，楊廣看著這個老油條，黯然的說：「你一個知識份子怎麼能做這種事。」一語既出，老油條也有羞恥感，默默地退到一旁。

該結束了，一切都該結束了。幼子楊杲還在哭泣，卻被裴閔通一刀砍死在楊廣的跟前，鮮血濺到了楊廣的衣服上。楊廣心痛的看著慘死的幼子。

刀又衝楊廣舉了起來，楊廣保持著皇帝最後的尊嚴，一字一句的說道：「皇帝自有皇帝的死法，諸侯死於刀鋒天下還要大旱三年，何況是皇帝，拿毒酒給我。」然而急切之間，宮城之內居然找不到一杯毒酒，富有四海的皇帝最後居然連一杯毒酒都得不到，諷刺，辛辣的諷刺。

楊廣頹然解下自己的絲巾，交給了兵變軍校尉令狐行達，他選擇了跟大哥楊勇一樣的死法。

在楊廣的身後，慌亂的蕭皇后與宮女一起用床上的木板拼湊成一個棺材，楊廣與楊杲就擠在裡面，一起暫厝在西院的流珠堂。五個月後，江都郡守陳稜找到楊廣的靈柩，改葬在江都宮西郊吳公台，一生只愛江都好的楊廣終於把自己永遠留在了江都。

自此隋朝實質已經結束了，遠在大興和洛陽的皇孫楊侑和楊侗不過是權臣手中的傀儡，他們也將步祖父的後塵。隋朝總計四個皇帝，楊堅、楊廣和兩個都稱為恭帝的楊侑、楊侗，四個皇帝都非善終。楊堅疑似被弒，楊廣被兵變軍縊死，楊侑、楊侗的結局都是一杯毒酒。

江都兵變並不是楊廣一個人的悲劇，在這次兵變中，被軟禁多年的蜀王楊秀和他的七個兒子被誅殺，楊廣那不受待見的次子楊暕及其兩個兒子被誅殺，皇孫楊炎被誅殺，隋朝楊姓皇族以及皇親國戚一個不留（**楊暕的遺腹子楊政道是楊廣血脈的唯一延續**）。

同時被誅殺的還有內史侍郎虞世基、御史大夫裴蘊、左翊衛大將軍來護兒和給事郎許善心（**許敬宗之父**）等人。

歷史，有的時候無法理喻，有的時候令人啼笑皆非。江都兵變後，不少兵變將領後悔不已，不久之後宇文化及居然痛恨兵變士兵將自己趕鴨子上架。

歷史就是一個漩渦，漩渦內的人情不自己，漩渦外的人袖手旁觀，情不自已的宇文化及最終沒有修成正果，反而為袖手旁觀的李淵做了嫁衣。

唐國興，理萬年

第十六章

高高在上，苦孩子也能當皇帝

歷史的三岔口有悲傷也有驚喜。

從西元六一七年十一月十七日開始，李淵已經成為不是皇帝的皇帝，全國所有的最高權力都收集到了李淵的手裡，只留給楊侑郊外祭祀天地和四季祭拜祖先的權力。

然而，在追求權力的路上沒有終點，二次創業的李淵自然深信這一點。

西元六一八年正月初一，楊侑下詔又授予李淵劍履上殿、贊拜不名。劍履上殿就是上殿時不用解佩劍了，可以隨身攜帶，別人必須脫了木屐，而你可以大搖大擺的穿著木屐上殿。贊拜不名就是向皇帝奏事的時候不用稱呼自己姓名了，說個臣就可以了。

熟悉歷史的人都知道，一旦到了「劍履上殿，贊拜不名」的地步，那麼權臣的權力已經要達到頂峰了，而皇帝的皇權也快到頭了。

西元六一八年三月二十三日，楊侑再次下詔，撥出十個郡，增加唐國封地，封唐王李淵為相國，加「九錫」。封相國，加九錫，這些都是篡權的規定動作，李淵也不能免俗，不過他還是極其低調的退回了九錫，只是將丞相府改成了相國府。

此時的李淵遠遠的望著楊侑的皇位，他知道那個位置早晚是自己的，只是他並不知道這個時間到底要多久，這一切都取決於他那位皇帝表弟能夠活多久。如果楊廣活著，李淵就不能悍然稱帝，畢竟楊廣作為皇帝對於天下還有號召力，而如果楊廣死去，那麼尊隋就失去了意義，道具楊侑的號召力還不如李淵呢。

那麼楊廣到底什麼時候死呢？天知道！

等待中的李淵還不知道，他的皇帝表弟已經於三月十一日被兵變軍縊死了，到三月二十三日封相國時，楊廣已經去世十二天了，而此時的李淵卻還在焦急的等待之中。

人生不能長久等待，皇位也不能長久等待，時間慢慢的走到了五月上旬，這時楊廣被殺的消息終於傳到了大興，李淵胸中的大石終於放下了。解脫了，釋然了，該是撤下面具隆重登場的時候了。

五月十四日，李淵給表外孫楊侑下了命令：乖孫子把你的板凳讓給姨姥爺吧，回家當你的小屁孩吧！

楊侑接到命令，沒有絲毫猶豫，火速禪讓了皇位，此時距離他登基正好半年，而這半年中他時刻準備著，始終生活在恐慌之中。現在騰出了皇位，傀儡的生涯結束，然而等待他的又是什麼呢？

看著楊侑騰出的皇位，李淵陷入了對往事的深思之中。

他想起了自己當千牛備身的日子，他想起了自己外放當官的日子，他想起了獨孤姨媽的好，也想起了楊廣表弟的壞。對於楊家，他的情感複雜。

回首晉陽起兵，一切如同在夢中，誰能想到起兵居然會如此順利，偌大的帝國會如此不堪一擊。

此時他又想起了自己的亡妻竇氏，竇氏在少女時期就希望能為舅舅家復仇，而現在竇氏已經作古，自己作為丈夫，總算替她了了心願，九泉下的竇氏可以瞑目了。

就這樣稱帝嗎？不再猶豫了？李淵又找來老搭檔裴寂商量，要不要再拿楊侑當幾年擋箭牌呢？裴寂倒是心直口快，拉倒吧，當年夏商周交替的時候不也是這樣嗎？自己稱帝，誰還拿前朝當擋箭牌呢！

是啊，楊廣已經長眠地下，絆腳石已經不存在了，該是自己創立朝代的時候了。

那麼新王朝用什麼名字呢？按慣例就叫唐。

李唐，發跡於北周，起源於李淵的祖父李虎，傳承於李淵的父親李昞，而六歲的李淵接過了唐的大旗。從唐國公到唐王，從唐王再到唐朝皇帝，兩步飛越，三代傳承。

西元六一八年五月二十日，五十二歲的李淵在大興太極殿登基，派刑部尚書蕭造在大興南郊祭祀，給上天發了一條消息：隋亡唐興，改年號為武德，從五月二十日開始，西元六一八年就是武德元年。

在這之後不久，太行山傳來了祥瑞，有人報告說太行山居然自己說話了，而且一下說了六個字，哪六個字呢？「唐國興，理萬年」。李淵聽說後激動得熱淚盈眶。

唐朝開國，去年草台班子大將軍府的成員都成了唐朝的大股東，裴寂和劉文靜這兩個曾經為出路發愁的小官終於找到了登峰造極的感覺，其他人也得到了相應的封賞。

六月一日，李淵發布任命，李世民為尚書令、裴寂為左僕射、劉文靜為納言、唐儉為內史侍郎、獨孤懷恩為工部尚書、屈突通為兵部尚書。

同時還有格外賞賜，詔尚書令秦王、尚書左僕射裴寂、納言劉文靜恕二死；另有長孫順德、柴紹等十四人免一死。這也就意味著在李淵的手下，這十七個人至少多了一條命，而李世民，裴寂，劉文靜累計每個人就達到了三條命，也就是說在李淵的治下，至少有兩次犯大錯誤的機會。然而令劉文靜沒有想到的是，一年後僅僅因為一次犯錯，李淵就收回了免死金券。鬧了半天，皇帝說話是不能算數的。

六月六日，李淵追尊四代祖先，高祖，曾祖，祖父，父親一律被追尊為皇帝，去世多年的母親獨孤氏終於被追尊為元貞皇后，這樣獨孤一門湊齊了三個皇后（**北周明敬皇后、唐元貞皇后、隋文獻皇后**）。

追尊完以前的，再分封現在的。六月七日，李淵正式分封皇子和皇族，這一天封世子李建成為皇太子、趙公李世民為秦王、齊公李元吉為齊王，從此李建成、李世民、李元吉分別以太子、秦王、齊王的身分走上歷史舞臺，兄弟三人將在整整八年後上演一齣大戲，這齣大戲的名字就叫《玄武門之變》。

海到天邊天做岸，山登絕頂我為峰，春風得意的李淵終於領略到高高在上的味道，這個味道很陌生，又讓人一經接觸就無法抵禦。一年前自己還在為生存還是毀滅擔憂，而一年後，自己已經高高在上、雄視天下，人的命運究竟是天注定，還是人決定的呢？

命運或許在天，或許在人，總之從今以後穿上天子馬甲的李淵成了君臨天下的皇帝。

洞房花燭夜——隔壁

這幾天，李密的心情一直不太好，因為他感覺自己被人耍了。

當初與李淵的親密書信中，兩個人一直稱兄道弟，李淵甚至請求李密稱帝時別忘了咱們五百年是一家，順便把李淵加入到皇族家譜之中。興奮中的李密愉快的接受了李淵的申請，並邀請李淵方便的時候前來盟誓一下，共贏天下。當時李淵也愉快的接受了邀請，兩人書信之中言談甚歡。

現在李密發現，自己是小忽悠見到老忽悠了，跟李淵這個爐火純青的老忽悠相比，自己這個小忽悠才剛剛上路。自己這邊還跟楊侗、王世充水深火熱呢，而他居然登基稱帝了，真應了那句話：洞房花燭夜——隔壁。

李密的鬱悶還沒有結束，接下來洛陽城內傳來的樂聲更讓他鬱悶，五月二十四日東都留守官員集體擁護越王楊侗即皇帝位，改年號為皇泰，這下李密的鬱悶幾乎要達到頂點。隔著那道城牆，李密只能觀望著洛陽城內短暫的幸福，而這一切與他無關，儘管咫尺之近，而到現在為止，還是天涯之遠。

洛陽城內此時喪事與喜事一起辦，楊侗追尊祖父楊廣謚號明帝，廟號世祖。對比一下楊侗與李淵給楊廣的謚號，楊侗追尊為明帝，而李淵追尊為煬帝，一字之差，天差地別。曾經的表兄弟，為何要吝惜一個字呢？是政治，還是心胸的問題？

與李淵的部屬相比，楊侗的身邊棒槌居多，當時顯貴的總共有七大棒槌，號稱「七貴」。七大棒槌分別是：納言段達、納言王世充、內史令元文都、兵部尚書皇甫無逸、內史令盧楚、內史侍郎郭文懿和黃門侍郎趙長文。這七個人中心計最深的就是卷毛將軍、納言王世充。

有好玩的智力遊戲自然需要大家一起玩，李密也很有興趣加入洛陽七貴的智力遊戲，在他看來，洛陽遲早是他的囊中之物，總有一天他會讓隔壁的李淵聽一聽他的洞房花燭夜，也讓他知道心傷的味道。

然而李密終究還是沒有等到機會，不久之後就陷入了「狗咬狗」的泥潭之中，同時遇到了他一生中的另一個苦主——宇文化及。

洛陽，誰家天下

第十七章

領導，冒號！

江都兵變之後，發抖的宇文化及承擔起領導的職務，只是要領導這麼龐大一個隊伍實在難為他了，智商不夠的他不僅窮於應付各種事務，還要忙中偷閒躲過兩次暗殺。

在江都兵變後的第十六天，也就是三月二十七日，宇文化及宣布率軍西返大興，所有排場跟楊廣在世時一樣，只不過主人由皇帝楊廣換成了大丞相宇文化及。

智商不夠的宇文化及以為西返只是簡單任務，他沒有意識到西返是不可能完成的任務。大軍抵達行宮顯福宮，刺殺宇文化及的暗流開始湧動，領導者是兩個熟人，一個是民間雜技高手死士沈光，另外一個是神人麥鐵杖之子麥孟才，兩個皇帝的死士一拍即合，含淚發誓要做掉宇文化及。讓人啼笑皆非的是，之前宇文化及居然認為沈光勇猛過人，特別委任沈光率領「給使營」專門負責宇文化及的安全。真是老鼠找貓當保全。

然而最後的事實證明，暗殺這種高難度的工作只適合小規模行動。此次沈光動用的部屬有數百人，而麥孟才聯絡的老部屬和朋友則達到了數千人，暗殺這種東西人數超過兩個就有可能走漏消息，更何況人數達到了數千人。

果然消息還是走漏了，宇文化及和他的心腹連夜得到消息金蟬脫殼，留下虎賁郎將司馬德戡等待沈光等人上鉤。沈光看到大營內兵馬混亂，知道消息已經走漏，這個時候只有硬上了。沈光帶領自己的人馬衝進宇文化及的營帳，結果整個營帳只有一個人，倒楣的內史侍郎元敏。不知道什麼原因他正好進入了宇文化及的大營，而沈光早就對這個投降宇文化及的馬屁精起了殺機。沈光一條條細數元敏的罪行，最後才給他痛快的一刀，沒砍到宇文化及，就用元敏先磨磨刀吧！

沈光轉身再出營帳，迎面撞上埋伏已久的司馬德戡，又是一番惡鬥，沈光及其手下數百人無一投降，全部戰死。這個被楊廣慧眼識珠的猛將用自己的方式回報了楊廣，雖不成功，忠心天地可表。與沈光同時遇難的還有神人麥鐵杖之子麥孟才，父子二人忠誠一脈相承。

躲過了第一次暗殺，宇文化及還在暗自慶幸，然而沒多久，又一次暗殺正在悄悄醞釀，這一次醞釀暗殺的居然是江都兵變的發難者虎賁郎將司馬德戡。

司馬德戡發難並不是沒有原因，根本原因是沒有分到設想中的蛋糕。

當時宇文化及自稱大丞相，立秦王楊浩（**楊廣三弟楊俊的兒子**）為傀儡皇帝。楊浩只有一項權力，就是按照宇文化及的要求簽字，在宇文化及看來楊浩也就是一個用來唬人的橡皮圖章。

儘管宇文化及智商比較低，但他比較會唬人，遇到部下向他請示時，他從來不當場表態，甚至不說一句話，這樣留給對方的是不可侵犯的領導尊嚴和高深莫測的想像。

等到大家都下班以後，宇文化及再召來自己幾個所謂的智囊商討對策。唐奉義、牛方裕、薛世良、張愷，一群水準偏低、人品偏次的馬屁精。

有這麼一群人圍繞在宇文化及身邊，司馬德戡自然得不到理想中的蛋糕，反而還受到了宇文化及的猜忌。也是，司馬德戡連皇帝都敢反，更何況宇文化及這個草頭大丞相呢？隨即宇文化及擢升司馬德戡為禮部尚書，堂而皇之的剝奪了司馬德戡的兵權。

惱怒萬分的司馬德戡找來了當初一起商議的趙行樞，兩人一起交流了兵變之後的感受，兩人一致發現兵變之後的待遇居然還不如兵變前，忙活了半天竟是給別人做了嫁衣。

還是趙行樞有想法，眼珠一轉就有了新點子，「咱們能捧起他，咱就能摔死他！」

兩人密謀之後展開行動，司馬德戡拿出全部家當賄賂宇文智及，要求擔當全軍的後衛將軍。見錢眼開的宇文智及跟老哥宇文化及一商量，得，後衛就後衛吧！這一下，兵權又回到了司馬德戡的手中，他的手下又有了一萬多人。

按說以這一萬多人已經夠成事了，而司馬德戡還覺得不夠，他準備再找個外援。司馬德戡派出密使去聯絡附近的起義軍首領孟海公作為外援，誰知道這孟海公居無定所，走位飄忽，不容易接上頭，這一找時間就耽誤了。

巧合的是當年負責到驍果衛中散布小道消息的直長許弘仁和醫正張愷得到了司馬德戡即將兵變的消息，兩個人遵循大力傳播的新聞原則，親口把小道消息傳播給了事件的主角宇文化及，而遺憾的是司馬德戡自己卻不知道。

宇文化及派宇文士及以外出打獵的名義來到了司馬德戡的後衛軍大營，不明就裡的司馬德戡走出大營迎接，他沒有想到宇文士及的獵物正是他司馬德戡。

臨刑前，司馬德戡痛斥大丞相宇文化及：「我們誅殺楊廣就是因為無法忍受他的荒淫殘暴，然而沒想到你比他更差！」

悲哀，司馬德戡的悲哀，皇帝楊廣的悲哀，隋朝的悲哀。

躲過兩次暗殺的宇文化及繼續西上，一路上他受到了孟海公的酒肉款待，也遭到了據守鞏洛的李密的冷臉。宇文化及將目標鎖定到了李密部將徐世勣據守的黎陽，不為別的，黎陽有別的地方沒有的東西——糧食。因為糧食，宇文化及與李密兵戎相見，相互殘殺，情不自已的李密和宇文化及同時陷入了糧食的漩渦，也成了「狗咬狗」計畫中兩個爭奪骨頭的狗。

來自民間的「狗咬狗」

說起來，「狗咬狗」的計畫還是來自於民間智慧。

當時洛陽城正處於李密的包圍之中，政令出不了洛陽城，外援也沒有指望，要想活命只能靠洛陽城的生產自救。原本洛陽城內楊侗與李密的關係處在微妙的平衡之中，雙方正在不斷地拉鋸，現在大丞相宇文化及率領數萬驍果衛從江都逼近，他們的目的是回家，那麼洛陽就是他們的目標之一。

一個李密已經夠讓人頭疼的，再加上一個令人討厭的宇文化及，這還讓人活嗎？

正當楊侗與幾個棒槌心煩意亂時，一個叫蓋琮的人給楊侗上了一道奏章，聲稱只要按照他的方案辦理，李密和宇文化及都不足為慮。

什麼方案有這麼神奇呢？說白了很簡單，就是「狗咬狗」，遊說李密死磕宇文化及，兩狗相爭，不死也傷。

元文都和盧楚一合計，此計甚妙，現在以洛陽城內的軍事力量肯定打不過宇文化及，而如果讓李密去打宇文化及，兩個人必定兩敗俱傷，到那時既趕走了宇文化及，又可以策反李密的部將擒獲李密，天底下還有這麼好的空手套白狼的買賣嗎？

兩人一攛掇，「狗咬狗」計畫就這麼定下了，然而這麼大一方案派誰去實施呢？想來想去，還是蓋琮合適，既然由你提出，還是由你實施吧！

蓋琮的級別不夠怎麼辦？這個不難，現場加封，弄一件正四品的官服，從今以後你就是正四品通直散騎常侍了，另外一個身分是皇帝楊侗的欽差。

於是蓋琮走上了遊說李密的道路，然而在他心裡其實沒有底，「狗咬狗」計畫說白了是一個策劃，能否變成現實不僅取決於骨頭，更取決於那兩隻正在對陣的狗。如果李密不理會東都拋出的骨頭又該怎麼辦呢？

事實證明蓋欽差的擔心是多餘的，在他來之前，李密想東都這塊骨頭已經想瘋了。

李密不是以東都為囊中之物嗎？為什麼又惦記東都的骨頭呢？

一切都是形勢逼的。

原本李密以為自己會奪取洛陽，席捲天下，然而一年多的混戰下來，李密陷入了苦戰之中，比他後起兵的李淵已經佔據了大興，而李密還在洛陽的郊外當「洛漂」（**洛陽漂泊者**）。從形勢上看，李密短時間內攻取洛陽根本不現實，因此李密一直在考慮著變通。在李密看來，建都稱帝當然是第一選擇，而如果能進入洛陽「挾天子以令諸侯」也是理想的第二選擇，最不濟也可以結束自己的「洛漂」生涯。

李密的想法有了變化，蓋琮的遊說就變得簡單起來，蓋琮剛剛說完，李密當即表示同意，爽快得讓蓋琮都有點吃驚，吃驚的蓋琮看著興奮的李密，心中甚至有點同情李密，「可憐，八成是想骨頭想瘋了！」

與洛陽達成了和解，李密徹底解除了後顧之憂，這下他可以放心的跟宇文化及決一死戰了。

當時的形勢是這樣的，徐世勣率軍固守黎陽倉城，宇文化及率數萬驍果衛進逼黎陽倉城，而李密則率領兩萬步兵和騎兵駐紮在清淇（河南省淇縣東南），雙方因為糧食糾纏到了一起。

每次宇文化及率軍攻城，徐世勣就會燃起烽火向李密報警，這時李密就負責衝擊宇文化及的後衛部隊，三方分工極為明確，徐世勣負責報警，李密負責襲擊，宇文化及負責挨打。幾次戰事下來，還是宇文化及挨打的次數多。

說起來宇文化及的智商低到了有點弱智的地步。有一次李密與宇文化及隔著淇水對峙，兩方主帥出陣對話，這次對話讓宇文化及的低智商讓眾人瞠目結舌。

李密這個人文才了得，口才同樣了得，罵人也有特長，基本不用打草稿。

李密指著對面的宇文化及開罵：「你們家本來就是匈奴人的家奴，本來姓個鰲姓『破野頭』，後來恬不知恥的跟著主人姓了『宇文』。你們父子二人，在隋朝受到的富貴天下沒有人能相比，楊廣有錯，你不能冒死進諫，反而大逆不道的弒君，還想篡奪皇位，天下誰能容你。你現在如果早點投降，或許還能保全後代子嗣！」

李密罵得酣暢淋漓，痛快之至，兩方陣中都期待著對方辯手宇文化及有出色的反駁，這樣才能讓這場辯論更加精彩。誰知道等了半天，宇文化及憋得滿臉通紅，眼睛死盯著地面半天，猛然間又抬起了頭，這一抬頭引起了眾人的期待，大家都在等待宇文化及的精彩辯論。

哪曾想，宇文化及瞪著眼睛就高喊了一句話：「我跟你要說的是廝殺，誰要聽你那些書本上話。」要命，這孩子沒得救了！

這時李密落得一身灑脫，輕鬆的跟身邊的隨從說，「就宇文化及這個智商，我拿根樹枝就能讓他滿地找牙。」

這一場陣前辯論以李密的狂勝收場，也讓李密對宇文化及充滿了輕蔑，然而狂勝的李密忽略了一點，儘管宇文化及是一隻愚蠢的羊，然而他手下的驍果衛卻是一群戰鬥力極高的狼。

李密與宇文化及進入了暫時的相持之中，而李密與東都洛陽卻進入了短暫的蜜月期。在短暫的蜜月期裡，楊侗任命李密為太尉、尚書令、東南道大行台行軍主帥，封魏國公。雖然這個封賞與李密的皇帝夢想還有距離，但畢竟已經是位列三公，位極人臣，如果真能實現，在洛陽政府內李密就是一人之下，萬人之上。一個啃過樹皮、教過私塾的起義軍首領能到這個境界，已經相當不易了，無疑地楊侗拋出的這塊骨頭相當誘人。

然而在楊侗拋出誘人骨頭的同時，洛陽城內又是暗流湧動，輔政的七貴迅速分化為兩派，一派以元文都為首，一派以王世充為首，而段達則成了騎牆的兩面派。

元文都等五貴對李密持歡迎態度，而王世充則是堅決抵制，王世充懷疑元文都等人會把洛陽城送給李密，而元文都等人則懷疑王世充會把洛陽城送給宇文化及，兩派自此開始猜忌，儘管還保持著表面的平和，但在平和的下面就是雙方的磨刀霍霍。

伴隨著與東都的蜜月，李密與宇文化及到了真正的決裂。

在真正決裂之前，李密還是對低智商的宇文化及耍了個心眼，派出使節向宇文化及表示和解，並在字裡行間表露如果有需要李密將會不遺餘力的進行供應。

和解？供應？李密沒有瘋吧？

李密沒瘋，但宇文化及瘋了！

李密沒瘋，李密的此舉旨在加快宇文化及的糧草消耗，讓沒有「後顧之憂」的宇文化及大加吃喝，快速將糧草消耗殆盡；宇文化及瘋了，他居然相信了李密的和解，放心大膽的讓手下士兵放開肚皮，反正李密有黎陽倉，吃光了李密自會供應。

耗子給貓當伴娘？你信嗎？宇文化及就信。

然而宇文化及的錯覺並沒有維持多久，不久之後他迎來了一個客人，這個客人是從李密大營逃過來的。這個人在李密的大營犯了死罪，不逃就會被處死，他本著試試看的想法投奔了宇文化及，而且還給宇文化及帶來了見面禮。

見面禮只有四個字：「你被耍了！」

在客人的闡述下，宇文化及才明白自己又被李密耍了，這個世界上耗子是不會給貓當伴娘的。第二次受到侮辱的宇文化及再也控制不住自己的情緒，他要證明一定會打得李密滿地找牙。

宇文化及率領數萬驍果衛渡過永濟運河，直撲李密設在童山的大營，數萬驍果衛向李密大營猛烈衝擊，戰事從早上七點一直延續到晚上七點，整整進行了十二個小時。在驍果衛的衝擊下，李密大軍傷亡慘重，連他自己都中了冷箭，從馬上跌落昏厥了過去。眼看主帥落馬，隨從們心急如焚，一咬牙，一跺腳，竟四散逃去。

眼看李密就要被驍果衛包了餃子，一員猛將在這個關鍵的時刻出現，這個人就是秦瓊秦叔寶。秦瓊向李密衝了過去，奮力將李密救上馬，然後帶著李密衝出了包圍圈。緊接著秦瓊一聲大吼，喝住了敗退的殘兵敗將，後撤改衝鋒，這一衝鋒終於逼退了驍果衛。

這一戰在歷史上著墨不多，其實慘烈無比，這一戰打滅了宇文化及的士氣，也打殘了李密的精銳部隊。在日後與王世充的決戰中，李密的一敗塗地其實根源於這一場同宇文化及的惡戰。

狗咬狗，一嘴毛，骨頭依然若隱若現，只留下童山大戰的一地狗毛。

夢碎！兩個人的悲劇

童山大戰，斃敵一千，自損八百，李密和宇文化及都損傷慘重。相比於李密，宇文化及更早地看到了自己的悲劇。

大戰後的宇文化及進入到汲郡，此時的他眼中只有糧食，因為全軍已經斷糧了。

宇文化及不僅在汲郡挖地三尺，同時派人到已經投降的東郡徵繳糧草，無論官員還是百姓一直被逼到交出糧草為止。如此一來，東郡城內哭聲一片，當初舉城投降的副郡長（通守）王軌開始動搖，他早知道宇文化及智商低，卻不知道宇文化及的智商如此之低。

想來想去，跟著宇文化及恐怕是沒活路了，投降李密呢？或許是條路。

下定決心後，王軌派出自己的特使內史省通事舍人許敬宗，此人就是在武則天面前八面玲瓏的那個許敬宗。

說起來許敬宗也是從刀口下活過來的。江都兵變時，他的父親許善心不買宇文化及的帳，結果被宇文化及誅殺。原本宇文化及想順便把許敬宗給收拾了，結果架不住許敬宗一個勁的求饒，心一軟也就把許敬宗給放了。這件事也成了許敬宗一生的污點，經常被封德彝拿出來說道。

封德彝經常把許敬宗跟虞世南進行對比：「人家虞世南面對危險敢於請求替兄長虞世基去死，而許敬宗看著老爹被誅殺卻只是一個勁為自己求饒。」

經常被羞辱的許敬宗一直隱忍，終於還是等到了報復的機會。封德彝儘管一生左右逢源，小心謹慎，然而在他死後，還是有人向太宗李世民揭發，封德彝其實擁護過太子建成。感覺自己受騙的李世民憤怒異常，剝奪了封德彝的諡號，讓他在身後斯文掃地。而封德彝這樣的重要大臣還是要收入《實錄》的，而《實錄》的撰寫者就是一直被羞辱的許敬宗。因此在許敬宗的筆下，我們看到的是一個小人封德彝。

許敬宗奉命晉見李密請求投降，李密大喜過望，馬上任命王軌從東郡副郡長升任東郡軍事總管，至於許敬宗就別回去了，留下來跟魏徵一起管理文書吧。從這時起，許敬宗與魏徵成為同事，然而兩個人在歷史上的名聲卻永遠不可同日而語。

王軌投降，東郡得而復失，儘管宇文化及智商低，但他也看出汲郡已不是久留之地。西進暫時沒有可能，南下又是回頭路，東進前途未卜，現在只有北上。

然而同楊廣一樣，宇文化及此時也失去軍心，跟隨他的驍果衛開始離心離德。部將陳智略率嶺南籍驍果衛一萬餘人，樊子蓋之子樊文超率領江淮籍短矛勇士，張童兒率江東驍果衛數千人一起投降李密，自此宇文化及大軍只剩下兩萬餘人。

看著剩下的兩萬餘人，宇文化及只有苦笑，事已至此只能北上尋找機會了。

宇文化及不會想到，在他的前方有一個隋末英雄正在等待他的到來，而宇文化及則在一步一步走向自己生命的終點——聊城。

破碎的肥皂泡

逼走了宇文化及，招降了近兩萬驍果衛，此時的李密正朝著自己的太尉夢前進，只要返回洛陽，他就不再是民間的李密，而是廟堂上的李密。雖然當年被楊廣從儀仗隊中趕出來，而現在卻能以太尉的身分進入洛陽政府，這或許就叫命運，就叫輪迴吧！

李太尉的夢正在醞釀，希望的肥皂泡也在膨脹，然而一個人就在這個時候不合時宜的出現了，這個人不由分說的扎破了李密希望的肥皂泡，這個人就是卷毛將軍王世充。

伴隨著李密的節節勝利，洛陽城的五貴開始手舞足蹈，在他們看來，「狗咬狗」的計畫已經大獲成功，接下來他們將迎接功臣李密。

在五貴歡呼雀躍的背後，一雙眼睛正默默地注視著，這雙眼睛的主人就是王世充。

在王世充看來，元文都這些人只會動動嘴皮子，一旦李密入朝，一定會把這些人生擒活捉。而他王世充是注定與李密不共戴天的，自己殺死對方那麼多人，不是一身官服就能化敵為友的。

王世充把自己的想法在部屬中傳達，同時掐滅了媾和李密的念頭，全軍上下依然保持著對李密死磕的勢頭，而防禦的矛頭也偷偷的指向了倒向李密的五貴。

出人意料的是，首先準備發難的不是王世充，卻是以元文都為首的五貴。元文都耳聞了王世充的騷動，於是召來盧楚一起商量對策，很快大家達成共識，計畫在王世充上朝拜見時做掉他。

可是計畫偏偏被段達知道了，這個人是十足的牆頭草，於是在段達的通知下，王世充很快就知道了五貴的計畫，王世充準備先出手了。

七月十五日午夜三更，王世充率軍攻打皇宮的含嘉門。

王世充出手，元文都等人馬上應變，他們的王牌是皇帝楊侗。元文都等人進入皇宮，請楊侗出登乾陽殿，同時關閉宮城所有城門，嚴防死守。然而僅僅防守還是不夠的，元文都派出將軍跋野綱出戰王世充，想不到跋野綱一遇到王世充就奮不顧身的衝了過去，然後熟練的下了馬，投了降。

一個不行，再派兩個，元文都又派出了兩個將軍，這兩個倒是信得過，沒投降，不過也抵擋不住王世充。

怎麼辦？危急時刻只能再出一軍迂迴包抄了。

元文都親自率軍出發，計畫從玄武門衝出，襲擊王世充軍的背後。然而到了玄武門下，城門上著鎖，找來長秋監總監段瑜一問，元文都的鼻子氣歪了，鑰匙找不著了！

鑰匙沒了，怎麼辦？

掉頭，奔太陽門。

元文都等人原路返回，等回到乾陽殿時，王世充已經從太陽門衝了進來，這下元文都等人沒轍了，只能各想各的活法了。

皇甫無逸無疑是智商最高的，說時遲，那時快，人家迅速衝到了宮城西門，三下五除二砍開了西門，一路往西投了李淵，隨後當上了李淵的刑部尚書。

盧楚的智商就低了一些，他躲進了宮廷膳食部皇家烹飪局（**太官署**），沒多久，就被王世充的士兵給抓住，馬上亂刀剁了。

此時躲得最好的就是元文都了，他跟段達一起躲在楊侗的身旁，這或許是最安全的地方了。

楊侗命人詢問王世充，「大半夜的帶兵來幹啥呢？」

王世充馬上下馬道歉，極其委屈的說：「元文都、盧楚等人無緣無故想害我，只要殺了元文都，我聽從處罰。」

王世充說是道歉，實際是威脅，把他逼急了天知道會做出什麼來。

楊侗正猶豫不決時，騎牆派段達已經下令把元文都抓了起來，此時留給元文都的只有死路一條。大禍臨頭的元文都試圖做最後的掙扎，對著楊侗大喊：「我早上死，晚上就會輪到陛下」。

一語驚醒夢中人，垂死的元文都說出了最後的實話。然而楊侗又能做什麼呢？眼前就是磨刀霍霍的王世充，身旁是指望不上的段達，國難至此，過一天算一天吧！

在楊侗的淚眼中，曾經的七貴之一元文都走出了興教門，他的結局與盧楚一樣，亂刴！

在元文都之後，趙長文、郭文懿也被王世充斬首，至此七貴有了各自不同的人生結局，皇甫無逸當上李淵的刑部尚書，王世充控制洛陽朝政，段達繼續在洛陽當棒槌。

最後的死磕

輝煌總是短暫，洛陽七貴就這樣成為過去。

此時洛陽主政的不是別人，正是卷毛將軍王世充，這個江都郡郡丞出身的將軍在不經意間取得了洛陽政府的權柄。楊廣當初以為王世充會成為隋朝皇室的幫手，沒有想到這個幫手有一天卻變成皇室殺手。

誅殺了元文都為首的五貴，楊侗已經感覺到了王世充日益逼近的刀鋒，然而憑藉高貴的皇室血統和與生俱來的帝王教育，楊侗還是壯著膽子問王世充：「怎麼著，你還敢殺我嗎？」

聞聽此言，王世充心中暗笑，他知道帝王的尊嚴其實是與實力成正比的，有實力的帝王自然神聖不可侵犯，而沒有實力的帝王跟一隻帶毛的豬又有什麼區別呢？

不過王世充畢竟不是一般人，畢竟他是國家一級演員，看家的本領就是演啥像啥。王世充伏地磕頭，痛苦流涕，一邊深情追憶了與楊廣的君臣際遇，一邊強調了元文都對自己的刀劍相逼，最後還聲淚俱下的對天發誓，如有異心天誅地滅。

什麼是好演員，這就是好演員，明明一肚子的男盜女娼，而表現出來的永遠是德藝雙馨。

發完毒誓，王世充趁熱打鐵，順便與楊侗一起到後宮拜見了楊侗的生母劉太后，王世充把發誓的程序又走了一遍，這一次更鄭重，甚至還解開了自己的頭髮披散兩肩，據說這樣的發誓很靈驗，如果不遵守諾言就會天打雷劈。

發誓時，王世充一定不會相信毒誓會靈驗，他只是把發誓當成了順口溜。然而冥冥之中還是有天意的，日後的王世充雖然得到了李淵和李世民父子的寬恕，卻沒有躲過仇家的追殺。

搞定了楊侗，忽悠了劉太后，洛陽朝政正式落入了王世充的手中，以前是七貴並存，現在是王世充一人獨大，老棒槌段達只能負責給王世充打打雜。

在王世充的努力下，洛陽政府很快成了王氏家族企業，王世充的大哥王世惲出任內史令，王氏子弟盤踞洛陽政府的各個重要部門。經過王世充不斷的改制，洛陽政府其實與楊家已經沒有關係了，楊侗剩下的權力與當年的楊侑一樣：郊外祭天，四季祭祀祖先。而現在的洛陽政府只是隋朝延續的一個虛擬符號，權柄已經歸了王世充，隋朝大業名存實亡。

一直蒙在鼓裡的李密此時還在前往東都的路上，一路上他追憶了自己的奮鬥歲月，追憶了那些艱苦的革命歷程，現在看來那些奮鬥都是值得的，畢竟他為自己贏得了在洛陽政府的廟堂高位。

然而，夢總有一天會醒，等李密走到河南溫縣時，他得知了洛陽城內的變故。七貴已經成為過去，現在王世充成了洛陽的主宰。

沒有比這更糟糕的消息，也沒有比這更惱火的結局，鬧了半天，太尉是假的，魏國公也是假的，自己跟宇文化及死磕了半天居然為王世充做了嫁衣。

洛陽是去不了了，還是回自己的基地吧，看來有王世充在，自己的「洛漂」生活就要繼續。然而李密知道，自己與王世充之間一定還有一場決戰。李密並沒有等待多久，兩個月後他就迎來了與王世充的決戰，而在這兩個月的平淡期裡，卻有一件極其荒唐的事情發生。

這件事情荒唐到了極點，在世界軍事史上都極為罕見。

這件荒唐的事情就是李密和王世充居然互相交換了軍事物資。

當時的情況是這樣的，李密佔據黎陽倉有米無衣，而王世充佔據洛陽有衣無米。於是王世充創造性的提出「綢緞換大米」計畫，這個計畫無異於與虎謀皮，但凡有點智商的人都不會同意，李密也有智商，李密當場沒有同意。

如果事情如此發展下去，也就沒有了戲劇性，然而歷史終究不會平淡發展，一個小人物的摻和讓事情有了轉機。

這個小人物的名字叫邴元真，時任李密的秘書長。邴元真這個人原本也是隋朝政府的公務員，天下大亂之後就投了翟讓的起義軍，因為有在政府工作的背景，因此深得翟讓的賞識。等到李密成立起義軍總部時，翟讓就推薦邴元真給李密，當然這個推薦是有深意的，從此邴元真就有了一個新身分——臥底。

然而邴元真的臥底生涯非常艱難，從一開始李密就像防賊一樣防著這個秘書長，因此邴元真就一直被排斥在李密的核心層之外，過著自己的「狗不理」生活。翟讓被殺之後，邴元真的臥底功能終結了，然而也沒有贏得李密的信任。

既然不被信任，那麼就另找出路，找來找去，邴元真又找到了一條路，什麼路？無間道。誰的無間道呢？王世充的。

事實上，無論是李密還是王世充，他們都不是邴元真靈魂的主宰，那麼什麼是邴元真靈魂的主宰呢？錢。

「綢緞換大米」計畫對別人來說只是一個計畫，對邴元真來說卻是天大的商機，因為有流通就會有機會，有交換就才能有利潤，而「綢緞換大米」讓邴元真看到了自己的回扣。

邴元真加大了對李密的遊說力度，經過他不斷地遊說，頭腦不清醒的李密居然答應了這個「天才」計畫，以綢緞換大米即日生效。

於是在那一段時間裡我們會看到一幕戰略物資交換場面，王世充的軍隊與高采烈的將綢緞布匹運到李密大營，而李密的軍隊則把成車的大米源源不斷地運入王世充的大營。

經過運作，李密的軍隊穿上了新衣服，王世充的部隊吃飽了肚子。自此王世充軍隊軍心穩定，再也不惦記投降李密吃頓飽飯，而李密面對的不再是餓著肚子的士兵，而是吃飽了肚子的虎狼之師。

綢緞換食品，換來了王世充的生機，換來了李密的末日。

倉廩實而知禮節，飽暖則思淫欲，吃飽了肚子的王世充開始醞釀對李密的反擊。

此時的李密其實已是強弩之末，與宇文化及的大戰雖然將對方逼退，但李密的精銳部隊也幾乎損失殆盡，倖存的殘餘部隊也疲憊不堪，戰鬥力急劇下降。

王世充的情況也好不到哪裡去，不過狡猾的王世充還是有自己的辦法。

王世充軍隊的問題出在了士氣上，此時全軍士氣低落，主要原因還是被李密打怕了。那麼如何重整旗鼓，鼓舞士氣呢？王世充想到了一個求助鬼神辦法。

首先王世充安排了一個群眾演員，這個群眾演員是左翊衛軍的衛士，叫張永通。王世充安排張永通四處跟別人說自己做了一個夢，夢裡周公讓他轉告王世充：死磕李密，最後的勝利屬於王世充。

一級演員王世充裝作第一次聽說的樣子，然後極其虔誠的為周公搭建了一個廟，每次出軍都要到周公廟前祭祀打個招呼，這就是給全軍暗示：我們已經得到了周公的保護。

周公的牌亮出後，王世充又亮出了另一張牌：巫師。

巫師接著繼續傳播張永通的小道消息，這次傳播更加嚇人，巫師說：「周公命王世充進攻李密一定會成功，如果不出擊則會瘟疫流行，全軍死光！」

出兵則大勝，不出則瘟死，選擇題擺在了相信鬼神的士兵面前，結果全軍騷動紛紛求戰，不一會兩萬精兵集結，兩千戰馬齊備。入選的精兵暗自慶幸這下不會瘟死了，而留守的士兵則在忐忑不安的準備著，「快讓我上戰場吧，我寧願戰死，也不願瘟死！」

兵不畏死，則不可戰勝！

儘管王世充集結好精兵，磨刀霍霍，其實戰爭的主動權還掌握在李密的手中，此時的李密還在猶豫打還是不打。

打，還是不打，李密的大營中分成兩派。

李密、裴仁基、魏徵主張不打；新歸降的陳智略、樊文超以及老資格的單雄信則是主戰派。

行伍出身的裴仁基建議分出一軍進逼東都，王世充一進攻，這支軍隊就攻打東都逼王世充回援，這樣就讓王世充軍折返跑，累死了算。

李密認可裴仁基的建議，不過他覺得事情應該更簡單，只要堅守不出，不出十天，糧食吃光的王世充軍就會瓦解，王世充的腦袋也會送到李密的面前。

魏徵也站在了李密的一邊，他的建議很簡單：「深挖溝，高壘牆，等糧盡，再出擊！」

其實魏徵的策略非常正確，只可惜當時的大多數人並不這麼看。

魏徵剛說完，老資格的鄭頲就嗆了老魏一句：「你這也叫計策，老生常談。」一向富有鬥爭性的魏徵生硬的回了一句：「這是奇妙計策，怎麼叫老生常談！」說完，老魏拂袖離去。

孫子兵法云：倍則擊之，意思說人數超過對方兩倍就可以主動出擊，更何況我軍現在超過對方不止兩倍。李密心中默默的背著孫子兵法，目光卻在眾將的臉上掃過，眾將的臉上激憤的是大多數，冷靜的是極少數，少數服從多數，還是多數服從少數呢？

還是少數服從多數吧，畢竟這是一條組織原則。

以少數服從多數的組織原則，李密說服了自己，也說服了絕大多數。然而行伍出身的裴仁基卻始終堅持著自己的觀點，最後對李密說：「你一定會後悔的。」

裴仁基是對的，魏徵是對的，歷史就是這樣真實的存在，真理有時候確實掌握在少數人手中。

決戰開始，李密在北邙山上紮營，單雄信在偃師城北紮營，單雄信首先遭到了攻擊。

得知單雄信被圍攻，程知節（**程咬金**）與裴行儼前往支援，這次支援。裴行儼出了意外。

裴行儼騎馬衝在最前面，不料一支冷箭襲來，裴行儼中箭落馬，此時如果沒有人援救，裴行儼就算報廢了。就在裴行儼絕望時，程知節衝了上來，這下裴行儼有救了，因為程知節是個寧捨命不捨兄弟的人。程知節將裴行儼扶上自己的馬，然後兩人共騎一馬往外衝，一路上王世充的騎兵在後追殺，程知節左右抵擋，然而百密一疏，一支長矛還是洞穿了程知節的鎧甲。

然而程知節究竟還是個狠人，一咬牙，一瞪眼，再一轉身，抓住長矛，「咔嚓」一聲將長矛折斷，順手一刀把刺自己的小兵砍落馬下，整套動作一氣呵成，乾淨俐落，看得王世充的騎兵不由自主的往一旁躲。

狠人程知節終於把兄弟裴行儼救了出來，正巧此時太陽落山，雙方各自收兵，這一天基本是你死我傷，誰也沒有佔到便宜。

入夜，李密還在籌畫明天的戰事，而王世充則悄悄的在李密的大營中鍥入了一枚關鍵的棋子。

原來李密大敗宇文化及之後，自信心膨脹到了極點，此時再見到手下敗將王世充，心理上不由自主的輕視這個對手，在他看來，宇文化及的驍果衛都不是對手，更何況你王世充的雜牌軍呢？

李密沒有把王世充放在眼裡，而王世充卻把李密放在了心裡，這是他一生中最重要的對手，自然要把這個人徹底摸透。

經過偵查，王世充驚訝地發現，李密的大營竟然漏洞百出，軍營的四周不建營壘，連基本的觀察哨都沒有設，見過不要命的，沒見過這麼不要命的！

既然李密的門戶大開，王世充自然也不跟他客氣，當夜二百名騎兵一路暢通的進入北邙山，潛伏在水澗山谷之中，他們的任務是等李密出營之後，居高臨下衝擊大營，趁亂放火。

此時的王世充還給李密準備了一樣禮物，這樣禮物特殊而神秘，在關鍵的時刻亮出將會有石破天驚的作用，這是一個什麼樣的禮物呢？

九月十二日黎明，王世充向全軍做了最後的動員，動員令很簡單，「勝則榮華富貴，敗則在劫難逃」，隨後全軍搶渡洛水，進攻李密大營。

就在這個時候，農民起義軍業餘的本性又暴露出來了。

原本李密計畫在王世充半渡洛水時發起進攻，打王世充一個措手不及，因此安排了偵察兵在洛水設哨，一有情況馬上彙報。然而就在這關鍵的時候、關鍵的崗位，負責偵查的偵察兵竟然離崗了。

等偵察兵回到崗位發現異常後，火速報告李密，此時王世充已經搶渡成功，逼近了李密的大營，而驚慌中的李密還沒有列陣，王世充的大軍已經撲了上來。

如果此時單雄信能夠及時增援，李密還有一線希望，然而在這個關鍵的時刻，單雄信居然抗命不來了！看來當年殘殺翟讓在他心中還是留下了不小的陰影。

外援靠不住了，陣形靠不住了，只能靠面對面死磕了，李密與王世充陷入了混戰之中。很快，王世充送給了李密兩個禮物，一個是昨晚二百名潛伏騎兵放的大火；緊接著王世充又送給李密另外一個禮物，一個相貌與李密極其相像的人。

王世充命人把假李密押到高處，然後全軍一起鼓噪：「抓住李密了！抓住李密了！」

這一喊石破天驚，這一喊軍心渙散，王世充軍士氣高漲，李密軍聞風喪膽紛紛潰逃，主帥都被人抓了，小兵還有什麼希望呢！

遠遠的看著與自己非常相像的人，李密的心中百感交集，自己奮鬥了半輩子，居然全被一個假李密給毀了。

戰後盤點手下的兵馬，只剩下一萬多人，這些人該往哪裡去呢？哪裡才是這些人的下一站呢？去黎陽？去找徐世勣？

李密剛提出這個想法，就被部將們給否定了：「拉倒吧，當年你殺翟讓時，徐世勣脖子上被砍了一刀，差點死了呢！」

「我當時給他覆傷口了，而且一直待他不薄。」李密無力的爭辯了一句。

其實李密也知道，脖子上的傷口容易癒合，心中的傷口卻可能隨著時間的推進越來越深。

這時王伯當已經放棄金墉基地，進駐到河陽，李密帶著一萬多人又奔了河陽。

按照李密的最初想法，他準備堅持到底，向南以黃河為界，向北以太行山為界，東方連接黎陽，先求穩定，再圖發展。然而部將們的反應卻出乎李密的意料，眾人只有一個表情，「人心散了，隊伍不好帶了！」

所謂強盛時一呼百應，衰敗時分崩離析，李密的想法僅僅只能停留在表面上，他的新根據地計畫也只能胎死腹中，以李密軍衰敗的跡象，人心的恐慌，一萬多人用不了幾天就會潰散逃光。

黎陽去不了，河陽留不得，天下之大哪裡又是李密的立足之地呢？

正當李密苦惱到極點時，「五百年前是一家」的念頭從他的腦海中閃過，對啊，去長安找老哥李淵去。

投奔李淵對別人來說可能是是明路，然而對於李密而言，這是一條不折不扣的不歸路！

李密的末路

接到李密的來信，已經稱帝的李淵樂得合不攏嘴，雖然他並非真的看重這個所謂的同宗兄弟李密，但他非常看重李密投降的意義。

此時的李密儘管慘敗、儘管落魄，但是他的身分依然是一方盟主，李密向李淵投誠，無形之中就增加了李淵的號召力，更何況李密的手下還有一萬多人馬，另外還有一批依然聽命於李密的城市。

手裡握著這麼多人馬，這麼多城市的資源，李密對自己的前景非常看好，畢竟自己是帶著資源入股，在李淵的政府裡應該能算得上核心層兼大股東。對比東漢初年投奔劉秀的竇融，我李密的資源可比竇融強多了，如果歷史可以類比的話，在李淵的政府裡享受個宰相級別也並非不可能。

然而「享受宰相級別」只是李密的一廂情願，李密期待著李淵的盛宴，到頭來卻發現李淵給他的只是兩個發了霉的窩窩頭。

前往長安的路上，李密的錯覺還在繼續，李淵派出的使節在路上絡繹不絕，每個使節都在傳遞著李淵對李密的熱情問候，在使節們的共同忽悠下，李密的錯覺達到了頂點，他滿心以為只要到了大興，他就將迎來自己的大時代。

西元六一八年十月八日，滿懷希望的李密抵達長安，在這裡他沒有得到想像中的鮮花，也沒有熱情歡迎的人群，他的大哥李淵也遲遲沒有出現，在長安的賓館裡李密成了「狗不理」。

先前絡繹不絕的使節都消失了，賓館中也沒有專門接待他的人，李密的飲食能湊合就湊合，能將就就將就，那架勢根本就沒把李密當盤菜。

李密總算還有口吃的，而李密的士兵可就慘了，一天吃一頓飯成了家常便飯，有時甚至一天都得不到一頓飯。辛辛苦苦跟著李密投奔李淵，居然是這個結局。

不久之後，李淵總算熱情的接待了李密，賓主雙方還愉快的回憶了當年書信來往的日子，然後一起感歎時光飛逝，轉眼間兩個人都年長了一歲。

見完了面，敘完了舊，雙方總算進入到實質階段。李淵對李密的工作進行了安排，任命李密為光祿勳、上柱國，封邢國公。

光祿勳是幹什麼的呢？說白了就是宮廷打雜的，業務範圍是負責安排調配宮廷的膳食，往好聽了說是宮廷膳食總管，往難聽了說就是一堆廚子和服務員的頭，用現在的話說就相當於李淵家庭食堂的大堂經理。

理想是宰相級，現實是大堂經理級，讀過兵書、當過盟主的李密自然知道光祿勳與宰相的差距。如果換成別人，能當上光祿勳已經算光宗耀祖的事情，而對於李密卻是十足的恥辱。怎麼說自己也是八柱國之一李弼的曾孫，顯赫一時的盟主，讓李密當大堂經理，這不是屈才，而是太屈才了。

原本李密也告誡自己要淡定，然而現實工作中的恥辱讓李密無法忍受。

由於光祿勳的級別相對偏低，因此能管轄到李密的官員還有好幾個，而更要命的是這幾個官員還有一個毛病：喜歡跟下屬索賄。而光祿勳李密就是他們的索賄對象之一。

在幾位大爺領導的擠壓下，李密迎來了上任以來負責的第一場大型宮廷宴會。在這一場宴會上，李密不是尊貴的座上賓，而是這場宴會的總跑堂，負責催酒跑菜，總之酒沒了找李密要，菜沒上找李密催，一場宴會下來，在座的貴賓都知道原來這個總跑堂的就是當年赫赫有名的魏公李密。

讓盟主、魏公李密跑堂，李淵很有面子，而李密很沒面子。

宴會結束後，比狗還累的李密回到了家，他的兄弟王伯當早已等候在那裡。

和李密一樣，投誠的王伯當也生活在失落之中，儘管李淵給他的職務是左武衛大將軍，但這離他的夢想也相去甚遠。當初李密的夢想是太尉等三公的高位，而王伯當的夢想是至少當一個尚書，然而李淵任命的卻只是左武衛大將軍，而且這個大將軍還被李淵當賊一樣防。

看著李密一臉的失落，王伯當知道一代盟主李密絕不甘心為李淵催酒跑菜，在李密的心中一定還有重整旗鼓的雄心。王伯當輕輕的說出了兩個人名，鎮守黎陽的徐世勣，鎮守羅口的張善相，只要聯繫上這兩個人，黃河以南依然大有可為。王伯當的幾句話點燃了李密心中熊熊燃燒的火焰。

不過要想從李淵的眼皮底下跑掉也不是一件很容易的事，畢竟不能直接對李淵說「老闆，你被炒了！」

找藉口自然難不倒聰明的李密，很快他就提出一個李淵難以拒絕的藉口，「替李淵招降從前舊部」。這個藉口找的很巧妙也很合理，自然讓李淵無法拒絕。

聽說李密要去招降舊部，李淵的大臣們紛紛反對，在他們看來讓李密招降舊部無異於魚回大海，虎歸深林，一旦有機會李密一定會背叛。

大臣們看破了李密的棋局，老道的李淵何嘗沒有看透。儘管此時的李密機關算盡，但他的一舉一動早在李淵的意料之中。李淵要擺平李密只是輕而易舉的事，然而李淵並不急於出手，因為一切都在他的掌握之中。現在的李密已經是一隻雞肋，棄之可惜，留之無用，既然自己想走，李淵自然也不會留。

以後的事實證明，放李密歸山從頭到尾都是李淵的刻意安排，目的就是讓李密自投羅網，自取滅亡，而李淵還賺得宅心仁厚的美譽，李密則背上小雞肚腸的罵名。

在給李密的餞行酒宴上，李淵邀請李密和他的智囊賈閏甫一起登上御座，坐在自己的身旁，席間還不斷的給兩人夾菜，不斷的敬酒，親密無間的表情很容易讓人產生錯覺，以至於好幾次李密都差點脫口而出：「老大，我不走了！」

這次酒宴進行得很順利、很盡興，老謀深算的李淵充分展示了特級演員的功力，而李密和賈閏甫也表現了一級演員的實力。

一頓酒兩種心情，一頓酒兩種心眼。

酒喝足了，話說透了，為了表示對李密的充分信任，李淵還大方的任命王伯當為李密的副手，哥倆一起啟程吧，記得早點回來，省得當大哥的惦記。

走出大興的李密興奮不已，在經歷了屈辱之後他終於又找回了自己，這一次他要重整旗鼓，東山再起，然而他並不知道從這時起他已經掉進了李淵的圈套。

原本按李密的想法，他準備帶走全部部下，這樣才能走徹底，然而李淵早就料到了這一點，他給李密下了一道指令：一半人馬留在華州待命，一半人馬跟隨李密出潼關。這樣兵還沒動，李淵就拆分了李密的人馬，而且還製造了李密士兵中的緊張空氣。畢竟走一半留一半就是一個損招，剩下的一半就是留下來做抵押的人質，全看另一半能不能按期回來贖回。

歷史有的時候充滿了極大的戲劇性，按常理來說「走一半留一半」吃虧的應該是留下那一半，那麼著急的也應該是那一半。然而這一次卻充滿了戲劇性，著急的居然成了走的一半。

李密的秘書長張寶德被安排在出走的那一半中，別人都驚喜不已，而他卻一聲歎息。在他看來李密此次出走必然一去不返，到那時他可能又要跟著李密一起過著風雨飄零的生活，這種生活他太熟悉了，也厭倦了，他不想再當洛漂，他想留下來當長安土著。

想當長安土著，那麼擺在張寶德面前的只有一條路——告密，只有通過李淵才能阻止李密，而只有阻止李密才能避免成為洛漂的生活。

一聲歎息之後，張寶德給李淵上了一道親啟密奏，明確指出李密將一去不返，請李淵早作打算。

事實上，這一切都在李淵的預料之中，接到張寶德的密奏李淵順勢就坡下驢，派出使節召回李密，另有任用。

這一召就是殺機四起，這一召就是逼反李密，那個年月誰都知道皇帝臨時變卦準沒好事，聰明的李密焉能不知。顯然這一召就是逼李密提前背叛，省得浪費大家的時間。

接到李淵詔書時，李密已經走到稠桑（河南靈寶市），在這裡他進退兩難。

進，沒有詔書，寸步難行；退，凶多吉少，在劫難逃。

進不得，退不得，傻子都知道只有第三條路：背叛。

對於李密計畫背叛，賈閏甫和王伯當一致反對，在他們看來李密已經沒有背叛的資本了。如果假以時日，徐世勣和張善相或許還可以利用，然而倉促之中，逃亡路上，徐世勣和張善相都指望不上。再者李淵已經應驗神秘預言，登基稱帝，或許這就是天意，好漢不能再與天爭。

然而賈閏甫和王伯當的話並沒有說動李密，在李密看來神秘預言既適合李淵，也適合自己，畢竟大家都姓李。況且既然李淵已經放出自己，那麼就意味著自己是真命天子，可以化險為夷。現在山東地區依然揮旗可定，那麼又何必再當李淵的大堂經理呢？

賈閏甫無法說服李密，甚至還差點挨了李密的刀，王伯當也無法說服李密，只能一聲歎息，跟隨李密。王伯當同裴仁基一樣也跟李密說了一句大實話：「你不接受我的建議，我還是會跟隨你，同你死在一起，只可惜我的死對你恐怕也沒有幫助。」

賈閏甫的話是明智之言，王伯當的話是肺腑之言，只可惜這些話都沒有說動李密倔強的心。人一旦倔強起來，真是不如一頭驢，現在的李密就是那頭不如驢的倔驢。

下定了背叛的決心，李密招來了傳召的使節。到這個時候使節依然沒有意識到李密已經背叛，反而還在不斷催促李密趕緊上路，李密衝著他微微一笑：「你不是急著上路嗎？馬上！」

等李密的手下抽出了刀，使節才明白原來該上路的是自己。

手起刀落，一刀兩斷，李密用使節的腦袋向李淵宣布：「兄弟反了，不再是你的大堂經理了！」

處理完使節，李密就地轉身，撲向了就近的桃林縣，在這裡李密將就地取得給養，裹脅士兵。

十二月三十日凌晨，李密敲開了桃林縣的城門，用極盡忽悠的話語告訴縣令：「我奉命返回大興，請安排我的家屬先住進貴縣的政府宿舍。」

李密開口，桃林縣令自然沒有拒絕的理由，至少李密現在的身分還是光祿勳，論級別來說還是縣令的上級，上級發話，下級自然只有執行的份。一揮手，李密帶領著所謂的家屬就進了縣政府。

這些所謂的家屬都是些什麼人呢？其實是李密麾下的一些死士，這些人穿著女人的衣服，戴著女人的面紗，裙子裡藏著叮叮噹噹的兵器，遮遮掩掩的進了縣政府。

桃林縣令總覺得這批女人有些奇怪，可就是說不出哪裡奇怪，還沒想明白時，這些女人動手了，十幾個人一起揭開了面紗，操起了傢伙，縣令一看傻了眼：「完了，被耍了！」

那時縣城一般都是很小的，縣政府也沒有多大的規模，十幾個人一衝擊，桃林縣政府就算報銷了。李密指揮手下佔領整個縣城，就地獲得給養，同時裹脅一部分壯丁成為自己的士兵，這些壯丁也未必真管用，不過也能起到壯聲勢的作用。

儘管佔據了桃林縣城，然而這個縣城也不是久留之地，必須火速離開，不然準被包了餃子。李密一面指揮士兵直奔熊耳山沿險要路段向東進發，一面派人通知鎮守河南汝州的張善相前來接應，另外李密還沒有忘記聲東擊西的伎倆，明明要前去投奔張善相，卻大造輿論說要殺奔洛陽，死磕王世充。

儘管李密虛虛實實，真真假假，他的意圖還是被一個人早早看破，這個人就是熊州行軍總管盛彥師。盛彥師當時正跟隨右翊衛將軍史萬寶鎮守熊州，兩人一起聽到李密背叛的消息。在史萬寶看來，李密這個人比猴還精，現在又有王伯當給他當參謀，一時之間恐怕很難抵擋。

面對史萬寶的憂慮，盛彥師卻只是微微一笑，在他看來李密是徒有虛名。只要給盛彥師一點信任，他將還史萬寶一個驚喜，只要給他一批人馬，他就可以讓李密死無葬身之地。史萬寶半信半疑地將人馬交給了盛彥師，因為眼下已經沒有別的辦法，只能死馬當活馬醫了，姑且相信盛彥師一回。

盛彥師馬上出發，率軍越過了熊耳山，封鎖了南方的道路，兩邊高地都埋伏好了弓箭手，剩下的士兵全部手持刀和盾牌埋伏到了山谷。盛彥師下令等李密部隊走到一半時發動攻擊，往死裡打，打死李密的有重賞。

儘管部將們毫無怨言的進入了指定位置，但他們對盛彥師依然有懷疑：「憑什麼你就斷定李密會走這裡呢？這不就是守株待兔嗎？李密如果不來怎麼辦？」

盛彥師看著部將，臉上露出高深莫測的表情，繼而徐徐道出了自己的理由：「洛陽已經沒有了李密的落腳之地，他必定不會去洛陽，眼下他能投奔的只是張善相，而要投奔張善相，這裡就是必經之路。」

完了，李密的悲劇已經注定了，費盡心機的假動作早已被盛彥師識破，而等待李密的則是盛彥師布下的口袋陣。

沒過多久李密出現了，他翻過熊耳山進入了盛彥師的口袋陣，一生經歷大風大浪的他不會想到，這個看起來普普通通的山谷竟然就是他輝煌一生的終點。

李密的部隊剛過了一半，盛彥師的伏兵四起，將李密的部隊分割成兩部分，令其首尾不能相救，然後兩個包圍圈越圍越緊，包圍圈半徑越來越小，直到包圍的半徑變成了零。出人意料的是，盛彥師根本沒有要活口，他乾淨俐落地斬殺了李密和王伯當，讓王伯當實現了跟李密死在一起的誓言。

更加出人意料的是，當李密和王伯當的人頭被送到長安時，「大哥」李淵卻是大喜過望，看著「兄弟」李密的人頭居然笑出了聲。

這場二李的博弈，李淵輕鬆獲勝，李密一敗塗地，雖然說五百年前是一家，然而皇權面前哪有兄弟，更何況李密還是那種八百竿子打不到的兄弟。

熊州行軍總管盛彥師踩著李密的腦袋升了官。李淵興奮之餘重賞了盛彥師，然後又來了一句金口玉言：「從今以後，你就是葛國公了。」

靡不有初，鮮克有終，西元六一七年成為盟主的李密一定不會想到這樣的結局，他猜中了故事的開頭，卻沒有猜中故事的結尾。

三十七歲的人生路不長，李密卻經歷過人生的大起和大落、大喜和大悲，輝煌時他當過盟主甚至一度接近過太尉，落寞時他當過老師啃過樹皮甚至還被別人當過瘋子。他的悲劇是讀書人悲劇的一個縮影，也是知行不一的結局。

天下之事，李密了然於心，天下之事，李密拙於應對。李密想到的事情卻做不到，李淵卻能想到就做到，一個是知行不一，一個是知行合一，於是就注定了他們的人生結局。

天下亂戰

第十八章

西征薛舉

李密的人生謝幕了，而唐初的亂戰才剛剛開始。

此時有資格跟李淵叫板的還有兩個人，一個是卷毛將軍王世充，一個是豪俠之士竇建德，這兩個人因此也成為李淵最掛念的人，而曾經顯赫一時的宇文化及則被李淵遺忘在角落裡。

事實上，在清除李密之前，李淵已經開始了打掃全國戰場的腳步。他首先清掃的是他的鄰居：薛舉、薛仁果父子，因為這對父子距離大興太近了，甚至可以說就在大興的肘腋之下。

和其他起事的首領一樣，薛舉也是趁著隋末的亂局起事發家的。

薛舉當時住在金城郡（甘肅蘭州市），家庭富有、為人仗義、驍勇過人、一呼百應，被當時的人稱為西部英雄，後來經過民間的推舉加上領導信任，薛舉當上了禁軍徵兵府的指揮官。當時隴山以西民變四起，金城縣令郝瑗按照上級的要求招募兵馬進行剿匪，結果兵馬好招，統帥難找，在一堆矬子裡挑了半天，最後發現還是薛舉合適，得，就是他了。

按說領導如此信任，薛舉應該知恩圖報才是，然而薛舉想的跟郝瑗不一樣，在他看來剿匪剿來剿去也只是給別人做嫁衣，那為什麼不能為自己做一件呢？

西元六一七年四月三日，金城縣令郝瑗舉行了盛大的出征儀式，在儀式上他給薛舉的隊伍發了鎧甲，又發了兵器，然後大擺宴席犒賞將士。本來一切進行得很順利，沒想到薛舉鬧出了么蛾子。

就在這個莊嚴盛大的儀式上，薛舉率領自己的兒子薛仁果反了！薛舉一夥十三個人一邊喝酒，一邊劫持了縣令郝瑗，然後宣布背叛隋政府：「抱歉，兄弟我起義了！」

薛舉這一鬧，一切都亂了套，本來是為國出征，到現在卻成了宣布背叛，兩者的差距實在太大了，讓郝瑗等人一時轉不過彎。

世上的事從來都是要麼不做，要麼做絕，薛舉也深信這一點。

薛舉馬上逮捕了郡縣官員，打開了政府糧倉，讓附近的百姓張開嘴放開肚子開吃，然後自己一鼓作氣成了「西秦霸王」，這個稱號跟西楚霸王就差一個字。封完自己的王，薛舉又封長子薛仁果為齊公，幼子薛仁越為晉公，西秦政權這就算起了爐灶，在隋末的蛋糕上標上了自己的記號。

沒過多久，附近的起義軍首領宗羅睺、羌族部落酋長鍾利俗率領各自的人馬投奔了薛舉，薛舉的勢力漸漸坐大了。勢力大了，帽子也得跟著加大，此時的薛舉已經對西秦霸王這個頭銜不滿足了，要當就得當最大的，就當皇帝吧，從今之後我就是秦帝，跟秦始皇是一個級別。

老實說薛舉這個皇帝的地盤挺寒酸的，勢力範圍也就是隴山以西的金城郡、天水郡、臨洮郡、澆河郡、隴西郡，原本還打下了枹罕郡，可沒過多久就被鄰居李軌給搶走了，所以算來算去薛皇帝手裡只有五個郡。手裡只有五個郡也敢稱帝，見了秦始皇好意思跟人家打招呼嗎？

儘管國土小了一點，但狗不嫌家貧，皇帝也不能嫌國小，薛舉因陋就簡五個郡也能當出皇帝的感覺。不過他的好感覺沒有延續多久，因為他很快遇到了對手，這個對手就是李世民。

此時的薛舉手下亂七八糟的人馬已經達到了三十萬，有三十萬人馬自然就應該做點大事了。他把目標設定為大興，只有佔領那裡他才能成為真正的皇帝。然而計畫永遠沒有變化快，就當薛舉準備出兵大興時，手下的人傳來了快報：大興已經沒有指望了，一隻叫李淵的喜鵲已經飛上了大興的枝頭。

啊，鬧了半天，有這麼多人搶大興呢！

那就退一步，李淵搶大興，我搶扶風郡總可以了吧！

然而這只是薛舉自己的想法，扶風郡與大興唇齒相依，扶風郡就是大興的門戶，誰能眼睜睜看著自己家的大門被砸了還無動於衷呢？盤踞大興的李淵更不能。

李淵一聲令下，最能打的李世民出動了，李世民這個人要麼不動手，一動手就往死裡打，結果他一動手，就一直把薛舉的皇太子薛仁果從扶風郡打到了隴山以西，再往前就是一腳踏破薛舉的首都天水郡。

沒做過皇帝的薛舉心裡終究是沒有底氣，因此藉著朝會的機會，薛舉就極其低調的向大臣們問了這樣的一句話：「眾位愛卿啊，這自古以來，有沒有皇帝投降的先例呢？」

看皇帝如此著急，態度又如此低調，一位大臣站了出來，跟皇帝對上了話，這個大臣的名字叫褚亮，這個人在歷史上名氣不大，他兒子的名氣比他大得多，他的兒子就是唐太宗的託孤重臣褚遂良。

褚亮看著薛舉的眼睛開始了自己的忽悠：「皇上，這個當然有先例。西漢的時候有趙佗，西晉的時候有劉禪，近代還有蕭琮，這些人投降之後小日子過得都不錯，子孫後代盡享榮華富貴呢！」

聽著褚亮的話，薛舉禁不住點了一下頭，這一點頭，旁邊的衛尉卿郝瑗看不過去了，噌的一下站了出來：「陛下不應該問這樣的話，褚亮的話也太不靠譜，當年劉邦也經常失敗，滿地找牙，劉備甚至都保護不了老婆孩子，可他們最後都成功了。陛下怎麼能因為一次失利就做亡國的打算呢？」

看著一本正經的郝瑗，薛舉也意識到自己失態了，自我掩飾的尷尬一笑：「我也不過是隨便問問，試探一下你們的態度。」

說到底，這場朝會薛舉是沒有底的，只不過聽了郝瑗的話又鼓起了勇氣，都是當皇帝，憑什麼姓薛的就怕姓李的呢？

既然已經不再懼怕李淵，薛舉把目標再次鎖定在大興，不過這一次他不準備單打獨鬥，而是計畫來一個大聯合，用三方勢力來合擊李淵。

都是哪三方呢？這三方分別是盤踞天水的薛舉，盤踞朔方的梁師都，以及東突厥汗國，三打一，又是三英戰呂布的局面，呂布都招架不住，老太太李淵能招架得住嗎？

薛舉聯繫的東突厥汗國其實是東突厥汗國的一部分，這一部分首領是啟民可汗的兒子阿史那咄苾，當時阿史那咄苾在五原郡以北設立北大營，與始畢可汗保持著鬆散的聯繫，基本處於準自治狀態，接到薛舉的建議後，阿史那咄苾起了貪心。

儘管三方的密談進行得神不知鬼不覺，可還是讓李淵知道了。

得知消息的李淵並不慌亂，因為他有一個解決問題的法寶，那就是錢。東突厥人其實對國土沒有概念，他們要的就是錢，只要給他們錢就能解決問題，而只要錢能解決的問題那就不是問題。

李淵的使節帶著重金拜會了阿史那咄苾，把重金往阿史那咄苾面前一放，什麼問題都解決了。要說李淵這個使節真能忽悠，不僅忽悠了阿史那咄苾保持中立，還忽悠阿史那咄苾把佔領的五原郡還給了李淵，一份禮辦成了兩件事，太有才了！

被李淵的厚禮打動，阿史那咄苾立刻變臉，明確地拒絕薛舉、梁師都的使節入境，如有入境格殺勿論。

一份重禮扭轉乾坤，計畫中的三打一瞬間變成了二打一。再往後，梁師都自己估量了一下也退出了聯盟，這樣三方聯盟又剩下薛舉。所有的問題都自己扛。

老實說，薛舉這根骨頭儘管小，卻很硬，也是根難啃的骨頭。

西元六一八年六月十日，李淵任命最能打的李世民擔任統帥，率領八個行軍總管的部隊再攻薛舉，力爭一次打死，省得再打。然而這一次對於李世民來說卻是一場徹頭徹尾的敗仗，不僅沒打死薛舉，自己的得力幹將還被打死了好幾個。

這場仗是在陝西淺水原開打的，臨陣指揮的是劉文靜和殷開山，統帥李世民因為身患瘧疾沒能親上前線指導工作（**呂思勉先生說這可能是為李世民推卸責任的藉口**）。薛舉的隊伍來勢洶洶，原本李世民安排全軍堅守不出，以守為攻，而劉文靜和殷開山卻不同意，再加上李世民瘧疾纏身，實際指揮權就交到了主戰的劉文靜和殷開山手中。

當時敵我實力對比唐軍要明顯強於薛舉的軍隊，這就讓劉文靜有了衝動的籌碼，本著為領導分憂的思路，劉文靜和殷開山列陣出戰薛舉，威風八面。然而熟讀兵書的劉文靜這一次卻大意了，他光顧著展示軍威，卻忘了保護自己的後路，這一忘可就要了很多人的命。

西元六一八年七月九日，薛舉的秦軍前後夾擊，給劉文靜和殷開山上了一堂軍事戰術課，這堂課的內容很簡單代價卻很高，主題就是前後夾擊。八個行軍總管的部隊同時潰敗，士兵戰死過半，高級將領慕容羅睺、李安遠全部死於亂軍之中，怪就怪劉文靜那該死的一忘。

這一仗，唐軍大敗，李世民灰頭土臉地回到大興，薛舉進入高庶城，收集唐軍屍骨壘成高臺，這個高臺是薛舉戰功的炫耀，也是對大唐王朝的諷刺。

這一仗之後，劉文靜和殷開山被開除官職，以白丁身分跟著李世民效力，這個時候他倆的待遇還不如一個小兵。不過劉文靜被開除官職，也有可能是替李世民背黑鍋，畢竟他要維持李世民常勝將軍的美譽。

淺水原一戰打出了薛舉的信心，原來李淵的部隊也不過如此。衛尉卿郝瑗向薛舉建議，索性趁勝追擊唐軍，包圍大興，就在大興城下與李淵掰一掰手腕。然而薛舉和李淵這場掰手腕大賽終究沒能上演，幾天之後薛舉病了，又過了幾天掰手腕計畫徹底沒戲了，因為薛舉死了。

西元六一八年八月初薛舉患病，八月九日薛舉病死，從西元六一七年四月起事到六一八年病死，時間只有短短的一年零四個月，看來起義這件事風險還是蠻大的。

薛舉病死，皇太子薛仁果繼位為二任秦帝，小薛皇帝跟老薛皇帝相比凶狠有餘、智商不足，群眾關係更是一塌糊塗。

薛仁果這個人凶狠是出了名的，為人性情貪婪、殘忍好殺，在他面前人不是人，俘虜更不是人。他虐待俘虜有一套完整的程序，先把人懸掛在火上，一面烤，一面砍四肢，還一面慢慢的割肉，然後和藹的對身邊的士兵說：「賞你的，吃了吧！」

至於他逼迫富人交錢的手段更絕，把所有的富人聚集到一起，第一個動作，頭朝下，拿大頂，自己拿不了大頂的，沒關係，用繩子給你做輔助。

富人們拿著大頂，薛仁果一邊解釋，請大家來沒有別的意思，就是請大家吃點醋。拿大頂的富人總算鬆了一口氣，鬧了半天也就是吃點醋啊。緊接著富人們又開始哭爹喊娘，死也不吃那醋了，原來他們把問題想簡單了，人家薛仁果是請他們吃醋，不過條件是用鼻子吃，吐出來不算。

一頓醋灌下來，所有的富人都趴下了，眼巴巴的看著薛仁果，忙不迭地求饒：「薛爺，別繞彎子了，要錢您說個數吧！」

對於薛仁果這個兒子，老皇帝薛舉還是經常教育的，只可惜收效基本為零，每每薛舉只能歎口氣：「你呀，才幹足以成就大事，對人卻苛刻殘暴，終有一天你會毀了我建立的帝國和薛氏滿門。」

在薛舉的身後，小薛皇帝薛仁果驗證了父親的預言，既展現了自己的才能，又展示了自己的殘暴，然後一頭扎進了自己挖好的墳墓。

西元六一八年八月十七日，李淵再次任命李世民為西征元帥，目標小薛皇帝薛仁果，這一次李世民捲土重來，他要洗刷自己的恥辱，同時期待洗刷恥辱的還有劉文靜和殷開山。

在李世民到達前線之前，薛仁果還是耍了一番威風的，事實證明這個人其實很有軍事才能。九月十二日，唐朝秦州軍區總管竇軌攻打薛仁果失敗，全軍敗退，這下就苦了鎮守涇州的徵兵府司令劉感。那個年月城裡的儲備糧一般都沒有多少，薛仁果一圍城，涇州就斷了糧。一無所有的劉感沒有辦法，只能殺了自己的馬分給大家充饑。

在劉感的艱難維持下，涇州總算守住了，等來了長平王李叔良的部隊。按說即使李叔良參戰，薛仁果也未必不敵，然而這時薛仁果卻對外宣稱：「糧食吃沒了，撤軍！」糧食吃沒了還昭告天下，這不是餓缺氧了就是陰謀詭計，長平王李叔良以為薛仁果是餓缺氧了，卻沒想到是薛仁果的陰謀詭計。

九月十三日，薛仁果就讓人向李叔良詐降，聲稱高庶城的秦軍都撤了，趕緊派人去接收吧。不知是計的李叔良派劉感前去接收，沒想到這一派就把劉感派到了鬼門關。

劉感到了高庶城下，按照接應的暗號上去敲門，城上的人出來回應說，門鎖了，你們翻城進來吧。劉感一合計，翻城太慢，誰說開門一定要用鑰匙呢？用火也可以啊。

令劉感沒有想到的是，手下的士兵剛點上火，城上的人就用水澆滅了，這一澆也澆醒了劉感，壞了，又是圈套。劉感再看時，城上已經燃起了三柱烽火。壞了，有埋伏，快跑，不跑就來不及了。

終究還是來不及了，劉感的部隊沒跑多遠就被薛仁果團團圍住，這部分唐軍成了薛仁果的磨刀石，不過薛仁果倒是留下了劉感，他要用這個人去打開涇州的城門。然而薛仁果想錯了，他以為劉感是一把開啟涇州的鑰匙，卻沒有想到劉感用自己最後的勇氣為涇州又加了一把鎖。

薛仁果押著劉感到了涇州的城下，命令劉感告訴守軍：「援軍來不了了，大家趕緊投降吧！」劉感答應得很痛快，沒想到到了涇州城下，喊出來的話卻變了味。

在涇州城下，劉感用最大的力氣向城上高喊：「秦王率數十萬大軍已經從四面八方趕來，大家不要擔憂，只管堅守到底！」

喊完這句話，劉感解脫了，在他看來他的任務已經完成了，能在生命的最後時刻為涇州城出一份力，死又何懼。

薛仁果瘋了，他沒想到有人會不怕死到這個程度。

劉感被綁在涇州城下，土埋到了他的膝蓋，薛仁果親自騎馬來回對著劉感射箭，薛仁果的箭不停，劉感的罵聲不停，漸漸的劉感沒有了聲音，然而他卻把信心留給了涇州城。

此時，李世民率軍抵達了高庶城，這裡將是他與薛仁果的決戰之地。

這一次李世民的戰術很簡單，一點含金量都沒有，總結起來只有一個字，「拖」。無論薛仁果的部隊怎麼叫板，李世民就是不出戰，反正大營內有的是糧食，拖幾個月一點問題都沒有。

李世民沒有糧食問題，可薛仁果頂不住了，他的糧食儲備根本沒有那麼多，再加上李世民把高庶城與外界的聯繫切斷，外面的糧食運不進來，薛仁果的部隊斷糧了。

比斷糧更可怕的是，薛仁果的部屬也跟他不同心了。當初當皇太子時，薛仁果跟大將們關係就很僵，現在當了皇帝不僅關係沒有好轉，反而更僵了。這時忠誠於老薛家的衛尉卿郝瑗又因為過度思念老薛皇帝薛舉哭壞了身體也一命歸西了，剩下的所有問題只能薛仁果自己一個人扛。

手中有糧，心中不慌，這時斷糧的薛仁果部隊開始有人向李世民投降，李世民知道復仇的時間到了。不過這次復仇還是很有層次感，李世民先派出行軍總管梁實駐軍淺水原，任務很簡單：挨打。務必要做到打不還手，罵不還口，關起營門當縮頭烏龜就行，只要沒被打死就接著挨打。

碰上這樣的便宜，薛仁果的部將宗羅睺自然不能客氣，連續幾天對著梁實的大營大打出手，可無論怎麼打，梁實就是不出來。就在宗羅睺疑惑時，李世民又出了一張牌，右武侯大將軍龐玉。他的任務是列陣淺水原，既要挨打也要打人。

要說龐玉這個活也很苦，李世民給他的兵不多，而宗羅睺又集中兵力向他開打，就在龐玉快支撐不住的時候，李世民從淺水原北突然出現，衝擊宗羅睺的部隊，形勢瞬間急轉直下，而李世民率領數十名騎兵衝在了最前面，他引領著唐軍的復仇之戰。

這一戰很快有了眉目，宗羅睺的部隊崩潰，被殺數千人，殘餘部隊向高庶城裡撤，顯然他們想盡快退出這場戰鬥。然而戰爭一旦開始，就成了雙方的遊戲，宗羅睺想退出，而李世民根本不答應，集結兩千騎兵，目標高庶城。

不帶步兵，沒有攻城工具，李世民瘋了？

秦州行軍總管、李世民的舅舅竇軌死命地拉住了戰馬的轠繩，他不能讓這個外甥去送死，否則沒法跟姐夫交代。此時的李世民倒是一臉的坦然：「此時已成破竹之勢，只要追擊，一切迎刃可解，舅父不必多說。」

高庶城下，薛仁果城下列陣，李世民在涇水旁紮營，兩軍相對比的是士氣、比的是信心。正如李世民所料，薛仁果的部隊信心已經崩盤，此時的薛仁果就是一頭紙老虎，只要吹幾口氣，這隻紙老虎就倒了架。薛仁果手下的勇將渾幹等人率先吹出了第一口氣，這幾個人也不顧薛仁果的面子，就在陣前上演了投降李世民的真人秀。

薛仁果沒有辦法，一盤算還是先回城堅守吧，隔著一道城牆，至少投降的人沒有那麼多。然而這一退，薛仁果就注定了老薛家的敗局，當夜李世民的後續部隊源源不斷地趕到，李世民一揮手，圍起來，讓薛仁果知道了被圍城的滋味。

這一夜，城外的人想進去，城裡的人拼了命地想出來，薛仁果的算盤打錯了，城牆儘管可以擋住士兵的身體，卻擋不住士兵想投降的心。城門關了，出城的路斷了，守城的士兵想辦法從城上順著城牆溜下來，然後一溜小跑投了唐軍。這一夜高庶城的士兵源源不斷地跑到了唐軍的大營，而薛仁果除了一聲歎息，再無辦法。

十一月八日，小薛皇帝薛仁果出城投降李世民，老薛皇帝想到沒有做到的事情，他的兒子替他完成了，然而等待投降皇帝的結局卻沒有褚亮說的那麼美妙，投降的薛仁果沒有等來父親生前期待的榮華富貴，等來的卻是刀斧手的一刀，薛仁果終於驗證了父親薛舉的預言，真是知子莫若父。

與薛仁果的悲慘收場不同，忽悠薛舉的褚亮卻迎來了人生的重大轉機。對褚亮聞名已久的李世民在投降的人群中到處尋找褚亮，最後在人堆裡找到了看起來並不起眼的褚亮，從此褚亮受到李世民的禮遇當上了秦王府的文學館學士。由此也引出了日後的託孤重臣褚遂良，在太宗的晚年，褚遂良能得到信任擔當託孤重臣，其實這段君臣際遇從父親褚亮就開始了。

在如何處理薛舉殘餘勢力的問題上，李世民和時任光祿勳的李密發生了分歧，李密主張一網打盡，李世民卻主張網開一面，只誅領頭。事實證明李世民的主張是正確的，而李密則犯了擴大矛盾的大忌，畢竟參與起義的人大多數都是良民，只要招降得體世上就沒有亂民，隋煬帝楊廣如果學到李世民的這一點，隋末農民起義的火焰絕不會蔓延到無可救藥。

西征薛舉大獲成功，李世民也拉開了他平叛天下的大幕。

然而在李世民平叛天下的同時，太子、秦王、齊王的兄弟之爭也在不經意中醞釀。

宇文化及的末路

在李世民西征薛舉父子的同時，宇文化及也在為自己的命運做最後的掙扎，事實證明他的智商只適合當一個跟班，讓他獨當一面確實勉為其難。

自從與李密惡戰之後，宇文化及的勢力就日趨單薄，別人起事後人馬都是越聚越多，唯獨他的人馬越來越少。這還不算，在人馬減少的同時，宇文化及還得預防各種暗殺。宇文化及的人馬艱難地抵達了魏縣（河北省大名縣西南）後，一起針對他的暗殺又在悄然醞釀，這一次醞釀暗殺的竟然是宇文化及的熟人——醫正張愷等人。

說起來張愷這個人也算是宇文化及的有功之臣，當年在驍果衛中散布小道消息有他份，向宇文化及報告司馬德戡叛變的也有他，而現在張愷居然舉起了屠刀直指宇文化及，這又是為什麼呢？說穿了其實就是分贓不均，張愷沒有從宇文化及那裡得到應有的好處，因此就起了殺機。

不過話說回來，宇文化及的群眾關係還是不錯，這次暗殺計畫又被群眾舉報給了宇文化及。

既然張愷不仁，那就不能怪宇文化及不義了，宇文化及毫不猶豫地做掉了張愷，至此江都政變的心腹殺得差不多了，司馬德戡、趙行樞、張愷都是當初的功臣，現在都因為暗殺宇文化及被做掉了。

親信心腹越來越少，士兵也越來越少，原本底氣十足的宇文化及漸漸沒有了底氣，以他的智商也不能想出更好的辦法，除了不斷的歎氣，還是歎氣。

歎氣之餘只有喝酒，然後酒入愁腸化作感傷淚，每次喝醉宇文化及就會埋怨弟弟宇文智及：「都是你出的餿主意，害死我了，你知道嗎？」此時宇文智及也喝醉了，板著舌頭跟宇文化及叫罵：「當初春風得意的時候怎麼不怪我啊，現在怪我！你把我殺了自己投降竇建德算了！」

喝歸喝，罵歸罵，醉過罵過之後什麼問題都解決不了，第二天醒來又是苦悶的一天。

苦悶的日子持續了一段時間，終於宇文化及受不了了，他再也不能這樣過，再也不能這樣活，是男人就應該對自己狠一點。

宇文化及要做什麼呢？其實就是做一件小事：稱帝！

醉過痛過的宇文化及不甘心一輩子碌碌無為，也不甘心浪費青春，他更不想回首往事時因為蹉跎歲月而感到後悔，人終有一死，憑什麼宇文化及就沒有當皇帝的一天呢？痛下決心之後，宇文化及毒死了秦王楊浩，親手註銷了這枚橡皮圖章，然後自己在魏縣登基稱帝，國號許（宇文化及在隋朝被封為許公），改年號天壽，隨後全軍開赴聊城。

儘管宇文化及的年號為天壽，然而天壽對他而言是一種奢望。別人稱帝是為了一統天下而稱帝，而宇文化及是為了稱帝而稱帝，其稱帝的倉促程度直逼清朝的平西王吳三桂，而巧合的是他們的結局也有驚人的相似，吳三桂稱帝後不久病死，宇文化及稱帝後不久被斬首，兩個草頭皇帝，時代不同，殊途同歸。

把宇文化及送上斷頭臺的不是別人，正是一個老朋友，竇建德。

竇建德、王世充和李密是隋末唐初最有希望與李淵爭奪天下的三個人，而這三個人中以竇建德為甚。王世充儘管左右洛陽朝政，但政令出不了洛陽。李密自從與宇文化及死磕之後損失慘重，自作聰明地投奔李淵更是自投羅網，到頭來身首異處。總結下來，這三個人的排名應該是這樣的：竇建德第一，王世充第二，李密第三。

說起來竇建德的起義資歷還是很老的，早在西元六一一年也就是大業七年時，竇建德就起義了。到西元六一七年正月五日，竇建德建都樂壽，號金城宮，備百官，准開皇故事。這一年冬至舉行朝會，有五隻大鳥聚集其宮，群鳥從之。同時又有宗城人獻玄圭，景城丞孔德紹曰：「以前上天是把這個祥瑞送給大禹的，現在授給了我們，不如國號就叫夏吧。」（**昔天以是授禹，今瑞與之侔，國宜稱夏。**）

自此竇建德改元五鳳，隋末瓜分天下的蛋糕上也正式有了夏王竇建德的記號。

不知道是稱王之後素質有了提高，還是別的什麼原因，從這一年開始竇建德已經不是一般的起義軍首領了，而是逐漸顯示出爭霸天下的氣質。在以刀鋒爭天下的同時，也學會了關鍵的一招，

「以德服人」。

竇建德首先使用「以德服人」是在河間郡，竇建德在這裡曾經圍攻了一年有餘，愣是沒攻下來。這時皇帝楊廣的死訊傳到了河間郡，河間郡丞王琮率領官民祭祀追悼，城上的士兵放聲痛哭，這一哭就驚動了竇建德。一年來竇建德用了無數的辦法都無法攻克王琮把守的河間郡，現在王琮的放聲大哭卻給了竇建德靈感，他用自己有限的知識想起了一句話，「攻城為下，攻心為上」，現在死去的楊廣將是竇建德打開河間郡的黃金鑰匙。

在王琮痛苦不已的時候，手下前來報告，竇建德派使節送來奠儀向皇帝楊廣致哀，這個看似平常的致哀卻準確擊中了王琮心中最柔軟的地方。

皇帝楊廣已經駕崩，表達忠誠已沒有了對象，天下之大，有德者居之，現在看來竇建德就是那個可以依靠的有德者。王琮下定決心向使節表示願意舉河間郡投降，這句話竇建德等了一年，現在終於等到了。

王琮出降，竇建德全軍後撤三十里，大禮相迎，兩人還一起談論了隋朝衰亡，說到傷心處，王琮痛苦失聲，竇建德也在一旁陪著哭泣，這一場哭打動了王琮，也打動了河間郡，看來以德服人，古人不欺竇建德。

然而儘管竇建德主張以德服人，手下的將領卻對王琮恨之入骨，恨不得殺之而後快，因為正是這個人一年多來給他們造成了巨大的損傷。面對將領們的請求，竇建德說出了自己的想法：「我正想以王琮樹立侍奉君王的榜樣，怎麼可能在這個時候誅殺忠良呢？」竇建德當即下令，改河間郡為瀛州，王琮出任瀛州州長，「先前與王琮有仇而膽敢輕舉妄動者，屠滅三族」。

自此，黃河以北各郡縣紛紛投降竇建德，竇建德以前想都不敢想的事情幾乎在一夜之間實現，總結起來只有八個字，「以德服人，民心可用」。

列寧說：「歷史總是喜歡跟人開玩笑，明明要進一個房間，最後卻進了另外一個房間。」現在聊城就是歷史跟人開玩笑的房間。

現在在聊城這個房間內外聚集了四股勢力，宇文化及、雇傭軍王薄、唐淮安王李神通和夏王竇建德。

聊城是如何成為歷史開玩笑的房間呢？起因還是宇文化及。

自稱許帝的宇文化及儘管在魏縣登基，可是總覺得魏縣不是久留之地，因此全軍就開拔到了聊城，然而他的一舉一動都被夏王竇建德看在了眼裡。

有了招降王琮的成功案例，竇建德懂得了皇帝楊廣招牌的重要性，現在宇文化及就在他的眼皮底下，以為皇帝楊廣報仇的名義招討天經地義，忠心天地可表，因此聊城就成了竇建德向天下展示仁義的地方。

不過在竇建德之前，已經有兩批朋友先他一步到了聊城，第一批是原本據守長白山（**此長白山為山東鄒平縣南的長白山**）的起義軍首領王薄，他此時的身分是雇傭軍，是宇文化及用金銀珠寶花錢雇來幫忙守城的；第二批是李淵派出的平叛軍，這支軍隊由淮安王李神通率領，他比王薄後到，於是他把宇文化及和王薄都包圍在聊城。

總體說來，宇文化及的命很苦，被包圍之後，城裡的糧食吃沒幾天，很快就斷糧了，宇文化及皇帝剛登基就要面臨餓肚子的待遇。為了避免餓肚子，宇文化及派人給李神通捎話：「別打了，我們投降！」

按照一般人的邏輯，這時李神通就應該見好就收，省得兩敗俱傷不好收拾，然而李神通不是一般人，他就是不接受宇文化及的投降。原來李神通自己藏著心眼，他惦記著聊城城裡的金銀財寶。在他看來用武力攻破聊城不僅能展示唐軍的軍威，順便還能搜刮一些金銀財寶犒賞全軍，而一旦接受宇文化及投降，財寶都要上繳歸公，再說皇帝那點賞賜總不如自己動手搶的多，因此李神通下定決心絕不接受宇文化及的投降。

此時隨軍安撫副使崔民濳急得抓耳撓腮，因為他比李神通更清楚目前的危局，竇建德正在日夜兼程趕赴聊城，而如果一直打不下聊城唐軍必定裡外受敵，後果將不堪設想。然而這些話李神通偏偏聽不進去。

機會稍縱即逝，不久宇文士及從濟北郡運來了糧草，宇文化及又能吃飽肚子了，於是投降的話收回，接著再打。

再打當然符合李神通的胃口，李神通下令各軍攻城，他本人親自督戰，這一打效果很快展現，貝州州長趙君德已經攀上了城牆的垛口，捷足先登了。然而就在此時，出人意料的事情發生了，李神通居然鳴金收兵。

說起來李神通鳴金收兵的理由很上不了檯面，原來他居然嫉妒趙君德，生怕趙君德因此立功，索性鳴金收了兵。趙君德沒有辦法，只能罵罵咧咧的跳了下來，這場仗他算是開了眼，還有生怕手下立功的主帥，這叫什麼玩意！

罵已經沒有意義了，探馬來報，竇建德馬上就到，趙君德只能跟著李神通恨恨地撤出陣地。

李神通走了，竇建德來了。宇文化及準備討個好彩頭，率軍出城迎戰，結果幾戰下來，宇文化及的隊伍連戰連敗，沒有辦法只好回城接著當縮頭烏龜。然而想當縮頭烏龜也由不得宇文化及了，兵多將廣的竇建德此時已經不講兵法，撒開士兵從四面八方猛攻。

竇建德的勢頭嚇傻了宇文化及，卻嚇活了雇傭軍王薄，王薄認為他們只是雇傭軍，誰給錢就給誰打，不過跟錢比還是命貴。

王薄不幹了，而且陣前反水，這些雇傭軍打開城門把竇建德迎了進來，在他們看來這不是一場仗而是一筆買賣，而且這筆買賣吃定兩家，兩家的錢他們都掙。

竇建德順利的進入了聊城，以臣屬之禮拜見了蕭皇后，不知道經歷磨難的蕭皇后看見草莽英雄竇建德會做何感想。不過竇建德接下來的表現一定會讓蕭皇后滿意，竇建德下令將宇文化及、宇文智及、宇文化及的兩個兒子以及江都政變的主力楊士覽等人一併斬首，以儆效尤！

史載宇文化及在臨刑前沒有其他的話，只是一直在念叨：「我不辜負夏王（竇建德）。」

你不辜負夏王，可你辜負的人太多了！

民間有一句諺語：「多大的驢，拉多大的磨。」每個人跟每頭驢一樣都有自己的嘽位，都有自己對應的級數，像宇文化及這樣的小驢，原本是應該拉一盤小磨的，只可惜歷史跟他開了一個玩笑，給他架上了一盤並不合適的大磨，小驢沒有拉起大磨，反而被大磨壓得粉身碎骨。

消滅了宇文化及，竇建德迎來了草莽政權的一次昇華，如果說此前的竇建德政權是一個草台班子，那麼現在的竇建德政府已經有點模樣了，因為這一次接收宇文化及的家底讓他得到了一批科班出身的隋朝大臣。原黃門侍郎裴矩出任夏政府左僕射，原兵部侍郎崔君肅出任夏政府侍中，其他官員依靠能力各有任用。另外竇建德還發揚民主精神，願意留在竇建德政府的歡迎，願意去大興和洛陽的歡送，而且還供應食物、差旅費用，並且派兵禮送出境。

在優待官員的同時，竇建德還將民主博愛之精神普及到驍果衛和宮女身上，一萬多驍果衛就地解散，隨個人意願各奔前程，數千宮女一個不留以自由之身就地遣散。

此時的竇建德已然看穿錢財，每次作戰所得個人不取分文；平時生活簡樸，居然從不吃肉，吃的只有蔬菜和糙米飯；他的妻子曹皇后，仍穿布衣，所用婢女僅僅十餘人。

那麼此時竇建德看重的是什麼呢？其實很簡單的兩個字，「天下」。

假使沒有李世民，竇建德的功業未必不成，假使沒有竇建德，李世民或許也會寂寞，只可惜既生竇建德，又有李世民，因此唐初的天下注定不會平靜。

歷史舞臺的大幕時而開啟，時而關閉，而舞臺上的主角也換了一茬又一茬，之前的主角是楊廣、李淵、李密，而現在又換成李世民、竇建德、王世充，在未來的幾年裡這三個人主演了唐初的大戲。

黃河清聖人出

如果沒有隋末農民起義，王世充可能還在江都郡丞的位置上奮鬥；如果沒有農民起義，王世充或許做夢也不會想到自己有一天會官至太尉，現在有了農民起義，也就有了王世充表演的機會。皇帝楊廣把王世充當作幫手派給了楊侗，卻沒有想到王世充其實不是幫手，而是一個殺手。

西元六一八年十月十二日，死磕李密的王世充發了一筆洋財，這筆洋財是李密給他留下的，李密慘敗後留下了美女、珠寶，還有十幾萬士兵，名將裴仁基、裴行儼、羅士信、秦叔寶、程知節都在這十幾萬的隊伍中，他們一起被王世充打包帶到了東都洛陽，而這些人也是王世充爭奪天下的資本。

此時的洛陽早已不是七貴的天下，而是王世充一貴獨大，皇帝楊侗其實就是王世充的橡皮圖章，儘管還維持著所謂的皇帝尊嚴。

三天後，楊侗下令，任命王世充為太尉、尚書令、總督內外諸軍事，任命文武百官，全憑王世充看著辦。

至此王世充完全掌握洛陽朝政，無論事情大小全由王世充的太尉府裁決。為了更好的架空中央政府，王世充又使出了一招，這一招很簡單也很管用，那就是把重要的政府官員全都任命為太尉府官員，這樣重要官員都到太尉府上班就可以了，中央政府其他機關就陪著太尉讀讀書、看看報，當個顧問裝個門面吧，反正大事小事太尉府全包了，剩下的機關就當國有企業養著吧。

說起來王世充的太尉府還是有些新氣象的，一上任王世充就在太尉府前立了三個牌子，三個牌子分別徵召三種人。第一個牌子徵求有知識見解能夠擔當重大責任的人；第二個牌子徵求有勇氣智謀，能夠衝鋒陷陣的人；第三個牌子徵求身受冤枉而又無處申冤的人。

三個牌子一出，洛陽躁動，這可不是三個普通的牌子，這是求才集結號，由此看來王太尉是個愛才的人。一時間拜會王太尉的人絡繹不絕，每天都有好幾百人。令這些人感動的是王太尉還放下身段親自接見，跟每個人一一面談，每個人的意見都得到了尊重。

所有受到王太尉接見的人都非常激動也非常感動，激動和感動過後就是回家等待消息，結果一等就是遙遙無期，等到最後大家一致得出結論，「又被王太尉給耍了！」

被王太尉耍的其實不只這些人才，還有洛陽朝廷裡的高官和普通士卒。王世充這個人是郡丞出身，說白了就是一個辦公室主任的材料，最大的優點是嘴甜，最大的弱點就是嘴太甜，甚至對最普通的士卒王世充都甜言蜜語，一時間群眾關係好得不得了。不過到最後大家卻發現了一個實質問題：王太尉嘴是甜，可從來不賞賜東西，甚至連基本工資都保證不了，合著是把甜言蜜語當工資發給大家了！

控制了洛陽朝政，王世充並沒有滿足，在他的心中，一件大事正在醞釀。

去年剛剛誅殺元文都等人時，王世充還是忐忑不安，所以對皇帝楊侗畢恭畢敬，為了表白自己還散開頭髮對天發誓。這還不算完，王世充還把秀做到了楊侗的生母劉良娣面前。到了劉良娣面前，撲通一聲就跪了下來，然後虔誠的大叫一聲「媽！」劉良娣看著眼前這個送上門的與自己歲數幾乎相當的兒子，心中有點哭笑不得。沒辦法，現在刀把在人家手上，這個媽不當也得當啊！

然而世界上從來沒有無緣無故的愛，也沒有無緣無故的恨，王世充與楊家這段親情沒有延續多久就淡漠了，事情的起因是因為一次宮廷宴會。這次宮廷宴會原本很簡單，然而王世充卻把他搞複雜了，參加宴會的其他人回家之後什麼事都沒有，而偏偏王世充出了問題，他回家嘔吐了。

按說嘔吐現象其實很常見，王世充這次嘔吐可不一般，他一嘔吐就懷疑自己中了毒。這次嘔吐加重了王世充的疑心，他懷疑楊侗派人給他下了毒。這下蜜月就無法繼續下去，乾兒子也沒法再當了。從此之後，王太尉不再朝見，所有國事就在太尉府一條龍解決了。

被懷疑下毒的楊侗沒有辦法，無論他怎麼解釋，他的乾哥王世充也不會信他，怎麼辦呢？靠天靠不住，靠地靠不住，想來想去只有一條路，求佛吧！

按照楊侗的想法。他想從洛陽宮里弄些綾羅綢緞，用這些綢緞製造大批的幡花，然後再取出一些貴重首飾和古董玩物，讓和尚們施捨給窮困百姓，通過這兩種方式向上天祈福。然而楊侗的求佛想法還是落空了，王世充洞悉了楊侗的求佛念頭，同樣信佛的他絕不能讓楊侗求成佛。萬一佛接到了楊侗發去的簡訊，那可就要了王世充的親命，畢竟佛的眼裡揉不得沙子，更揉不得王世充這樣的卷毛亂臣賊子。

想阻止楊侗求佛其實很簡單，那就是封鎖宮門。封鎖了全部宮門，連一隻蒼蠅都飛不出去，更何況那些綾羅綢緞和古董玩物。這樣楊侗的求佛夢想就此破滅，想大張旗鼓體體面面的求佛已不可能，佛也只能在心裡求了。

楊侗的夢想結束了，王世充的夢想卻開始了，他心中的大事也提上了議事日程。

西元六一九年正月，王世充開始公布自己的祥瑞，人一旦到了公布自己祥瑞的地步，剩下的事情就不可阻擋了。

王世充的祥瑞真是五花八門。

祥瑞一：有人在路上揀到刻著王世充名字的金印。

祥瑞二：有人在民間發現刻著王世充名字的寶劍。

祥瑞三：黃河水突然變清了！

可以肯定的是，前兩個祥瑞都是造假，後一個祥瑞是自作多情，黃河水變清跟王世充有啥關係呢？儘管有「黃河清聖人出」的說法，但那是說聖人孔子的。據說孔子出生那一年黃河水變清了，所以就有了「黃河清聖人出」的說法。而且據稱黃河五百年才清一次，難道這一次偏偏讓王世充趕上了？

然而謊言重複一千次就可能變成了真理，已經一根筋的王世充已經顧不上邏輯的嚴密，反正以此昭告天下「王世充有天命了」。

和以往一樣，在這個關鍵時刻天文臺長（太史令）又出來忽悠，這一忽悠王世充徹底當真了。太史令樂德融對王世充說，象徵本地區的星象最近有了變化，太尉得順應天意了，如果不順應天意，咱這塊的王氣可能就要跑光。

星象、天意、王氣，莫非我王世充真的具有天命？

看來一切都是天意！

既然是天意，那就不用跟乾弟弟楊侗客氣了，來吧，按程序辦理。

那麼讓誰去執行這套程序呢？棒槌段達。

段達奉王世充的命令找到了皇帝楊侗，君臣客套了一番之後，段達冷不丁給楊侗提了個醒：「您看，是不是該給太尉加九錫了？」

九錫？王太尉要求加九錫？

楊侗看著段達，心中有壓抑不住的憤怒：「鄭公王世充已經升到了太尉，到現在還不到半年的時間，而且這段時間也沒有再立新功，我看加九錫就等到天下太平之後再說吧！」

楊侗揣著明白裝糊塗，而段達卻不準備陪他裝下去，冷冷的擠出了幾個字：「太尉想要。」

「太尉想要」四個字就要了楊侗的親命，人家想要，你能不給嗎？

楊侗無奈的看了一眼段達，同樣冷冷的回了兩個字：「隨你！」

有了這兩個字，一切不言自明，西元六一九年三月十二日，段達等人宣布奉楊侗詔書任命王世充為相國、假黃鉞、總管文武百官、封鄭王、加九錫。到了這一步，王世充篡權也就快到終點了，等待皇帝楊侗的將是與弟弟楊侑一樣的結局：禪讓皇位。

曹魏末年，司馬昭之心路人皆知，現在東都洛陽，王世充之心弱智都知，為了達到更好的效果，各色人等都加入到起鬨的行列，其中叫得最起勁的是一個道士，這個道士的名字叫桓法嗣。桓法嗣給王世充呈上了一本書，這本書的名字叫《孔子閉房記》，《孔子閉房記》裡有一幅圖，這幅圖上畫著一個人拿著一根竿子正在趕一隻羊。

人拿著竿子趕羊能有什麼講究呢？在桓法嗣的嘴裡，這就成了王世充改朝換代的鐵證。桓法嗣說：「隋，楊姓也。干一者，王字也。王居羊後，說明相國代隋為帝也。」

這純粹就是忽悠了，其實這幅圖同樣適合李淵和竇建德。趕羊人拿著竿趕羊可以解釋為「王」姓，也可以解釋為「李」姓，李姓怎麼解釋呢？一個男子拿著木頭竿子，這不就是「木子李」嗎？那麼又怎麼解釋成竇姓呢？也很好解釋，男子把羊從羊圈裡趕出來賣，羊圈可以理解為羊穴，再加上一個賣字，不就是竇建德的竇嗎？

說白了，所謂圖讖就是自說自話，只要你擁有最終解釋權，想怎麼說都行。

桓法嗣送上《孔子閉房記》後，又拿出了這兩本書，這兩本書又大有講究。這兩本書分別是《莊子人間世》、《德充符》。法嗣釋曰：「上篇言『世』，下篇言『充』，此即相國名矣，明當德被人間，而應符命為天子也。」王世充大悅曰：「此天命也。」隨即任命桓法嗣為從四品諫議大夫。

桓法嗣忽悠完，王世充覺得還不過癮，隨即命人捕捉各式各樣的飛鳥，當然抓鳥不是為了開運動會，而是安排這些鳥執行一項特殊任務：披著寫有各種祥瑞的綢緞布條飛翔。

放飛這些飛鳥之後，王世充馬上安排人去打鳥，宣布只要抓到這些有祥瑞的鳥，一律重重有賞，加官進爵，結果沒過多久這些鳥都被抓了回來，各種相關的祥瑞也就源源不斷地彙總到王世充的手上。

現在孔子知道了、莊子知道了、黃河知道了，連各種鳥都知道了，那麼該到了皇帝楊侗知道的時候。段達和雲定興等十幾人被安排執行這項特殊任務，他們的任務就是通知楊侗該禪讓了。

段達對楊侗說：「天命不常，鄭王功德甚盛，願陛下揖讓告禪，遵唐、虞之跡。」

楊侗怒曰：「天下者，高祖之天下，若隋德未衰，此言不可發，必天命有改，亦何論於禪讓？公等皆是先朝舊臣，忽有斯言，朕復當何所望。」

從楊侗的話語看，這是一個聰明的孩子，只可惜這個聰明的孩子生不逢時，倘若再年長一些，或許隋室天下延續有望，只可惜上天沒有給聰明的孩子時間。

其實被楊侗訓斥的這些人都挺沒品的，無論段達還是雲定興，這輩子吃的都是隋室的皇糧。尤其是雲定興，此人可稱為三朝元老了，隋文帝楊堅時他就在朝中忽悠，甚至還成為太子楊勇的岳丈。楊勇倒臺後他又倒向了楊廣，甚至主動提議把楊勇的兒子們全殺掉。就是這樣一個吃皇糧的三朝元老，現在也加入了逼楊侗禪讓的行列，人竟然可以無恥到這個程度。

雲定興儘管沒品，還是差王世充一個檔次，因為這個人已經到了撒謊不打草稿的境界，接到楊侗的回話之後，王世充也火速的給乾弟弟楊侗回話：「今海內未定，須得長君，待四方乂安，復子明辟。必若前盟，義不違負。」

這話解釋起來很冠冕堂皇，甚至有些感人，「現在四海還沒有平定，當帝王一定得年紀較大的人，等到四海安定之後，我一定會把國家再交回給你，一定遵守我之前的諾言，絕不違背！」

這話說得大義凜然，其實一切都是假象。

西元六一九年四月五日，王世充宣稱楊侗有令將皇位禪讓給鄭王，自此隋朝最後的皇帝楊侗也在同一天被囚禁到了含涼殿。

在禪讓的過程中，王世充一個人自導自演了三辭三讓。兩天後，王世充在洛陽登基稱帝（**由鄭王升為鄭帝**），改年號開明。

實際上，王世充與李淵的性質是完全一樣的，都是篡權奪位，不同的是成功的李淵成為唐朝的開國之君，而王世充則成了篡權奪位的亂臣賊子。然而從性質而言，李淵與王世充只不過是五十步笑百步，在道德的天平上他們都不合格，只不過成功成為檢驗他們行為的唯一標準。

西元六一九年四月十日，鄭帝王世充封兒子王玄應為太子，王玄恕為漢王，其餘王姓皇族被封為親王，而亡國之君楊侗被封為潞國公，段達和雲定興都獲得高位。自此王世充的草台班子正式成立，只可惜這個草台班子的壽命跟兔子的尾巴一樣長。

坦白的說，王世充這個人還是很有喜感、很搞笑，登基之初的王世充在百忙之中也沒有忘了耍寶。別人當皇帝一般都有一個固定的辦公地點，王世充卻不，他在宮城以及玄武門等處都設立了自己的座位，隨時有可能在各處出現，親自接受奏章，就地辦公，他認為這是一種親民的態度。

光在宮內折騰還不夠，有時候也會輕騎遊歷街衢，亦不清道，百姓但避路而已。按轡徐行，謂百姓曰：「昔時天子深坐九重，在下事情，無由聞徹。世充非貪寶位，本欲救時，今當如一州刺史，每事親覽，當與士庶共評朝政。恐門禁有限，慮致壅塞，今止順天門外置座聽朝。」也就是說王世充極其低調地到集市上宣揚自己的政治主張，鼓勵大家直言進諫，只要是對國家有利的，他必定親力親為。

真是這樣嗎？

從此之後，王世充在西朝堂受理冤屈官司，東朝堂受理直言進諫，於是獻書上事日有數百，條疏既煩，省覽難遍，數日後不復更出。也就是說僅僅幾天之後，王世充已經受不了了，索性也就不出來了，管你是冤屈還是進諫一概不受理。

儘管稱帝是每一個人的夢想，然而當皇帝並不適合所有的人。李淵稱帝引得天下歸心，而王世充則引得眾叛親離，說白了稱帝這種體力活根本不適合王世充。

就拿主持朝會來說，王世充每次主持朝會都囉囉嗦嗦、沒有重點、沒完沒了，最後能把庭外的侍衛累得手腳抽筋。各單位彙報的時候，王世充一般要做點指示，然而指示了半天大家都不知所云。

這樣下來，官員們全都瀕臨崩潰，大臣蘇良實在看不下去了，就給王世充提了個建議：「陛下您就直接說結論吧，別那麼多廢話了。」

沉默了很久的王世充臉上紅一道、白一道，沒有處罰蘇良，也沒有改變自己的習慣。

王世充駕駛帝國大船往前行，而一場場信任危機正在上演，手下的名將也在不斷地流失，這些名將包括叛逃的秦叔寶、程知節、羅士信、李君羨，以及被處決的裴仁基、裴行儼等等。

首先吹響分崩離析號角的是兩位名將，秦叔寶和程知節。

他們跟王世充接觸了沒幾天就發現，李密儘管眼高手低，可是賞賜手下從不吝嗇，而王世充卻不一樣，老把甜言蜜語當銀子使，這讓兩位名將心裡很不爽。畢竟大家出來混都是衝著銀子和前程，跟著王世充既沒有前程，也沒有銀子，那還有什麼奔頭呢？兩個人一合計，得，咱跳槽吧，咱也投李淵。

當時是西元六一九年閏二月二十九日，王世充正在九曲（河南宜陽縣南）與唐軍死磕，秦叔寶和程知節分別率軍列陣，突然兩個人分別率領親信騎兵數十人離開了陣地，向西狂奔了一百多步後下了馬，回頭衝著王世充叩拜：「原本我們倆也想跟著您好好效力，可惜您老聽信讒言，你那兒已經不是我們的託身之地了，所以我們哥倆準備跳槽了。」

說完，哥倆翻身上馬，飛奔唐軍陣地投降，從此進入李世民的麾下，開始了哥倆的傳奇一生，而被耍了的王世充只有乾瞪眼的份，死活想不明白秦叔寶哥倆的跳槽原因。

其實說白了就是領導的藝術和魅力問題。

盤踞洛陽的王世充未必比李淵窮多少，但是他這個人口惠而實不至。李淵在開國之初能夠把隋朝國庫的存貨賞賜一空，而王世充卻抱著洛陽的國庫死活不動，李淵把精神賞賜和物質鼓勵兩者相結合，而王世充則把甜言蜜語當成銀子發給了大家，於是李淵和王世充誰高誰低也就一目了然。

秦叔寶和程知節拉開跳槽的序幕之後，王世充的麾下開始人心思動，不久李君羨和征南將軍田留安也率領部眾打包投奔了李世民。

與秦叔寶等人的打包投奔不同，裴仁基和裴行儼父子雖然也想換老闆，但他們不是跳槽，而是讓老闆滾蛋，這個老闆當然就是王世充。

裴仁基原來曾經在隋朝效力，因此在王世充的草台班子裡人氣非常高，這引起了王世充的猜忌。領導猜忌，裴仁基父子自然不爽。不過他們並不準備跟秦叔寶一樣打包跳槽，他們想得更遠，索性換了這個老闆，擁立楊侗復位。

擁立楊侗復位光這爺倆還不夠，本著人多力量大的原則，裴仁基又聯繫了尚書左丞宇文儒童一干人等。這下人多力量大了，然而人多嘴也雜了，拐彎抹角一傳遞，老闆王世充也知道了。裴仁基父子跳槽沒有跳成，反而被王世充滅了三族，而跟著他們倒楣的還有一個關鍵人物，就是楊侗。

在王世充看來，裴仁基等人之所以想謀反，主要是因為有楊侗在，如果楊侗不存在或許就沒有那麼多謀反了。這一年的五月，王世充的侄子王仁則奉命給楊侗賜毒酒。可憐孩子楊侗不相信這是真的，還天真的讓王仁則再去問問王世充是不是搞錯了，王世充當然不會搞錯，搞錯的其實是楊侗。

此時楊侗想再見一下生母劉太后，然而這個願望也被否決了。擺上了香案，楊侗開始向佛祖做最後的禱告，在禱告中他真誠地乞求佛祖：「從今之後，不要生在帝王之家。」說完，楊侗喝下了毒酒，毒性發作卻仍不能死，最後還是三尺白綾幫楊侗結束了生在帝王之家的痛苦。在楊侗身後，王世充將楊侗尊為恭皇帝。三個月後，楊侗的弟弟楊侑在大興去世，死因不明，也被尊為恭皇帝。太子楊昭一脈三子，兩個恭皇帝、一個燕王楊倓，至此全死，皇帝楊廣的血脈幾乎到了斷絕的邊緣，幸好還有一條漏網之魚。

這條漏網之魚叫楊政道，他是楊廣次子楊暕的遺腹子，為楊廣保住了最後一點血脈。竇建德攻破聊城之後，楊政道和蕭皇后一起被竇建德奉養起來。西元六一九年四月，遠嫁東突厥的義成公主向竇建德索要二人，竇建德不敢怠慢，將二人連同宇文化及的人頭一起送到了東突厥，從此開始了楊政道長達數年的異域生活。直到貞觀年間，李世民打敗頡利可汗，楊政道才隨著蕭皇后回到長安，在日後的唐朝政壇上，楊政道的孫子楊慎矜曾經顯赫一時。

王世充儘管送走了楊侗，卻依然不能挽留住屬下驛動的心。

當年李密的麾下有四大猛將，分別是秦叔寶、程知節、裴行儼、羅士信，現在秦叔寶、程知節已經跳槽到了李世民麾下，裴行儼被王世充滅掉，四大猛將只剩下羅士信一根獨苗。

本來羅士信在王世充的麾下待得挺好，沒想到隨著另外一個人的到來一切就變了味，這個人是誰呢？這個人就是鼓動李密「大米換綢緞」的邴元真。這個人的真實身分是個牆頭草，一手拿著李密的大米，一手拿著王世充的綢緞，而他自己則在中間左手倒右手賺著差價。李密敗亡的時候，邴元真舉洛口倉城投了王世充，搖身一變就成了王世充的紅人。

在王世充的手下，羅士信原來很得寵，而隨著邴元真的投降，羅士信的待遇就跟邴元真一樣了。儘管待遇沒有變，然而尊貴程度已經變了，原來只有羅士信一個人高高在上，現在得和邴元真並駕齊驅，這下就讓羅士信非常不爽。

心中不爽的羅士信緊接著又遭遇了連環打擊，這個打擊來源於一匹馬。羅士信有一匹駿馬，誰看了誰心動，王世充的侄子趙王王道詢也心動了，於是就向羅士信索要，羅士信不給，王道詢把狀告到了王世充那裡。跟侄子相比，侄子還是比羅士信血緣更近，因此王世充就給羅士信下了一道命令：「老羅，把馬給我侄子吧！」

這一下徹底惹怒了羅士信，算了，咱也不幹了，跳槽！

跳槽之後的羅士信受到了李淵的熱烈歡迎，光綢緞就給了兩萬匹，所屬部隊糧草管夠，另外還任命羅士信為陝州道行軍總管，這下羅士信就成了李淵招聘的活廣告。在羅士信之後，王世充的左龍驤將軍席辯與同等級別的另外兩人一起打包投奔了李淵。至此李密麾下的猛將除了單雄信外全部跑光。

劉文靜疑案

王世充眾叛親離，李世民如虎添翼，然而春風得意的李世民很快也遇到了麻煩，這個麻煩出在他的智囊劉文靜身上。

從晉陽起兵開始，劉文靜就是李世民的智囊，跟隨李世民征戰自然也少不了劉文靜的份，兩戰薛舉，李世民帶的都是劉文靜，結果這兩戰都很艱苦，第一仗把劉文靜打成了白丁，第二仗又把劉文靜從白丁打回到戶部尚書領陝東道行台左僕射。

回歸官場的劉文靜沒有迎來官職的再度上升，迎來的卻是與裴寂的死磕。

說起來劉文靜與裴寂兩人還是很有淵源的，當年他們二人感情深厚，劉文靜擔任晉陽令，裴寂擔任晉陽宮監，兩個人不止一次的發誓要共做大事、同享富貴，然而世間最靠不住的就是發誓。

西元六一八年李淵登基之後，裴寂與劉文靜的人生落差出現了。雖然劉文靜的能力在裴寂之上，然而從李淵的立場論，裴寂是李淵的核心層，核心層的裴寂自然要比劉文靜吃香，畢竟裴寂與李淵的感情是帶血的。

有了人生的落差，恃才傲物的劉文靜心裡有些不平衡，他認為晉陽起兵的主謀是他，談判東突厥的主力是他，就連平叛薛舉主力還是他，那麼憑劉文靜的能力為什麼要屈居在裴寂之下呢？

劉文靜選擇了和裴寂開戰，從此兩個人成了朝堂上的鬥雞。凡是裴寂反對的劉文靜就支持，總是跟裴寂唱反調，時間一長朝堂之上都知道這兩個當年的朋友已經變成死敵。

書生意氣的劉文靜把裴寂想得太簡單了，雖然裴寂能力有限，但需要看看他的後臺，有當今皇帝做後臺，劉文靜如何鬥得倒裴寂呢？劉文靜啊，劉文靜，書生意氣害死人！

也該劉文靜有事，很快地他自己把兩條關鍵的把柄送到了裴寂的手中。

劉文靜曾經與其弟通直散騎常侍劉文起一起喝酒，一邊喝酒一邊發牢騷，喝到半酣時，劉文靜拔刀擊柱曰：「必當斬裴寂耳！」

不久劉文靜的家中總有奇怪的事情發生，家人居然說幾次在家中看見妖怪，劉文起憂心忡忡，遂召巫者於星下被髮銜刀為厭勝之法，期待通過巫師降妖除魔度過劫難。

這兩件事如果沒有人告發，劉文靜也會平安無事，結果這一年劉文靜流年不利，偏偏有人告發，而且告發的人就是劉文靜的一個寵妾，這個寵妾把兩個把柄說得有鼻子有眼。

當時劉文靜有愛妾失寵，以兩把柄告其兄，妾兄向高祖李淵告密，這下劉文靜的麻煩大了。

本著寧可信其有，李淵將劉文靜一家打入死牢，派裴寂和蕭瑀擔任主審。李淵這一招很黑也不厚道，明知劉文靜與裴寂不和，卻派裴寂擔任劉文靜一案的主審，這等於把劉文靜往死裡審。

面對審判，劉文靜很坦然：「起義之初，忝為司馬，計與長史位望略同；今寂為僕射，據甲第，臣官賞不異眾人，東西征討，家口無託，實有觖望之心。因醉或有怨言，不能自保。」

也就是說，起義之初劉文靜與裴寂職位幾乎平等，劉文靜為司馬（軍政官，類似參謀長），裴寂為長史（秘書長），而建國後裴寂貴為僕射，而劉文靜只是勉強享受六部尚書的級別，而且還有過起落，這自然讓劉文靜不平衡，因此酒後失言，發發牢騷。

劉文靜以為此言一出，其心自明，然而卻沒有想到，這些話在李淵看來卻正是劉文靜謀反的證據。李淵謂群臣曰：「文靜此言，反明白矣。」

滿朝的大臣多數不認為劉文靜謀反，大臣李綱、蕭瑀更是直言劉文靜不會謀反，然而他們的話李淵都沒有聽進去，因為李淵只聽一個朋友的話，這個朋友就是裴寂。

其實劉文靜與裴寂之爭只是冰山一角，真正的矛盾出在李淵和李世民身上，因為裴寂的朋友是李淵，而劉文靜也有一個可以交心的朋友，這個朋友就是李世民。

老於世故的李淵不會不知道劉文靜對於大唐的作用，但他更知道這個人對於李淵本人的反作用，因為劉文靜的智謀太深了。這個人能以晉陽一隅說動李淵席捲天下，如果假以重兵，後果不堪設想。現在一個不妙的苗頭已經悄然出現，那就是劉文靜與李世民經常在一起，如果這兩個人聯手，那麼又會發生什麼呢？

事情發生到這一步，劉文靜已經到了生死的邊緣，此時救人心切的李世民急切之下卻徹底將劉文靜推向了無底深淵。

如果此時的李世民不力挺劉文靜，而是做出一副落井下石的樣子，或許劉文靜還有一線生機，李淵念在晉陽起兵的功績上放劉文靜一馬。

李世民以「文靜義旗初起，先定非常之策，始告寂知；及平京城，任遇懸隔，止以文靜為觖望，非敢謀反，極佑助之。」李世民的意思是說，晉陽起兵的大計是劉文靜定下的，然後才告訴裴寂，等到唐朝建國之後，兩個人待遇差別比較大，劉文靜有點怨氣，不過僅僅是抱怨而已，絕不是謀反。

剪不斷，理還亂，想救人卻把劉文靜徹底推向了深淵。年輕氣盛的李世民並不知道此時父親李淵最忌諱的就是結黨，最擔心的就是篡位，而李世民與劉文靜偏偏有了密切交往的跡象，假以時日後果不堪設想。

事實證明李淵的擔憂不無理由，在他執政的九年裡三個兒子鬥得一塌糊塗，最終以李世民誅殺李建成和李元吉告終，而他的擔憂在武德九年也終於變成了現實。試想，如果劉文靜一直留在李世民的身邊輔佐，或許李淵根本就坐不到武德九年，以劉文靜的智謀和果斷，玄武門之變或許將提前發生。

李淵猜忌，裴寂落井下石，李世民單方力挺，三方角力的結果將起兵功臣劉文靜送上了斷頭臺，武德二年九月六日，李淵聽從朋友裴寂的勸告誅殺劉文靜、劉文起，此時距離晉陽起兵僅僅過去兩年，距離大唐建國僅僅一年，距離李淵詔令特恕劉文靜二死也僅僅一年。

文靜臨刑，撫膺歎曰：「高鳥逝，良弓藏，故不虛也。」時年五十二。

兩年前，落魄縣令劉文靜說動李淵直取大興，席捲天下；一年前，李淵詔令特恕李世民、裴寂、劉文靜三人兩次死罪，也就是說在李淵手下，這三個人可以免死兩次，相當於有三條命。然而君王心，似海深，看似一言九鼎，實際上皇帝始終保留著最終解釋權。

李世民怎麼也不會想到，父親會如此絕情地處死起兵功臣劉文靜，直到他自己當了皇帝，他才明白原來有些事情對於皇帝而言是情非得已。與父親處死劉文靜相同，李世民也在日後處死了玄武門守將李君羨，同樣沒有正當理由，但在他們的心中理由同樣冠冕堂皇：江山永固，社稷永存！

劉文靜走了，李世民失掉了早期的智囊，倘使劉文靜一直挺到貞觀年間，或許房玄齡、杜如晦等人就要黯然失色很多，只可惜劉文靜光芒露得太早，沒有機會與盟友李世民一起開創貞觀長歌。

在劉文靜的身後，李世民在心中暗暗發誓，總有一天，大唐欠劉文靜的都要如數奉還。

武德九年六月四日，玄武門之變，李淵被逼退位為太上皇；貞觀三年，李世民藉故免除裴寂所有官職，遣回蒲州（山西永濟）居住，後念其開國起兵有功召回長安任用，而裴寂卻沒來得及上任，於家中病逝，年六十。

同一年，李世民追復劉文靜官爵，以子劉樹義襲封魯國公，許尚公主。此時距離劉文靜被誅殺已經過去十年。（**遺憾的是劉樹義後與其兄樹藝怨其父被戮又謀反，伏誅。**）

富貴總成浮雲，風流總會雨打風吹去，隋末唐初，小人物劉文靜布下一盤天地大棋，他以為會成為舉世無雙的棋手，卻沒有想到他始終只是一顆別人的棋子。

在歷史的棋盤上，其實每個人都是棋子，包括李淵，包括李世民。

該死的加盟商劉武周

儘管李淵已經登基稱帝，但隋朝末年形成的亂局並不會自動消失，以大興為中心的李淵不僅要與王世充、竇建德爭奪天下，而且還要騰出手來逐個拔掉薛舉、李軌、蕭銑、劉武周這些小釘子。

薛舉因為在大興的肘腋之下，所以很快就被李世民拔掉了，李軌的勢力範圍則緊挨著薛舉的版圖，因此在拔掉薛舉之後，李軌就成了不得不除的釘子。幸好解決李軌的過程非常簡單，李淵派了個間諜就把李軌給劫持了，這個釘子輕而易舉的就被拔掉。現在李淵把目光集中在劉武周身上，因為這個人的基地馬邑郡離李淵的老巢并州實在太近了，而且這個人還有東突厥的背景。當年始畢可汗封他為定楊天子，也就是說始畢可汗是營運商，而劉武周就是始畢可汗的加盟商。

劉武周對東突厥始終裝著孫子，而對其他勢力則裝起了大爺，在他眼裡李淵算不上皇帝，跟他一樣頂多算東突厥手下的大加盟商。劉武周並沒有把唐朝皇帝李淵放在心上，現在他把目標鎖定在李淵起家的基地——并州。

攻打并州的主將是劉武周新招募的宋金剛，此人早年間在易州（河北易縣）拉起了一支一萬多人的隊伍，後來因為救援被竇建德攻打的盟友魏刀兒遭到了竇建德一頓痛打，盟友魏刀兒被竇建德消滅，自己也只剩下四千人馬倉皇逃竄，一路就往西投奔了劉武周。

這兩個人倒是惺惺相惜，頗有共同語言，一見面劉武周就封宋金剛為宋王，從今往後軍事上全部委託給宋金剛，另外按照道上見面分一半的規矩，劉武周拿出一半家產分給了宋金剛，把宋金剛感動得說不出話。

既然劉武周下了血本，宋金剛也不能含糊，他回到大營就跟自己的原配離了婚，回頭再來找劉武周：「大哥，把您妹妹嫁給我吧！」自此兩個人打斷骨頭連著筋，已經不再是普通的聯合，而是血親聯合。

在宋金剛的建議下，劉武周準備複製李淵的成功模式，計畫奪取晉陽，進而席捲天下。

西元六一九年六月十日，定楊天子劉武周的三萬大軍由宋金剛率領抵達介州（山西介休）城下，他沒費多大周折就進入了介州城，並不是守軍不頑強，而是因為宋金剛遇到了一個和尚，而這個和尚的手中有攻城利器。

這個和尚法號道澄，他手中的利器就是佛幡。

佛幡的竿一般都很長，而道澄就把佛幡作為攻城利器，他讓士兵抱著幡的一頭，他拿著另一頭，兩人一起配合，道澄就把士兵撐到了城牆中間。然後再喊著口號，士兵腳蹬著城牆，道澄在下面用佛幡支撐，不多久士兵就藉著佛幡的力踩著城牆進了城。重複幾次，進城的士兵就多了，從裡面再把城門打開，城也就攻下來了。

介州被破，李淵就無法坐視不理，馬上派出左武衛大將軍姜寶誼、行軍總管李仲文出征，沒想到這兩個人在雀鼠谷中了埋伏，雙雙被俘。不過這兩個人挺機靈，趁人不備又逃了出來，李淵一看他倆戰鬥素養還很高，那就接著打吧，再換一撥人馬，率軍再征。

屢戰屢敗是能力問題，屢敗屢戰就是精神可嘉。

面對劉武周的挑釁，一向動口不動手的裴寂坐不住了，放下僕射不當，裴寂也要當統帥。然而事實證明，裴寂搞政治是把好手，而帶兵打仗完全不入流，也正是因為這次戰爭讓李世民更加看不起裴寂，貞觀三年更是把裴寂罵得體無完膚。

事實上，李世民的痛罵並不是一點理由沒有，至少在并州戰爭期間，裴寂的亂攤子還得李世民來收拾。

裴寂率軍抵達介州，本想跟宋金剛決戰，沒想到宋金剛根本不搭理他，把介州城門一關就讓裴寂吃了閉門羹。吃了閉門羹之後，裴寂全軍紮營在度索原（山西省靈石縣東），一面紮營，一面等待與宋金剛決戰的機會。

然而就在裴寂算計宋金剛時，他先被宋金剛算計了，宋金剛算計的是裴寂大軍的水源。

裴寂大軍飲用的是山澗溪水，前幾天還平安無事，沒想到幾天後溪水全乾了，原來宋金剛在上游加了一道壩切斷了水源。沒有辦法，裴寂下令全軍移營，到有水的地方紮營。然而裴寂的就水計畫早就在宋金剛的算計之中，裴寂大軍剛動就遭到了宋金剛的攻擊，幾天沒有喝到水的唐軍瞬間崩潰，死散殆盡，可憐的裴寂只能一日一夜馳至晉州避難。

裴寂這一敗連累了很多人，第一個受他連累的就是先前被俘過的左武衛大將軍姜寶誼。這次裴寂戰敗，姜寶誼正好在裴寂軍中，這次他又被俘了。由於上一次逃跑給宋金剛留下了深刻印象，這一次宋金剛對姜寶誼重點看管，結果姜寶誼還是想跑，宋金剛不再客氣，咔嚓一刀，屢戰屢敗的姜寶誼再也沒有屢敗屢戰的機會了。

受裴寂連累的第二個人是剛剛十八歲的李元吉，他儘管貴為齊王、并州總管，事實證明他耍滑頭還行，打仗跟他二哥李世民比差得太遠。

當時劉武周率五千騎兵到達黃蛇嶺，李元吉準備會一會劉武周，因此就派車騎將軍張達率部進行試探，不過李元吉挺損的，給張達的兵太少了。

有多少呢？步兵一百。

步兵一百打騎兵五千？

張達自然明白一百與五千的區別，磨磨蹭蹭不肯出戰，李元吉倒不跟他含糊：「不出戰，斬立決！」

受到死亡威脅的張達只能帶著一百步兵衝進了劉武周的大營，一百步兵很快報銷，張達自己也掛了彩。這次自殺式攻擊讓張達對李元吉充滿了憤怒，掛彩之後的張達索性舉起白旗投降了劉武周，隨即作為劉武周的嚮導引兵攻陷榆次，直逼并州。

見劉武周進逼，十八歲的李元吉做出一副全軍出戰的樣子，吩咐司馬劉德威率老弱病殘守城，他要率軍出征。

幾乎所有的人都以為李元吉會親征，然而所有的人都被他騙了。九月十六日夜，李元吉率領親兵衛隊和妻妾一群出城門絕塵而去，目標長安，此時的并州已經被李元吉給甩了。

李元吉剛走，劉武周大軍就到了并州城下，城裡的富豪們對李元吉絕望之餘，一轉身打開了城門迎接劉武周進城，反正都是交稅，交給姓李的還是姓劉的對他們而言並沒有差別。

劉武周一舉佔領并州，盤踞到太原，李淵的起兵之地如今變成了劉武周的國都，下一步他將複製李淵的成功軌跡，以并州為大本營席捲天下。

有了并州作為大本營，受裴寂連累的第三個人就產生了，這個人就是右驍衛大將軍劉弘基，說起來劉弘基這個人既倒楣又幸運，倒楣的是他經常被抓，幸運的是每次被抓他都能全身而歸。

劉弘基當年一度想跟隨皇帝楊廣遠征遼東，當時他屬於國家徵集的志願軍，這種志願軍一旦被選中就有為國效力的義務，但同時還有一條：國家不負責路費，想從軍自行前往。劉弘基家裡比較窮沒有馬，不能按照指定日期到達前線，按律當斬。

不過困難並難不倒劉弘基，劉弘基索性殺了頭耕牛並主動自首，這樣劉弘基就用小罪掩蓋了大罪。在監獄中裝瘋賣傻待了一年多，出獄後就投了李淵，這是劉弘基的第一次被抓。

劉弘基的第二次被抓是在一征薛舉之戰中，當時唐軍慘敗，劉弘基被俘，直到李世民擊敗薛仁果，劉弘基才回歸大唐。

劉弘基的第三次被俘就是在劉武周定都太原之後，當時劉武周派兵攻打劉弘基據守的晉州，結果晉州不經打，劉弘基大將軍又被俘了。不過劉弘基還是有自己的本事，趁人不備逃了出來，第三次被抓又以成功逃脫告終。

此時山西境內，劉武周氣勢洶洶，而裴寂只能苟延殘喘。裴寂自知無法抵禦劉武周，苦思冥想出了一個堅壁清野的萬全之策，催促虞州、泰州兩州全體百姓就地焚燒房屋糧草，然後一起進入城池裡當縮頭烏龜。這一下惹火了全體百姓，還讓不讓人活了呢？一不做，二不休，山西夏縣人呂崇茂聚起民眾起兵造反，自稱魏王，並跟劉武周成為了親密盟友。裴寂率軍進攻居然被呂崇茂一頓痛打，這下裴寂惹下的亂攤子再也無法收拾，只能等待老哥們李淵的救援了。

李淵一邊派出表弟獨孤懷恩等將領率軍救援，一面與大臣們商量放棄河東，也就是整個山西地區。沒辦法，事情到了這個地步，只能清瘡割肉了。李淵準備割肉，而能打的李世民卻不同意，太原是唐朝大業的發祥地，哪有棄之不顧之理。李世民向李淵請願，給我三萬精兵，我一定恢復河東之地。

李淵是幸運的，他有一個能打的兒子李世民，而且在征戰天下的過程中還不會跟他藏心眼，反正父親的天下遲早會是兒子的。如果沒有李世民，李淵的政權可能只是一個偏居一隅的地方政權。

李世民出手，李淵親自到華陰長春宮餞行，這一仗儘管規模可能不大，但對於大唐卻至關重要，有河東則可席捲天下，失去河東則要偏居一隅，再無發展。

為李世民餞行完畢，李淵詔令裴寂入朝，李淵數之曰：「義舉之始，公有翼佐之勳，官爵亦極矣。前拒武周，兵勢足以破敵，致此喪敗，不獨愧於朕乎？」說完這席話就把裴寂關押了起來，然而沒過幾天又放了出來，對裴寂的恩寵比以往更甚（**以之屬吏，尋釋之，顧待彌重**）。由此可見，李淵與裴寂的感情確實是帶著血的，劉文靜怎麼跟裴寂比呢？

雲湧，風起，李世民又迎來了人生中的一場惡戰，舉關中精兵盡出，奪發祥之地并州，勝負不僅關乎己身，更關乎一個王朝的安危。此時的李世民並不畏懼壓力，相反他在期待著決戰的到來，或許他這種人注定與歷史的大場面有著不解之緣。

李世民期待著一場大戰，那麼另一個主角竇建德又在做什麼呢？

摩擦，兩大陣營的衝突！

李世民、竇建德和王世充是此時的主角，原本他們各自獨立發展，而隨著各自的壯大，摩擦也越來越多。在黎陽，李世民所在的唐朝與夏王竇建德發生了摩擦，起因是黎陽的騎兵將領丘孝剛襲擊了竇建德。

當時竇建德全軍正向衛州（河南省淇縣東）挺進，竇建德親率一千騎兵擔任先鋒不知不覺的率軍進入黎陽境內三十里，他不知道在黎陽有一雙警惕的眼睛正在盯著他，這雙眼睛的主人叫丘孝剛。丘孝剛奉徐世勣（**李世勣**）的命令擔任偵察兵首領，在偵察途中與竇建德相遇，擅長騎馬和使用長矛的丘孝剛向竇建德發起攻擊，竇建德連連敗退，幸虧右翼軍及時趕到，斬殺丘孝剛給竇建德解了圍，然而兩家的樑子卻就此結下了。

憤怒的竇建德集合全軍向黎陽發動了進攻，這一仗打得鎮守黎陽的唐軍苦不堪言，竇建德拿出全部的家當攻打小城黎陽，徐世勣怎麼吃得消呢？慌亂之中，徐世勣率領幾百騎兵突出重圍揚長而去，然而到了安全地帶一盤點，壞了，出大事了，爹沒了！

徐世勣的老爹徐蓋（李蓋）、淮南王李神通、魏徵、李淵的妹妹同安公主，這些人一起落到了竇建德之手。徐世勣一看老爹成了竇建德的人質，沒有辦法，百善孝為先，一轉身又回來投奔了竇建德。這段投降的經歷雖然不甚光彩，卻也為徐世勣的傳奇一生增添了很多作料。

徐世勣本來是標標準準的徐姓傳人，早年間跟著翟讓起義，後來遭遇了翟讓和李密的火拼，在火拼的過程中，徐世勣脖子被李密的親兵砍了一刀，幸虧王伯當呵斥，徐世勣才保住了一條命。保住命的徐世勣從此分領了翟讓留下的一支兵馬，與李密的關係雖然表面親密，實際卻暗存芥蒂，後來李密以奪取黎陽倉為由將徐世勣派往了黎陽，從此兩個人眼不見心不煩。等到李密慘敗給王世充後，李密本來想投奔徐世勣，轉念一想當年手下曾經砍過徐世勣一刀，隨即就放棄了投奔徐世勣的念頭，轉身投了李淵。

李密在李淵那裡碰了一鼻子灰，然而卻為徐世勣在無形間鋪平了道路。當時山東、河南、河北的一些城市還聽命於李密，徐世勣就整理了這些城市的地圖、糧倉以及戶籍資料一起送到了大興，不過他並沒有直接交給李淵，而是讓人交給了李密，讓李密親自交給李淵，這樣就等於徐世勣把到手的功勞拱手讓給了李密。這一招非常高明，既賣給李密一個人情，又以忠誠的形象打動了李淵，李淵一高興就賜徐世勣姓了李，這就是李世勣的由來。

徐世勣這個人不僅一生傳奇，連名字也傳奇，李淵賜了李姓後，他叫李世勣。李世民去世後李治讓他避李世民的名諱，就把他的名字改成了李勣。等到武則天當政時，李勣的孫子李敬業起兵謀反，不久兵敗，憤怒的武則天將李勣的屍體焚骨揚灰，同時下令取消李勣的李姓，以後這個人還叫徐世勣。得，折騰了幾十年，從終點又回到了起點。

投降竇建德的徐世勣馬上得到了竇建德的重用，被封為左驍衛將軍，依然鎮守黎陽，不過老爹徐蓋就要折騰一點，得時刻跟著竇建德行動，畢竟有這個老爺子就能保證徐世勣聽話。

與徐世勣一樣，魏徵也受到了重用，竇建德委任魏徵為起居舍人，職責就是記錄夏王竇建德的皇宮起居生活。魏徵一生仕途挺坎坷的，先是當武陽郡丞元寶藏的賓客，後被李密要到身邊當了元帥府文學參軍、掌記室，李密敗亡後投奔了李淵，被李淵派到山東招降納叛，不曾想這一次又成了竇建德的俘虜，當上了竇建德起居舍人。再後來魏徵又輾轉成為太子李建成的東宮圖書館館長，李建成敗亡後又經李世民赦免當上了李世民的重臣。

在招降徐世勣和魏徵的同時，竇建德依然沒有忘記「以德服人」的法寶。當時隸屬唐朝的滑州發生變故，滑州州長王軌的家奴刺殺了王軌，帶著王軌的人頭投奔了竇建德。家奴以為自己會得到竇建德的加官進爵，沒想到得到竇建德一頓痛罵。遭到痛罵的家奴直在心中罵自己晦氣，心想下次一定不投竇建德這樣的主，沒想到竇建德一瞪眼，拉出去斬了這個不忠的東西。完了，家奴兄，沒有下一次了！

斬完了不忠的家奴，竇建德派人將王軌的頭送回滑州安葬，這一下又感動了滑州城，大家一感動就集體打包投降了竇建德，附近的州縣也迅速投降了以德服人的竇建德，看來真是攻城為下，攻心才為上。

儘管竇建德以德服人、以禮待人，但對唐朝鐵了心的李世勣還是準備回歸唐朝。不過想要回歸還是繞不過老爹這個遙控器，為今之計只能先為竇建德建功立業贏得信任，然後再想下一步。

於是鄭政府（王世充政府）的獲嘉縣就成了李世勣獻給竇建德的投名狀，李世勣一頓猛攻，攻克了獲嘉縣，全部俘獲上繳給了竇建德，有了這個碩大的投名狀，李世勣一下贏得了竇建德的信任，從此躋身竇建德親信的行列。

歷史有的時候實在是太搞笑了，有些無心之舉總會有出人意料的結果。竇建德敗亡之後，劉黑闥又集合竇建德的舊部將唐朝攪得雞犬不寧，這個劉黑闥哪來的呢？李世勣搞出來的。

劉黑闥從小驍勇機智，巧合的是跟竇建德還是同鄉，兩人關係非常好，竇建德起兵時，劉黑闥沒有趕上，後來自學成才參加了起義軍。他的起義生涯也很坎坷，先是投靠了小山頭郝孝德，後來又投了李密，李密敗亡之後劉黑闥就投了王世充。王世充待他不薄，命他當騎兵司令，不過對於王世充，劉黑闥跟別人的觀點一樣：王世充就是一個光說不練的假把式，所以無論王世充做什麼事，劉黑闥都在心中暗笑，心想跟著這樣的領導什麼時候算個頭呢？

劉黑闥正苦悶時，李世勣來了，他奉竇建德之命攻打劉黑闥鎮守的新鄉，這次交戰李世勣技高一籌，竟然把劉黑闥生擒了。被生擒的劉黑闥以為自己死定了，沒想到李世勣把他當投名狀獻給了竇建德，等見到竇建德時，劉黑闥笑了，竇建德也笑了。鬧了半天，這次被俘還實現了跳槽的理想，上哪說理呢？

就這樣劉黑闥投入了竇建德的麾下，成為竇建德的將軍，封為漢東公。在竇建德失敗之後，劉黑闥又扯起了反唐大旗，將李淵攪得寢食難安，說到底都是李世勣的投名狀給鬧的。

贏得了竇建德的信任，李世勣開始給竇建德挖坑，他要給竇建德挖一個大大的坑，這樣才能把竇建德一坑到底。

這是一個什麼坑呢？說穿了就是調虎離山，趁火打劫。

李世勣忽悠竇建德渡過黃河，在黃河以南攻城掠地，這樣才能有效擴充領土，增大夏國版圖。其實開疆擴土只是李世勣的說辭，李世勣的真實目的是想把竇建德從首都洺州調動出來，等竇建德進入黃河以南立足未穩時發起攻擊，力爭誅殺竇建德，找回老爹，然後連帶夏國的國土一起回歸唐朝。

面對李世勣的忽悠，竇建德並沒有懷疑，反而安排大舅子曹旦率軍五萬南渡黃河與李世勣的三千人馬會合，在他心裡想要與李世勣一起做一件大事，卻沒有想到已經落入了李世勣的算計之中。

然而李世勣千算萬算，卻漏算了關鍵一條：曹皇后的預產期。

說起來也難為李世勣了，他又不是婦產科大夫，哪能算得準曹皇后的預產期呢？

已經挖好坑的李世勣在黃河以南苦等竇建德這隻兔子上鉤，沒想到正趕上曹皇后生產，愛妻心切的竇建德拖延了很久也沒有出發，結果讓李世勣苦等了好多天，還是沒有等到竇建德出現。

等待了很久，等待的人終於失去了耐心，率先失去耐心的是李世勣盟友李商胡的母親霍女士。

當時歸附竇建德的有不少雜牌軍，李商胡的五千人馬就是雜牌軍之一，李商胡原名李文相，號稱李商胡，而李商胡的母親姓霍，堪稱女中豪傑，騎馬射箭樣樣精通，自稱霍總司令（霍總管）。

由於曹皇后的老哥曹旦在軍中橫行霸道，李商胡母子倆對曹旦很是看不慣，也正是因為這個原因讓李世勣和李商胡走到了一起，他們準備一起挖坑，狠狠的坑竇建德一下。

然而等了很久，竇建德遲遲沒有出現，霍女士擔心拖延太久事情有變，索性催促兒子別等了，咱先動手，然後再通知李世勣。

當夜，李商胡在自己的營中擺下了鴻門宴，高規格宴請了曹旦屬下將領二十三人，這二十三人高高興興地走進了李商胡的大營就再也沒有平平安安地走出來，二十三人先醉後殺，全部報銷。

本著一網打盡的精神，李商胡又盯上了尚駐紮在黃河北岸的三百名士兵，這些人必須一網打盡，否則就會走漏消息。解決這三百人其實也不難，李商胡派了四艘船接這三百名士兵從北岸到南岸，等船走到河中心時，李商胡的人開始動手。一頓亂砍之下，砍倒了兩百九十九人，查來查去，死活找不到第三百人，這個人哪去了呢？答案是跳河裡了。

三百人中，只有一個獸醫快速地跳進了黃河，在別人忙著砍人和挨砍的時候，他悄悄地游走了，又悄悄地上了南岸，進了曹旦的大營。在李商胡人馬還在清點人數的時候，這個倖存者已經向曹旦報告了事變的消息，至此李世勣和李商胡的挖坑計畫全暴露了，想坑竇建德已經變成不可能完成的任務。

到了這個時候，李商胡才派人通知李世勣，擺在李世勣的面前只有兩條路，一條是就地發起攻擊，衝擊曹旦大營，另一條是腳底抹油，不管老爹自己溜之大吉。

想來想去，李世勣對自己的手下沒有底，再加上聽說曹旦的大營已經加強戒備，衝擊曹旦大營已經不可能了，而留下來向竇建德表忠心也不可能了，竇建德再厚道也不會原諒別人的背叛。想來想去，只有一條路，自己跑吧，管不了老爹徐蓋了。

思考完畢，李世勣痛下決心，率領數十騎兵一路向西投奔了李淵，至於老爹徐蓋，只能聽天由命了，能否在以德服人的竇建德手下活命，全靠個人造化和竇建德的心情了。

事實證明竇建德確實是個厚道人，確實做到了以德服人，在李世勣背叛之後，竇建德居然沒有毀掉徐蓋，反而向眾將解釋：李世勣是唐朝忠臣，效忠其主，你們都應該向他學習，他的老爹又何罪之有呢？

公平的講，和竇建德相比唐朝的氣量小了一點，這個氣量就體現在對待戰俘上。

唐朝的淮南王李神通、同安公主、李世勣的老爹徐蓋、魏徵，這些人一度都成為竇建德的戰俘，而竇建德對他們都是以禮相待，在與唐短期和解時更是將這些人平安地送回。然而等到竇建德自己成為戰俘之後，等待他的卻是當眾誅殺。具有諷刺意義的是李淵誅殺了俠士竇建德，卻放過了小人王世充，這讓人很費解，唯一的解釋就是竇建德對唐的威脅太大了，不殺不足以安心。

然而，殺一人卻得罪數十萬人，殺了一個竇建德，卻逼急了竇建德的所有舊部，在竇建德的身後，劉黑闥又舉起了反唐大旗，這一反又是好幾年，最後集李建成、李世民、李元吉三人之力才平息了劉黑闥的叛亂，這一切都是誅殺竇建德惹的禍。

儘管李世勣逃脫了，徐蓋也暫時安全了，而竇建德與唐朝的爭雄卻剛剛開始。日後在武牢關，竇建德與李世民之間不可避免的發生了一場惡戰，這場惡戰為初創的唐朝夯實了基礎，也為李世民的人生寫下了濃重的一筆。這場戰爭沒有失敗者，無論勝利的李世民，還是失意的竇建德，他們都是不世出的英雄。

只可惜，這個世界最殘酷的事情就是英雄的狹路相逢，而在奪取天下的爭鋒中也從來沒有並列第一！

兩個梟雄的人生結局

第十九章

李世民的運氣

在李世勣引發唐朝與竇建德的摩擦之時，李世民還沒有精力顧得上這次摩擦，此時他的眼中只有兩個人，一個是宋金剛，一個是劉武周，不把這兩顆釘子拔掉，唐朝就沒有心思向東爭奪天下。

然而要拔取這兩顆老釘子又談何容易，李世民踏著結冰的黃河進入柏壁（山西省新絳縣北）之後，一個現實的問題就擺在了他的面前。

什麼問題？糧草。

連年的征戰讓唐朝的儲備接近為零，此時糧草已經成了李世民大軍的第一難題，冰天雪地的到哪裡找糧草呢？部將們提出了一個辦法，很簡單，搶！

然而幾天下來，李世民發現，附近的村落全部荒蕪，剩下的百姓都進入到了城堡之中，連搶都沒有地方搶，搶了幾天也搶不到糧食，這可怎麼辦呢？

李世民靈機一動，想起了竇建德「以德服人」的招數，這個地面上不是沒有糧食，而是被老百姓藏起來了，如果把老百姓召喚出來，然後再徵集糧草，一切問題就很簡單了。

幾天後李世民在附近貼出了安民告示，自此附近的百姓知道面前的大軍不是強盜，而是前來平叛的唐軍，本著跟唐朝過好日子的想法，附近的百姓都前往了李世民大營，投軍的人越來越多，而徵集的糧草也源源不斷地運進了李世民的大營，糧草無憂，李世民心不慌了，下令全軍就地休整，緊閉營壘，拒不出戰，急死宋金剛也不償命。這樣一來，唐軍樂得休養生息，逍遙自在，而宋金剛則在唐軍營外抓耳撓腮，著急上火，先前狂勝裴寂的士氣也在等待中消磨殆盡，看來時間真的可以改變一切。

儘管全軍休養生息，可李世民還是沒有閒著，他經常親自帶領騎兵出去偵察敵情，幾天下來平安無事，然而就在幾天之後，李世民遭遇了一次生死險情。

這天夜裡李世民照常率領騎兵出去偵察，到了地方，騎兵四處分散偵察，而他與一名騎兵策馬上了一個丘陵。兩個人下了馬，走走停停，實在累了就坐到了地上，這一坐兩人竟然雙雙睡著了，連附近宋金剛的士兵包圍上來都不知道。

就在這時，奇異的事情發生了，一條蛇因為追擊一隻老鼠上了丘陵，而逃生的老鼠居然逃到了陪同李世民的那名騎兵臉上，騎兵驚醒一看遍地是兵，急切中叫醒李世民上馬就跑，兩人策馬狂奔一百多步。

眼看追兵還是緊追不捨，李世民祭出了老爹李淵傳授的神射本領，在馬上一個翻身，一箭射死了衝在最前面的領兵將軍，這才算嚇退了宋金剛的士兵，逃過一劫。

這次死裡逃生是說明李世民有天命，還是說明李世民運氣好，或許什麼都說明不了，畢竟世間有很多事就是那麼巧合，那麼奇妙！

就在李世民慶幸死裡逃生的時候，一場慘敗接踵而來，這場慘敗險些破壞了李世民的拔釘大計。

永安王李孝基率領陝州總管于筠等人一起進攻盤踞夏縣自稱魏王的呂崇茂，在攻城方式上，于筠與獨孤懷恩發生了爭執。于筠主張立即攻城，沒有攻城工具也要立即攻城，而獨孤懷恩則堅持先製造攻城工具再攻城。兩人相持不下，到了李孝基面前做裁決，為了穩妥起見，李孝基同意了獨孤懷恩的意見。

然而製造攻城工具雖然穩妥，卻在製造工具的同時給了敵人準備時間，在唐軍製造工具的時候，呂崇茂向宋金剛發出了求救信，這下唐軍就要面對腹背受敵的戰局了。

接到求救信的宋金剛派出了部將尉遲敬德和尋相，兩個人火速趕到了夏縣，向還在製造工具的李孝基發起了攻擊，而城內的呂崇茂也從城中殺出回應尉遲敬德，唐軍腹背受敵，苦不堪言，李孝基、獨孤懷恩、于筠、唐儉、劉世讓全部被俘，損失慘重。

然而就在尉遲敬德慶幸偷襲得手勝利回軍時，李世民已經在尉遲敬德回軍的必經之地美良川為尉遲敬德紮好了口袋。這一仗由殷開山和秦叔寶指揮，藉著有利地形向尉遲敬德發起了攻擊，一仗下來打死尉遲敬德兩千多人，打得尉遲敬德非常鬱悶：「這報復來得也太快了！」

本著「要麼不打，要麼打死」的原則，幾天後，報復心極強的李世民又給了尉遲敬德當頭一棒。當時尉遲敬德與尋相正率軍增援蒲阪，沒想到半路又中了李世民的埋伏，這一仗把尉遲敬德和尋相徹底打成了光桿司令，手下士卒一個不留，要麼被殺，要麼被俘，僅剩尉遲敬德和尋相兩個人逃脫。

連續痛擊尉遲敬德，唐軍士氣大增，全軍上下紛紛要求李世民與宋金剛決戰，此時李世民卻堅定地搖了搖頭。

決戰？不是不想，只是不到時候。

此時的宋金剛幾乎帶出了劉武周的全部家當，因此李世民堅決不戰，先耗乾宋金剛的糧草再說，等到宋金剛糧草吃光，那時才是唐軍決戰的時刻。

驚雷！獨孤懷恩叛亂！

歷史的河流總是分岔很多，有些不經意的岔流或許就在不經意中改變歷史。就在李世民全軍等待與宋金剛決戰的同時，開國皇帝李淵卻險些遭遇了一場兵變，而令人詫異的是，這場兵變的主謀竟然是李淵的表弟獨孤懷恩。

說起來李淵的這場大禍還是自己的嘴惹的禍，惹禍的原因是他刺傷了獨孤懷恩的自尊心。

李淵起事以後，蒲阪城一直是鐵板一塊，先有硬骨頭堯君素，後有硬骨頭王行本。在蒲阪的堅城之下，負責攻城的獨孤懷恩一直損兵折將，糟糕的戰績也就不可避免的遭到了李淵的責難，令獨孤懷恩難堪的是，李淵的責難不止一次，幾次下來就深深刺痛了獨孤懷恩的心。

而令獨孤懷恩更難以忍受的是，李淵曾經跟獨孤懷恩開過一個玩笑：「懷恩啊，你看你兩個姑媽的兒子都當皇帝了，什麼時候輪到你這舅舅家的兒子當皇帝呢？」

李淵和獨孤懷恩的親戚關係是這樣的，他們都出自獨孤信一脈，李淵和楊廣是獨孤信女兒的後人，而獨孤懷恩則是獨孤信兒子的後人，所以他們是姑表兄弟。獨孤懷恩的兩個姑媽分別是獨孤皇后和李淵的母親，兩個當皇帝的表兄弟就是楊廣和李淵。

李淵這句話說者無心，聽者卻有意，鬱悶的獨孤懷恩更是在心中燃起了難以壓制的怒火：「難道我們獨孤家只有女兒的命尊貴嗎？」但凡想到這個地步，那麼離謀反也就不遠了，而獨孤懷恩也開始與手下元君寶謀劃，計畫找機會做掉李淵取而代之。

就在獨孤懷恩謀劃叛亂的時候意外發生了，他在夏縣城外被俘虜了，這下兵變計畫得擱淺了。

出人意料的是，沒過多久，尉遲敬德在美良川遭到了唐軍的伏擊，慌亂中獨孤懷恩居然逃了出來，李淵把一支人馬交給了獨孤懷恩，這等於把刀又遞給了獨孤懷恩。

然而獨孤懷恩周密的計畫中還是出現了一個小漏洞，這個漏洞很小可是很致命，也正是這個小漏洞最終要了獨孤懷恩的命。

這個漏洞就是元君寶，這個人是個大嘴巴，嘴上居然沒有把門的。

被尉遲敬德俘虜之後，元君寶閒極無聊與唐儉一起聊天，在聊天中元君寶告訴唐儉，本來獨孤懷恩是要做一件大事的，可惜下手晚了，不然咱們就沒有今天的被俘之辱了。

等到獨孤懷恩脫身之後，閒極無聊的元君寶又跟唐儉嚼舌頭：「你看，獨孤懷恩成功脫險了，看來他真是有天命的人，有帝王之命啊！」

天命？帝王之命？大事？三個名詞一串聯，唐儉得出結論：獨孤懷恩想謀反。

這可是要命的消息啊！可是在大獄之中怎麼把消息傳遞出去呢？越獄？不可能，尉遲敬德恨不得二十四小時瞪著眼睛看著他們。

怎麼辦，想來想去只有一個辦法，談判。

經過分析，唐儉準備從尉遲敬德身上打開口子，在他看來尉遲敬德已經開始厭戰了，一旦大將出現厭戰情緒談判就可行了。經過唐儉的忽悠，尉遲敬德同意釋放一名人質作為與李淵談判的傳聲筒，這樣劉世讓就被尉遲敬德放了出去，他的任務就是去向李淵傳遞要命的消息。

劉世讓追上李淵時，李淵正準備登船渡過黃河前往獨孤懷恩已經控制的蒲阪城（**當時王行本已經投降**），就在這時劉世讓送來了這個要命的消息，這個消息同樣也讓李淵後怕不已，就差一步，就差一步！

本來要算計李淵的獨孤懷恩落入了李淵的算計之中，李淵一個詔令就把毫無防範的獨孤懷恩召來，隨即就地逮捕。經過簡單審訊，二月二十日，獨孤懷恩與黨羽一起伏誅，李淵在開國三年幸運的躲過了兵變，也讓初創的唐朝避免了一次政治危機。

獵狗逐兔

獨孤懷恩的問題解決了，李世民的決戰還在進行中，從西元六一九年十一月開始，李世民就一直率軍與宋金剛對峙，時間很快過了五個月，轉眼就到了西元六二〇年四月二十四日。

正如李世民所料，宋金剛的糧草終於耗乾了，就算宋金剛想繼續對峙，然而卻沒有了對峙的資本，這一天宋金剛開始撤退，而等待了五個月的李世民開始追擊，一場獵狗逐兔的遊戲正式上演。

這場仗沒法打了，對宋金剛來說太不公平，宋金剛負責在前面逃，李世民負責在後面追，追上一次打一次。李世民一日一夜急行軍二百餘里，一路上跟宋金剛交戰了幾十回合，宋金剛的部隊只有滿地找牙的份。

李世民一路追擊到了高壁嶺（山西省靈石縣南），這時劉弘基拉住了李世民戰馬的轡繩，在他看來不能再追了，士卒都已經疲憊，應該等待大軍主力和糧草趕上再行追擊。

然而和劉弘基相比，李世民更懂兵法，他知道唐軍士卒疲憊，而對方更疲憊，倘若就地休整實際同樣給了對方休整的機會，孫子兵法有云：兵貴神速。

李世民揚鞭策馬繼續前進，本來想休整的士兵一看主帥策馬向前也不敢耽擱，一路緊隨李世民追趕宋金剛，倒楣的宋金剛到雀鼠谷時又被追上了，一天之內連打八仗，宋金剛的部隊被斬殺數萬人。幾個月前左武衛大將軍姜寶誼、行軍總管李仲文在這裡遭遇了埋伏，現在李世民連本帶利向宋金剛都收了回來。

三天後，連續被痛打的宋金剛列兵山西介休城下，此時他的全部家當還有兩萬人馬，這是他最後的賭注，他把這最後的賭注背靠城牆列陣，南北長達七里。宋金剛本想靠著這最後的賭注翻本，沒想到他遇到的是李世民這個民間賭神。

李世民分兵三路，第一路總管李世勣、程咬金、秦叔寶從北面進攻；第二路翟長孫、秦武通從南面開始進攻；第三路由李世民親自率領，這一路將在關鍵的時候起到關鍵的作用。

戰鬥打響之後，宋金剛以為這兩路就是李世民的全部家當，下令全軍與這兩路人馬死磕，在宋金剛的死磕下南北兩路都開始敗退，宋金剛全軍開始全面反擊。在宋金剛看來復仇的機會到了，他要讓唐軍嘗一嘗一天被狂打幾十回，滿地找牙的滋味。

然而就在宋金剛要發動追擊時，發現一支騎兵部隊從宋金剛陣營的後方殺了出來，領頭一騎舉著一面大旗：李。

壞了，李世民還有牌。

不錯，李世民還有牌，而且還是王牌，而這張王牌就是李世民自己。

第三路唐軍在李世民的率領下集中精銳騎兵從宋金剛背後發起衝擊，一下就衝破了宋金剛南北長七里的陣形，遭遇三面夾擊的宋金剛全軍崩潰，四散逃竄，被殺三千餘人，宋金剛只率數十名騎兵突出重圍，倉皇逃去。這一仗宋金剛輸掉了幾乎全部家當，他和劉武周一下又回到了赤貧的生活，全軍唯一的念想就是尉遲敬德集中殘兵固守的介休，這是劉武周和宋金剛的最後籌碼，這個籌碼能保得住嗎？

尉遲敬德報到

事實證明，大凡賭徒遇到李世民這樣的賭神就算倒了楣，李世民出手從來都是大包圓，跟他對賭，一般會輸得連內褲都不剩，現在尉遲敬德也被李世民看在了眼裡。

幾次痛打尉遲敬德，李世民反而對這個人越來越喜愛，他覺得尉遲敬德是個將才，如何才能為我所用呢？

其實很簡單，說降。

李世民派出任城王李道宗和擅長做思想工作的宇文士及（宇文化及敗亡之後投了李淵）前往介休遊說尉遲敬德。尉遲敬德儘管是個粗人，可是他很清楚眼前的形勢，宋金剛和劉武周已經要破產清盤了，自己還有必要跟著他們死扛嗎？況且眼看李世民大軍兵臨城下，扛能扛得住嗎？

良禽擇木，良將擇主，儘管幾次被李世民痛打，但在尉遲敬德心裡卻已經對這個人暗自敬佩，現在李世民已經送來了臺階，就看尉遲敬德走不走了。

事實上，尉遲敬德也不得不走了，不久之前他剛剛躲過一次暗殺，這次暗殺的主謀居然是李世民的老爹李淵。

李淵這個人最擅長的招數就是空手套白狼，最愛用的伎倆就是挑逗群眾鬥群眾。當時尉遲敬德正在夏縣幫助魏王呂崇茂協防，李淵給呂崇茂寫了一封信，聲稱只要呂崇茂殺掉尉遲敬德就算歸順大唐，大唐就地委任他為夏州州長。也就是說只要呂崇茂送上尉遲敬德這個投名狀，呂崇茂不僅能把自己的履歷洗白，而且還能一躍成為大唐的夏州州長。

李淵的這一招不可謂不毒，這一招既能除掉尉遲敬德這員猛將，又能挑起呂崇茂與劉武周、宋金剛之間的矛盾，而自己坐收漁翁之利。

然而百密一疏，這一疏就出在了呂崇茂自己身上，呂崇茂不僅沒有及時殺掉尉遲敬德，反而走漏了消息讓尉遲敬德先動了手，這下呂崇茂反倒成了尉遲敬德的投名狀。

看著李世民送來的臺階，腦海中想像著李淵對自己下的黑手，尉遲敬德一比較，覺得還是投靠李世民穩當，只要投入李世民的帳下，以後李淵打狗也會看主人的。

歷史總是充滿了無數巧合，李淵與尉遲敬德之間的淵源就很有說頭。除了這一次未遂的暗殺外，李淵在武德年間還曾經把尉遲敬德打進死牢，幸虧李世民拼命搭救才算保住了尉遲敬德的一條命。值得玩味的是，玄武門之變後，正是這個在李淵手下差點死過兩回的人全副武裝殺氣騰騰地向李淵報告了兵變的結果，或許讓尉遲敬德通報就是李世民給老爹的一個暗示：爹，退位吧，不然我可保證不了尉遲敬德這個傢伙能幹出什麼！

下定決心，尉遲敬德和尋相踩著李世民給的臺階獻出了介休和永安，向李世民投降。得到尉遲敬德，李世民大為高興，當即任命尉遲敬德為右一統軍，依舊率領所部八千人馬，與李世民原有部隊交叉駐紮，從此尉遲敬德部就是李世民的王牌軍之一。

看著李世民毫無戒備，兵部尚書屈突通暗自為李世民擔心，當即警告李世民，然而李世民卻疑人不用，用人不疑，他用自己的眼光選擇了尉遲敬德，而尉遲敬德也用自己的一生忠誠回饋了李世民。至此為李世民看大門的兩大門神湊齊了，一個是秦瓊秦叔寶，一個是尉遲敬德，有了這哼哈二將，在李氏三兄弟之爭中，李世民已經悄悄地佔據了上風。

窮途末路

失去了介休，失去了尉遲敬德的八千人馬，定楊天子劉武周知道自己已經徹底的輸了，再固守并州已經沒有意義，如果不想滿地找牙，最好的選擇就是溜之大吉，到東突厥去找自己的上家去。劉武周當即放棄屁股還沒有坐熱的并州，也放棄了從并州席捲天下的計畫，先行逃命要緊。

劉武周逃命之後，宋金剛面臨著艱難的抉擇，是重整旗鼓從頭再來，還是追隨劉武周也逃亡東突厥呢？徵求手下將士的意見，已經沒有人願意跟他捲土重來，手裡只剩下一百多騎兵依然聽命，然而拿著這一百來個籌碼又能做什麼呢？拿這點籌碼還能指望在李世民手中翻本嗎？別做夢了！

無奈之下，宋金剛也逃奔了東突厥，這一逃也就注定了他的人生敗局。

可能是在東突厥的屋簷下遭受了冷遇，也可能是宋金剛醞釀著回易州東山再起。沒過多久，他沒跟東突厥打招呼就逃了出來，然而沒跑多遠，又被東突厥的騎兵追了回來。東突厥人不再跟他客氣，敬酒不吃吃罰酒，腰斬！

沒過多久，宋金剛的大舅哥、盟友劉武周也想家了，他想回到自己的發家地——馬邑郡。他也沒跟東突厥人打招呼，就準備自己跑，結果還沒跑就被東突厥人發現了。

太不像話了，這個姓劉的加盟商也太不懂事了，敬酒不吃吃罰酒，腰斬！

靡不有初，鮮克有終。

短短數載，身首異處。

洛陽，三方混戰

第二十章

窮途末路王世充

拔掉了劉武周這顆釘子，李世民於西元六二〇年五月二十九日回到了長安，然而李世民在長安僅僅休整了一個月，下一個目標已經在他眼前閃現，這個目標就是洛陽。

如果說拔掉薛舉是為了首都的安全，拔掉劉武周是為了并州基地的安全，那麼洛陽就是李唐啟動天下的鑰匙，打開洛陽這把鎖，李唐王朝才能真正擁有天下，欲得天下，必取洛陽。

出征前的李世民不會想到，洛陽一戰竟然是天下英雄的群英會。因為洛陽的糾結，他與王世充、竇建德糾纏到了在一起，如果不是時局的進一步發展，他自己也不敢相信自己能以一敵二，能夠以洛陽之地同時剿滅王世充和竇建德，英雄造就時勢，時勢造就英雄。

西元六二〇年七月二十一日，秦王李世民抵達河南新安縣，洛陽爭奪戰就此拉開了帷幕。

面對李世民的出征，王世充也賭上了全部家當，丟掉了洛陽，王氏一門將死無葬身之地。

為了避免悲劇的發生，王世充調動了所有能調動的王姓兄弟和子侄，在洛陽政府的勢力範圍內，所有重點的區域都是王姓子弟領兵鎮守，王世充只跟他們交代過一句話：這一仗既是為了國家，更是為了你們自己。

為了保住到手的果實，王世充還是想了很多辦法的，這些辦法只有一個核心：殘酷。

為了防止屬地的將領官員向唐朝或者夏國投降，王世充採用了多種方法。

第一種，連坐法。一人逃亡，全家處斬；五家連保，有一家逃亡，四鄰一律處斬。

第二種，告密法。鼓勵父子、兄弟、夫婦相互告密，告密的一方免死，被告密的一方死兩次。

第三種，出城砍柴要辦證，每天核查證件，控制出入人數。

第四種，軟禁法。只要王世充猜忌誰，那麼恭喜您，您全家將獲得免費入住宮城的機會。順便提醒一句，一般不管飯，自帶乾糧。

第五種，人質法。帶兵打仗的將領出兵前請自動將家屬送進宮城，由政府統一管理，如果將領陣亡，您將受到國葬，如果將領投降，那你自己看著辦！

經過王世充的不斷努力，逃亡果然減少了很多，另外一個問題出來了，宮城裡軟禁的人太多，多少？一萬多人。

不過大戰在即，也顧不上那麼多了，就那麼待著吧，人多熱鬧。

就在王世充忙著安頓洛陽城內的時候，一個老朋友不請自到，這個老朋友是誰呢？羅士信。

羅士信作為前鋒包圍了洛陽城西的慈澗，對於這個老朋友，王世充自然很重視，親率三萬大軍前往慈澗增援，本來王世充以為這三萬人足夠震懾住羅士信，沒想到不僅沒有鎮住羅士信，自己反而被嚇到了。

為什麼呢？李世民來了。

李世民自己來也不可怕，可問題是李世民不是一個人來的，他還帶了點人來到慈澗。多少呢？也不多，步兵、騎兵混合編隊五萬人。

李世民的五萬人，再加上羅士信的先鋒部隊，熟讀兵書的王世充知道下一步李世民要幹什麼了，孫子兵法上寫得明明白白，「倍則擊之」。

好漢不吃眼前虧，先撤吧，撤回城內再說。趁著李世民和羅士信還沒有形成合圍，王世充率軍從縫隙中撤了出來，其實這個縫隙是李世民故意留的，為的就是把王世充逼回洛陽城，畢竟關起門來，狗就好打了。

王世充一回城，李世民就開始了部署，行軍總管史萬寶進軍龍門，將軍劉德威穿過太行山，東下包圍河南沁陽，上谷公王君廓攻擊洛陽糧食補給線，務必讓洛陽顆粒無收，懷州總管黃君漢攻擊回洛城，李世民親率主力於北邙山列陣連營，逼迫洛陽。

李世民一逼迫，洛陽城內可就慘了。倉粟日盡，城中人相食。人們把土放在缸中用水淘汰，沙石沉下，取其上浮泥，和著碎米做成餅下肚。時間一長，人皆體腫而腳弱，倒斃路上接二連三。王世充政府官員也飽受無糧之苦，尚書郎盧君業、郭子高等皆死於溝壑。

時間進入到八月，秦王李世民陳兵於青城宮，王世充率軍對陣，隔澗兩人對上了話。

王世充曰：「隋末喪亂，天下分崩，長安、洛陽，各有分地，世充唯願自守，不敢西侵。計熊、穀二州，相去非遠，若欲取之，豈非度內？既敦鄰好，所以不然。秦王乃盛相侵軼，遠入吾地，三崤之道，千里饋糧，以此出師，未見其可。」

李世民謂曰：「四海之內，皆承正朔，唯公執迷，獨阻聲教。東都士庶，亟請王師，關中義勇，感恩致力。至尊重違眾願，有斯吊伐。若轉禍來降，則富貴可保；如欲相抗，無假多言。」

兩人的對話表露了兩個人的底氣，王世充沒有底氣，想談，李世民底氣十足，想打。戰爭就是這樣，是打是談，實力說了算。

戰爭開始後，投降接踵而至，九月十三日，王世充任命的顯州總管田瓚舉二十五州投降，這一投降可要了王世充的親命。顯州地面正好位於洛陽與襄陽中間，顯州一降，洛陽與襄陽的交通全斷，這樣襄陽就指望不上了，想脫困王世充就只能靠洛陽生產自救了。

壞消息總是一個接著一個，九月十七日，李世民部下將領王君廓攻克轘轅（河南登封縣西北），王世充周邊的援助越來越少。

疑人不用，用人不疑

在王世充日薄西山的同時，李世民也遇到了一個小難題，這個難題是尉遲敬德出給他的。什麼難題？信任難題。

在李世民包圍洛陽期間，宋金剛部隊投奔過來的尋相等人紛紛叛逃，就此老唐軍將領開始懷疑尉遲敬德的忠誠度，一著急就把尉遲敬德軟禁了起來。在他們看來，尉遲敬德畢竟是宋金剛的大將，誰知道在這個時候他能鬧出什麼么蛾子。

行台左僕射屈突通、行台尚書殷開山為了李世民的安全又開始遊說，尉遲敬德這個人可靠不住啊，趁機做掉算了！

然而李世民卻依然故我，在他的字典裡依然堅持著「疑人不用，用人不疑」。非但沒有做掉尉遲敬德，相反還把尉遲敬德請到了自己的臥室，並且還送給了尉遲敬德一筆錢。這下可把尉遲敬德感動壞了，看來當初的判斷沒有錯，李世民這個人是個值得跟隨的人。

李世民待尉遲敬德以禮，尉遲敬德還李世民以命，在這之後，尉遲敬德先後數次救李世民於危難之中，也算報了李世民的知遇之恩。

九月二十一日的一場惡戰是尉遲敬德的第一次報恩。

這一天，李世民率領五百騎兵巡視戰場，他不知道他的一舉一動都被王世充看在了眼裡，記在了心裡。實力偏弱的王世充不能跟李世民死磕，所以他選擇的是劍走偏鋒，趁李世民不備，來一次「斬首行動」。

當時李世民登上北魏八任帝元恪墓，在這裡他可以瞭望王世充的敵情，然而正在他瞭望時，王世充突然出現，而且還帶領步騎兵一萬多人，雙方的實力對比二十比一，平均一個唐軍士兵要對付二十個王世充士兵。一萬多人將李世民與五百名騎兵圍在了中央，就在李世民準備組織騎兵突圍時，瓦崗軍老資格將領單雄信衝了上來，此時他的身分是王世充的部將。單雄信挺起長矛直刺李世民，以單兵作戰能力，李世民是打不過單雄信的，完了，難道李世民就此蒙塵？

就在李世民心中暗暗叫苦的同時，在單雄信的側後方響起了一聲大喝，隨即單雄信居然被刺落馬下，單雄信落馬的瞬間，李世民看清了那個人的臉，尉遲敬德！

躲過一劫的李世民心中無比舒暢，瞬即攜手尉遲敬德突出重圍，然而突出重圍之後兩個人卻不走，一轉身又向王世充大軍發起反攻，此時的王世充還以為自己勝券在握，突然他的臉變綠了，為什麼？屈突通帶著隊伍已經接應上來了。

雙方一通亂戰之後，最後一盤點，王世充軍被斬一千，被俘六千，想沾便宜的斬首行動最後一算帳：淨虧損七千。

時間一直在前行，洛陽的戰局也一直在僵持之中，時間到了十月十五日，這一次到了羅士信的表演時間。

別看羅士信打仗非常猛，這個人卻是粗中有細的人，面對一個難以攻克的城堡，羅粗人也玩了一把細活。

當時羅士信已經攻下硤石堡，順勢包圍了千金堡，不過千金堡可沒有硤石堡好攻，千金堡上的守軍更是指著羅士信大罵，這讓羅士信心裡非常不爽。然而在心中不爽的同時，羅士信卻在心中醞釀出一條奇計，只要這條奇計一出，千金堡或許就成了千金包！

當夜，千金堡城下來了一百多人，這些人還帶著數十個嬰兒，一看就是拖家帶口逃難的，這些人到千金堡來做什麼呢？

守軍正詫異時，下面的人開口了：「我們是從東都逃難出來投奔羅將軍的，快開門啊！」聽了這句話，守軍一愣，這是唱的哪齣啊，沒聽說姓羅的佔領千金堡啊！

守軍正詫異的時候，下面的人互相招呼起來：「壞了，走錯了，這是千金堡啊，咱們走錯地方了，走，走，快去投羅將軍！」聽到這裡守軍明白了，鬧了半天姓羅的已經走了，要不這些逃難的老百姓怎麼能直接找到千金堡城下呢？

不行，不能放過那個老小子，追！打他個措手不及。

立功心切的守軍打開城門出城追擊，卻沒有想到他們已經落入了羅士信的圈套。

就在城外的路旁，羅士信紮下了口袋，城內守軍一出城就進入了羅士信的口袋，一頓痛打，羅士信進了城，嘴裡擠出兩個字：屠城！

原來逃難百姓認錯門那一齣是羅士信導演的，為的就是營造羅士信已經撤退的假象，結果真的騙過了守軍，不僅打開了城門，還進入了羅士信的口袋，真是兵不厭詐。

天平的砝碼——竇建德

時間走到了十一月，唐軍與王世充軍的戰爭還在相持，此時戰爭的天平開始出現了微妙的變化，因為這時候出現了一個重要的砝碼，這個砝碼如果投向唐軍，那麼唐軍必定勢如破竹，而如果這個砝碼投向王世充，那麼洛陽戰事勝負為未可知，這個砝碼是誰呢？夏王竇建德。

本來竇建德是不準備蹚這汪渾水的，他與唐朝有版圖糾纏，與王世充的關係也是時有摩擦，唐軍和王世充都不是他的朋友，從道義上來說他可以坐視不管。

然而當洛陽進入危局之後，王世充向竇建德派出了求救的使節，懇請竇建德發兵援救。世上從來沒有免費的午餐，竇建德憑什麼要救王世充呢？不救，誰死誰活該。

就在竇建德準備拒絕使節時，夏國中書侍郎劉彬站了出來，在他看來王世充不能不救，救援王世充其實不是為了王世充，而是為了夏國自身。

劉彬給竇建德一一分析了當前的危局，唐朝政府佔據了關西，王世充政府佔領著河南，而夏政府佔領著河北，三家形成三足鼎立的局面。現在唐軍以泰山壓頂之勢攻擊王世充，王世充節節敗退，如果再沒有外援，滅亡只是時間問題。如果王世充滅亡，下一個滅亡的一定是夏國，這就是最典型的唇亡齒寒。為今之計最好與王世充和解，聯手對付唐朝政府，王世充從正面進攻，竇建德從背後進攻，一定可以解王世充之圍。到那時再觀察形勢，如果有機會就順手把王世充滅了，然後整合兩家兵力攻打唐軍，進而一統天下，應當不難。

聽著劉彬打出的小算盤，竇建德不由得有些心動。是啊，趁火打劫，渾水摸魚，洛陽這盤棋得算我竇建德一份。

隨即竇建德派出使節同意王世充和解的要求，並鼓勵王世充：「兄弟頂住，哥哥我稍後就來！」而對於唐朝政府，竇建德也準備一手陰謀、一手陽謀，陰謀是暗自準備糧草伺機出兵，陽謀則是光明正大派遣使節前往李世民大營敦促唐朝政府撤軍，維持洛陽和平。

然而無論陰謀還是陽謀，在李世民那裡都沒有市場，李世民扣下竇建德的使節，既不撤軍也不和談，索性當竇建德是空氣，而對於王世充，照打不誤。

苦命的王世充

為了更好的打擊王世充，李世民可謂想盡了辦法，經過冥思苦想又琢磨出一個方法：組建特種騎兵部隊。

這支特種騎兵部隊總共一千多人，由李世民親自挑選，服裝整齊劃一，全部黑衣黑甲，一千多人分成左右兩隊，由四大猛將秦叔寶、程知節、尉遲敬德和翟長孫分別率領。

為了表達對這支騎兵部隊的喜愛，李世民也穿上了黑衣黑甲，從此這支騎兵部隊就成了李世民的金剛鑽，專門包攬各種疑難雜症。

這支隊伍實在太霸道了，再頑強的王世充軍見了這些人也頭疼，遇者必敗，擋者必死，這就是一群橫衝直撞的特種兵，哪裡有難哪裡有他。

行台僕射屈突通和贊皇公竇軌巡視各營時遭遇了王世充的伏擊，如果沒有救援，馬上就要被王世充執行「斬首計畫」了。然而就在這個關鍵的時刻，特種騎兵出現了，一頓猛打，王世充敗逃，鄭軍騎兵將領葛彥璋被活捉，斬殺及俘虜六千多人，王世充一算帳：又賠六千。

不打則已，一打就賠，苦命的王世充頻頻對上天發問：這苦日子有頭嗎？沒頭。

為什麼？好不容易運到洛陽的糧草又被劫了！

王世充的太子王玄應率軍從虎牢（河南省滎陽市汜水鎮西）辛辛苦苦運糧到洛陽，一行幾千人，路都走了一大半，滿心希望這批糧草能解洛陽的燃眉之急，然而臨近洛陽時意外又發生了，運糧軍進入了唐軍的伏擊圈。李世民早早安排李君羨埋伏在那裡，就等著運糧軍進入伏擊圈。費了半天勁的糧草還是白運了，太子王玄應僅逃出一命，運糧軍全軍覆沒，糧草又歸了李世民，連張白條都沒有。

劫了糧草的李世民又得到李淵傳來的口諭：「城破之日，除皇家車轎、圖書檔案以及隋朝遺留的公物外，城中男女百姓以及所有金銀財寶全歸攻城將士所有。」得，這就是給李世民全軍期權懸賞，只要攻破洛陽，全軍可為所欲為。

有了期權懸賞，李世民下令全軍進逼，西元六二一年二月十三日，李世民率軍進抵青城宮，此時王世充率全軍兩萬餘人從洛陽西方諸門出軍，沿故馬坊築牆挖壕，面對穀水對抗唐軍。這是餓瘋了的王世充軍出城的最後一戰，這一戰只許勝，不許敗，如果失敗就只能龜縮到洛陽城內等待竇建德的救援了，天知道竇建德什麼年月來呢？

看著餓瘋了的王世充軍，李世民知道硬仗來了，這一仗必須把王世充打趴下，如果打不趴王世充，那趴下的或許就是唐軍。從去年七月打到今年二月，已經過去了七個月，雙方都到了繃不住的時候。

這一次率先發起衝鋒的是屈突通，他率領五千人馬渡過穀水與王世充死磕，衝鋒前李世民與屈突通約定，一旦與王世充接上火馬上放狼煙示警。

遠處狼煙升起，李世民與他的特種騎兵部隊隨即吹響了進攻的號角，這是他一貫的做法，伺機二次衝鋒，力爭衝垮敵人的陣形。這一招李世民屢試不爽，不過這一次出了點小問題。

什麼問題呢？衝太猛，衝過頭了！

李世民本來想試探一下王世充軍陣勢的縱深，他率領精銳騎兵一路直衝，沒想到一衝出去就停不下來，居然衝過頭了，衝進了王世充軍的陣勢，橫穿而出。

衝過頭也不要緊，撥轉馬頭再回身殺進去，李世民光顧著廝殺，等戰事稍緩一回頭才發現，由於王世充軍築牆挖壕，李世民的騎兵被分割得七零八落，仔細一看一直緊跟他的居然只有將軍丘行恭一人。

此時王世充的數名騎兵已經殺到，在這個關鍵的時刻，李世民的馬居然被射死了，麻煩大了！

幸好還有丘行恭，丘行恭勒馬轉身張弓就射，每發必中，連射數人，王世充騎兵逼近的勢頭稍緩。趁著這個空隙，丘行恭跳下馬把馬讓給了李世民，而他自己手拿長刀，步戰迎敵，左殺右砍，然後再配上自己連聲大喝的聲音效果，連砍數人，兩個人突出了重圍與大軍會合。

李世民打得辛苦，王世充也很頑強，隊伍散了再聚，聚了再散，從早上七點一直打到了下午一點，實在頂不住了，王世充揮軍後撤，而不依不饒的李世民背後猛追，一直追到了洛陽城門下，順勢包圍了洛陽，戰後一算帳，俘虜及斬殺七千餘人，王世充又賠了。

王世充賠了，李世民就賺了。除了李世民，還有另外一個人也賺了，這個人就是驃騎將軍段志玄。

原本段志玄這一仗打得很窩囊，跟著李世民衝進了王世充軍的陣地，一路橫衝直撞，心中正爽的時候意外發生了。

什麼意外呢？坐騎跌倒了。

這一跌倒就麻煩了，王世充軍蜂擁而上，把段志玄抓了個正著，如果沒有意外發生，段志玄就得計入唐軍失蹤人口了。

不過段志玄這個人還是很機靈，被俘之後一直保持冷靜，兩個騎兵一邊騎馬，一邊抓著他的頭髮，一路順順利利的到了洛水邊。就在將要渡過洛水時，段志玄發威了，趁兩個騎兵稍一懈怠，段志玄腿一點高高躍起，一拳將一個騎兵打落馬下，緊接著又一個躍起，又一拳將另一個打落馬下，趁其他騎兵愣神的瞬間，他已經搶了一匹馬往唐軍大營飛奔，數百名王世充騎兵在後作勢追趕，但誰都知道別去惹這個人，這個人有點狠。數百騎兵眼睜睜看著段志玄跑回了唐軍大營。

段志玄逃過了一劫，一天後另外一個人也逃過了一劫，這個人是誰呢？不是別人，正是苦命的王世充。

二月十四日，不甘心當縮頭烏龜的王世充又整合殘餘部隊出洛陽右掖門面對洛水列陣，他準備跟李世民再來一次死磕。

死磕還沒有開始，王世充遭遇了一次險情，這次險情險些要了他的命。

製造險情的人叫王懷文，之前是唐朝政府的驃騎將軍，在執行一次偵察任務時被俘，王世充為了發揚以德服人的宗旨就把王懷文時刻帶在身邊以示恩寵。然而王懷文這個人比較認死理，既然效忠唐朝政府那就是一輩子。在王世充示好的同時，王懷文卻在醞釀一次絕密刺殺，為了這次刺殺他等了很久，這一天他終於等到了機會。

就在王世充來回指揮的時候，王懷文動手了，電光石火一瞬間舉起長矛向王世充猛刺過去，如果沒有意外發生，王世充恐怕就要報銷了。正當王懷文暗自竊喜的時候，意外發生了，長矛沒有刺穿王世充的身體，居然斷了刺不進去。

完了，砸了！

趁王世充左右親兵目瞪口呆的時候，王懷文調轉馬頭直奔唐軍大營，然而沒走多遠，還是被騎兵追上，王懷文沒有成功，只能成仁了。

這一仗草草收場，回城之後，王世充脫光了上衣，秀了秀自己的肌肉塊，然後將上身展示給文武百官看：「看看，王懷文用長矛刺我，卻一點都沒傷到我，這豈不是天意啊！」

觀看的文武百官一邊隨聲附和，一邊在心中疑惑，為什麼那麼粗的長矛都沒有傷著他呢？莫非真的有天意？

天意是沒有的，其實只是因為王世充有防彈衣。

原來王世充一直在衣服裡面穿著一件小號的精製鎧甲，由於做工比較精細，用料比較考究，這件鎧甲既輕巧又實用，實用程度直逼《射雕英雄傳》裡黃蓉穿的軟蝟甲。

就是這件軟蝟甲讓王世充有了吹牛的資本，其實說白了不過是障眼法，在展示上身肌肉之前他已經偷偷地脫掉了小鎧甲。

小鎧甲的伎倆可以贏得文武百官的暫時信任，然而要抵抗李世民的全面進攻卻太難了。

自從全面包圍洛陽以來，李世民四面圍攻，日夜不停，這一攻就是十幾天！城內的守軍睏得都睜不開眼，可是沒辦法，李世民壓根就沒準備讓他們睡覺。

儘管李世民進攻猛烈，不過在洛陽城下他還是遇到了很大的難題，因為洛陽城太難攻了。洛陽城守軍不僅垂死掙扎，更關鍵的是他們還有高端的守城裝備。

都有些什麼呢？長射程巨炮和連環大斧箭。

長射程巨炮每次可以發射五十斤巨石，射程二百步，諸位可以想像一下，一塊五十斤的石頭夾雜著動能和位能飛行二百餘步，然後狠狠地砸下去，這將是多麼恐怖的場面。

連環大斧箭是一種帶有連發功能的強弓，這弓像車輪一樣，可以一次連發八支箭，而每支箭的箭頭也很大，有多大？斧頭那麼大！這樣的弓能射多遠呢？不遠，五百步而已！總之這連環大斧箭一發，效果就跟重機槍一樣，一掃一大片。

在洛陽城下，唐軍就是跟這兩個大傢伙較勁，困難程度可想而知。

從去年七月打到今年二月底，戰爭已經進行了八個月，八個月已經讓唐軍士兵筋疲力竭，再加上每天頭頂上還有巨炮和連環大斧箭亂飛，攻城的唐軍已經打不動了。行軍總管劉弘基向李世民請命：「秦王，要不咱們先撤吧，回去緩一緩再打。」

撤軍？開什麼玩笑！洛陽已成孤城，勢不能長久，怎麼可能功敗垂成？李世民不跟劉弘基多言，只給全軍下令：「不攻下洛陽，永不回軍，膽敢提議班師者，斬！」

堵住了全軍的嘴，李世民又派出參謀軍事封德彝回去做李淵的工作，因為當時李淵也動了撤軍的念頭。李世民讓封德彝給老爹帶去了話，核心只有一點：「王世充這個病老虎已經快被打死了，如果這一次不一下打死，以後就更難了。」一聽了這話，李淵也不提撤軍了，再次下詔：「接著打，往死裡打！」

然而就算李世民想往死裡打，可一時半會要打死王世充又談何容易，人家就在城裡當縮頭烏龜，你能奈我何！

此時的王世充不出戰，不和談，李世民給他寫勸降信，他也不搭理，他全部的念想就寄託在夏王竇建德身上：「老竇啊，你什麼時候來救我呢！」

升級！竇建德參戰

或許上天注定要把竇建德裹脅進洛陽的混戰，就在王世充進入危局的同時，竇建德卻贏得了一場大勝，在周橋（山東定陶縣東南）竇建德生擒起義軍首領孟海公，盡獲其眾，盡略其地，竇建德勢力得到急速擴充。如果說以前的竇建德對唐軍還要退避三舍，那麼現在的竇建德已經可以跟唐軍掰一掰手腕了。

天欲取之，必先予之！

結束周橋戰事之後，竇建德集結孟海公、徐圓朗以及自己原有的所有部眾傾巢而出，救援洛陽。自此洛陽混戰由兩方升級為三方，而洛陽也成為三方共同糾纏的死結，誰能解開這個死結，誰就是天下真正的王者。

竇建德率軍一路勢如破竹，連克唐朝政府管制下的管州、滎陽、陽翟，水陸並進，沿黃河西進。與此同時，王世充的弟弟、徐州行台王世辯也派出部將郭士衡率軍數千人與竇建德會師，兩軍總計十餘萬人，對外號稱三十萬，竇建德順勢進駐成臯東原，在板渚興築宮殿。

意氣風發的竇建德不會想到，此時的他正處於一生輝煌的頂點，同時也正在逼近人生的終點，臨時駐地板渚距離他最後的敗亡之地只有咫尺之遙，不遠處就是虎牢關，那裡將埋葬竇建德一生的夢想。

從光榮到可笑，其實只有一步之遙。一千多年後的不世出英雄拿破崙如是說。

面對竇建德的咄咄相逼，李世民陣營亂成了一團，畢竟竇建德號稱三十萬大軍不是鬧著玩的，以一支唐軍對付王世充和竇建德兩家招架得住嗎？不如還是撤了吧！

眾將紛紛要求避開竇建德的鋒芒，而李世民的智囊郭孝恪卻不同意，他認為只要扼守武牢險要，伺機出擊，一定能把竇建德和王世充同時平定。

與郭孝恪持同樣觀點的還有記室薛收，此人是隋朝名臣薛道衡的兒子，他想得比郭孝恪更遠。在支持郭孝恪的同時，他又提出了分兵兩路，一路包圍王世充堅守不戰，一路由李世民親率精銳鞏固成臯，嚴陣以待竇建德。薛收這一策略非常有效，既困住了王世充，又防住了竇建德，更關鍵的是讓王世充與竇建德不能裡應外合，只能各自為戰。

然而對於郭孝恪和薛收的行兵用險，穩妥派蕭瑀、屈突通、封德彝還是不同意的，他們還是主張穩妥起見不如先撤兵，等敵人疲憊之後再說。

撤兵？敵人疲憊？一旦王世充與竇建德會師只會更強，豈會疲憊？李世民看著三個保守派，不由自主地搖了搖頭。

李世民曰：「世充糧盡，內外離心，我當不勞攻擊，坐收其敝。建德新破孟海公，將驕卒惰，吾當進據武牢，扼其襟要。賊若冒險與我爭鋒，破之必矣。如其不戰，旬日間世充當自潰。若不速進，賊入武牢，諸城新附，必不能守。二賊並力，將若之何？」

隨即李世民下令，將所部一分為二，齊王李元吉與屈突通一起繼續包圍東都洛陽，李世民則親率驍勇將士三千五百人向東直奔虎牢，目標竇建德。

登城眺望的王世充目睹了李世民的東去，卻不知道李世民的葫蘆裡究竟賣的什麼藥，已經瀕臨崩潰的他不會想到他正在眼睜睜地看著李世民祭出了一計「勝負手」，正是武牢這個關鍵的棋子，讓李世民抓住了洛陽之戰的勝機。

試探

三月二十五日，李世民進入武牢，此時他已經將地利牢牢地握在自己的手中。一天後，一生酷愛行兵用險的李世民決定給竇建德來一個下馬威，先給竇建德打一個埋伏。

然而打竇建德的埋伏，把竇建德的軍隊引進伏擊圈，這一切都需要有誘餌，到哪裡去找誘餌呢？其實真的要找也不難，李世民對著諸將拍拍自己的胸脯。哦，弄了半天，誘餌就是他自己！

這一天李世民率精銳騎兵五百人出武牢關東行二十餘里，沿途分別留下騎兵，由李世勣、程知節、秦叔寶分別率領，分派完畢，李世民率領剩餘的隊伍繼續前行。

其實剩餘的隊伍也不少，有多少人呢？四人。

不過這四人中有一個狠人，這個狠人就是尉遲敬德。有尉遲敬德在，李世民就把心安穩的放在肚子裡，他一邊走一邊拍著尉遲敬德的肩膀說：「我拿弓箭，你拿長矛，雖百萬敵，又能奈我何！」

李世民一行五人大搖大擺的來到距離竇建德大營三華里處，此時夏軍的偵察騎兵已經發現了他們，為了更好地暴露身分，李世民衝著這些人大喊了一嗓子：「我是秦王李世民。」

見過瘋的，沒見過這麼瘋的！

李世民喊了一嗓子之後，竇建德大營震動，五六千名騎兵排山倒海般出擊，盯著李世民全都眼睛發亮，「這是多大一投名狀！」李世民一看已經起到了打草驚蛇的效果，張弓一搭箭，嗖的一聲先射死一將，同時下令其他三名騎兵先走，他跟尉遲敬德慢慢悠悠在後面晃。

追兵追了上來，李世民不慌不忙的一箭、一箭，每發一箭必死一人，先後發出三箭，於是就有三個人見不到明天的太陽。

有了如此恐怖的表演，再不要命的騎兵也得慎重，騎兵們一路尾隨李世民進入到伏擊圈，在進入到伏擊圈之前，李世民已經射死數人，尉遲敬德更狠，碩大的長矛已經戳死了十幾個。

然而一切僅僅是開始，緊接著騎兵們遭遇了李世勣、程知節、秦叔寶的猛擊，這三大猛將出手，結果都是很慘烈的。也幸虧騎兵們有馬跑得快，跑回大營一盤點，淨虧損三百多人，勇將殷秋和石瓚還讓李世民抓了壯丁。

其實殺三百騎兵只是李世民敲山震虎的一塊敲門磚，為的就是先給竇建德一個下馬威，隨後李世民給竇建德寫了一封信，中心思想是勸竇建德別跟王世充聯盟了，聽我的話你就回家吧，不然有你後悔的。

當然李世民這封信與其說是和談，不如說是挑釁，為的就是挑動竇建德的肝火與他決戰，戰爭鬥的是兵器、鬥的是實力，同樣鬥的也是心理。

錯過

然而就鬥心理而言，竇建德確實不是李世民的對手，李世民不僅是個心理大師，同時也是一個耐得住寂寞的高手。

李世民坐鎮虎牢險要之地，既不急於決戰，也不輕易出擊，對付竇建德只有一個字：耗。在武牢之前，竇建德足足被擋了一個多月，不要說前進一步，連半步也沒有邁出去。而此時竇建德的軍中已經有了微妙的變化，在周橋孟海公基地發了戰爭財的將領們惦記著回家享受山珍海味，沒有人願意在武牢前吃李世民的閉門羹。

就在這個時候，李世民慣用的手法又上演了。什麼手法呢？破壞糧道。

四月三十日，破壞糧道的資深將領王君廓率領輕騎兵一千餘人抄掠竇建德的糧食補給線，順便還生擒了竇建德任命的大將軍張青特，這下又讓竇建德鬱悶了好半天。

此時擺在竇建德面前的只有兩條路，要麼撤軍回家，要麼繼續死磕。兩條路該選哪一條呢？

國子祭酒凌敬站了出來：「一條都不選！」

隨即凌敬獻出一策：「宜悉兵濟河，攻取懷州河陽，使重將居守。更率眾鳴鼓建旗，逾太行，入上黨，先聲後實，傳檄而定。漸趨壺口，稍駭蒲津，收河東之地，此策之上也。行此必有三利：

一則入無人之境，師有萬全；二則拓土得兵；三則鄭圍自解。」

凌敬這一策簡單說就是「聲東擊西、圍魏救趙」，以攻取河東之地逼迫長安，逼迫李世民不戰自退。這一策很賊、很要命，一旦實施洛陽之圍必解，畢竟從戰略意義而言，河東之地要遠大於洛陽，李淵絕不可能冒失去長安的危險。即使李淵不下令李世民回軍，那麼竇建德也可以趁勢佔據河東之地，屆時再與唐朝政府作戰，勝負的天平還未必向哪方傾斜。

然而正在竇建德心動之際，王世充派來求救的使節們開始上竄下跳了，在他們看來洛陽已經危在旦夕，凌敬的計策雖好，可是遠水解不了近渴。於是王世充的使節王琬、長孫安世天天在竇建德面前上演苦肉計，天天哭天天抹淚，而在私下又拿出錢來賄賂竇建德的部將，請他們務必阻止河東計策的實施。

思路決定出路，眼光決定前途，部將們的鼠目寸光最終還是害了竇建德，他們只看到了眼前的利益，卻沒有跟凌敬一起用深邃的眼光看到天下。

在這些人的一致忽悠下，凌敬遭到了前所未有的攻擊，「他一個書生，知道什麼是戰爭嗎？紙上談兵的玩意能聽嗎？」

歷史總是有驚人的相似，李密敗亡之前，魏徵的計策被認為老生常談，而竇建德敗亡之前，凌敬的計謀也被認為紙上談兵，所以說世間千里馬常有，而伯樂難尋。顯然竇建德就不是慧眼識馬的伯樂，這一次他錯過了奪取半壁江山的機會，這一錯，就是一生一世！

舉棋不定的竇建德聽從了部將的建議，反而將堅持己見的凌敬趕出了大營。

其實在趕走凌敬之後，竇建德還有補救的機會，這個機會來自他的髮妻曹皇后。

曹皇后與凌敬一樣，同樣主張竇建德出奇兵深入太行，而此時東突厥與唐朝摩擦已起，唐軍必定回軍自救，屆時洛陽之圍自解，而竇建德又可佔據河東之地。然而曹皇后的話竇建德也沒有聽進去，他把這些話當成了婦人之見，最後一次出奇兵的機會也被他錯過了，這樣固執，佛祖也沒有辦法了！

其實竇建德並不是不想西出奇兵，而是他一直在內心中要求自己遵守對王世充的承諾。在他看來，既然已經承諾救援王世充，那麼救人必須救到底，眼下撤軍西去就是畏懼敵人，不守信義，而信義二字對竇建德一生太重要了。

想想當年竇建德的起兵，其實也跟信義不無關係。他包庇孫安祖助其起兵是因為信義，他所在街道不被盜賊搶掠也是因為信義，他最終被地方官員猜忌私通盜匪也是因為結交廣泛、名聲在外。可以說信義是竇建德一生的信條，也是他人生夢想的助推器，他甚至把這兩個字看得比生命都重要。現在為了之前並不守信的王世充，竇建德卻還在心中不斷重複著信義兩個字。

性格決定命運，此言不虛。

下定了死磕的決心，竇建德開始尋找決戰的機會，很快他有了一個重大的發現：唐軍經常將戰馬拉到黃河以北放牧。

到黃河以北放牧意味著什麼呢？莫非意味著唐軍餵馬的草料已經吃光？很有可能。

竇建德自以為重大的發現，其實根本沒有什麼理由，此時的唐軍糧草依然充足，把戰馬放到黃河以北放牧完全只是隨意的行為，跟心情有關，跟草料無關。

然而竇建德卻就此開始醞釀與唐軍的決戰，這個消息很快傳到了李世民的耳朵裡，李世民當即下令，再送一千匹戰馬去黃河以北放牧。這就等於給竇建德急於決戰的心又加了一把火。

西元六二一年五月二日，竇建德全軍自板渚逼近牛口築營列陣，北到黃河，西到汜水，南到鵲山，連綿二十里，隨著戰鼓聲向前推進。

在激情的戰鼓聲中，竇建德心中激情澎湃，他等待這一天已經等待很久了，他要向李世民證明竇建德才是天下真正的王者。然而在激動之餘，竇建德突然想起了之前在軍中傳誦的一句童謠，童謠曰：「豆入牛口，勢不得久。」

童言無忌，本是牛吃豆的順口溜，此時卻讓竇建德有了一絲隱隱的擔憂，「豆入牛口」，我竇建德正在牛口築營作戰，莫非昭示此戰不利？不會的，不會的！

歷史，很多時候一語成讖！

伴隨著竇建德的鼓點，李世民率領眾將登上高岡眺望，看著竇建德的陣勢，李世民的腦海中飛速的閃現出「一鼓作氣再而衰三而竭」，對付竇建德恰恰用得上這三鼓之法。

李世民謂諸將曰：「賊起山東，未見大敵。今度險而囂，是無政令；逼城而陣，有輕我心。我按兵不出，彼乃氣衰，陣久卒饑，必將自退，追而擊之，無往不克。吾與公等約，必以午時後破之。」

要說竇建德也是個好事之人，大戰當前，他還沒有忘了先來一道開胃小菜。

竇建德派使節跟李世民說：「大戰在即，不妨先玩上一把小的，雙方各出數百人，先來場遊戲。」

李世民派出破壞糧道高手王君廓，率領長矛軍二百人與竇建德所部群挑，結果這一次群挑基本平分秋色，看來竇建德手下的兵也不是吃素的。

雙方群挑完，出現了一個小插曲。竇建德屬下的王琬騎著當年楊廣的青毛馬進入陣前，渾身上下從鎧甲到馬鮮明亮麗，明白人知道他是來打仗的，不明白的還以為他是來走馬步的。

看著青毛馬，李世民不經意說了一句：好馬啊！

說者無意，聽者有心，尉遲敬德一探頭：「殿下是看上這匹馬了？稍等片刻，我這就去搶過來。」李世民連忙擺手阻攔：「算了，算了，怎麼能因為一匹馬折損大將呢？」

儘管李世民一再阻攔，尉遲敬德就是跟那匹馬叫上勁了，喊上兩個騎兵將領，三個人一起就衝著王琬衝了過去。上去也不廢話，將王琬拽落馬下，生擒制服，拉住青毛馬韁繩，牽馬就走，如入無人之境。三國趙雲是百萬軍中取上將首級，尉遲敬德也不含糊，百萬軍中搶人家馬匹！

搶完了這匹馬，李世民下令將黃河以北放牧的馬牽回，不要再裝模作樣吃草了，回來幹活吧！

此時竇建德的軍隊已經疲憊不堪了，從早上七點一直列陣站到了下午一點，士兵們又累又餓又渴，紛紛坐在地上休息，有的則在四處搶水，躁動跡象非常明顯。李世民交給宇文士及三百騎兵命令從竇建德陣地西端向南狂奔，如果對方紋絲不動馬上回軍，如果對方有騷動就地攻擊。

其實這就是試驗竇建德的陣形，如果紋絲不動，那就說明軍心尚穩，上下一心，如果騷動不已，那就意味著底氣已失，瀕臨崩潰。

宇文士及的三百騎兵一出，竇建德軍開始騷動，原本整齊的陣形開始慌亂變形，李世民知道總攻的時間到了。此時正巧黃河以北放牧的戰馬已經全部趕到，總攻就此開始。

李世民一如既往，親率騎兵衝殺在前，蹚過汜水，向東直擊夏軍大營，此時的竇建德在做什麼呢？居然在開會。

早不開會，晚不開會，偏偏在人家的眼皮底下開會，這是開的哪門子倒楣會呢？

唐軍突然出現，文武百官慌作一團，紛紛往竇建德身邊跑，可能是考慮到領導身邊安全。竇建德準備下令騎兵出擊，可文武百官擠到竇建德身邊擋住他的去路，指令一時竟無法傳出。等到竇建德強令文武百官清場退出的時候，大批唐軍已經殺進來了，竇建德的大營已經待不住了，只能向東坡撤退。

唐軍眾軍合戰，囂塵四起。李世民率阿史那史大奈、程知節、秦叔寶、宇文歆等捲起旗幟殺入夏軍陣地，從陣後突出，然後展開唐軍大旗。夏軍將士一看瞬間崩潰。沒辦法，冷兵器時代的戰爭打的就是心理戰，對手大旗高高飄揚，那就意味著己方分崩離析、一敗塗地。

唐軍順勢追奔三十里，斬首三千餘，虜其眾五萬，竇建德亂軍中被長矛刺中，一路逃到了牛口渚，完了，又有牛！（豆入牛口）

竇建德在前面跑，唐車騎將軍白士讓、楊武威在後緊追，眼看追不上時意外又發生了，竇建德的戰馬絆倒，竇建德從馬背上摔了下來。白士讓見狀舉矛就刺，這時竇建德開口了：「不要殺我，我是夏王，可以讓你富貴。」

聞聽此言，白士讓與楊武威相視一笑，發財了，發大財了！兩人捆起竇建德，一溜煙的來見李世民。

這是李世民與竇建德的第一次會面，原本應該英雄相惜，只可惜此時勝負已分，高低立見。李世民數之曰：「我以干戈問罪，本在王世充，得失存亡，不預汝事，何故越境，犯我兵鋒？」

竇建德股慄而言曰：「今若不來，恐勞遠取。」

事已至此，怪無可怪，要怪只能怪竇建德那場拉風的表演秀。竇建德賭上了全部的家當，夢想贏取王者天下，而現實卻是一敗塗地，兩手空空。

俘虜了竇建德，夏國也就算到頭了，此時的王世充還在洛陽城裡盼星星、盼月亮，苦盼著竇建德來救援。然而等到竇建德真的來到洛陽城下時，王世充卻徹底絕望了！

竇建德是來了，不過是坐囚車來的。

與竇建德一起的還有王琬、長孫安世、郭士衡，這些人都是李世民拉著來現身說法的。竇建德與王世充遙遙相對，寥寥數語，唯有淚千行！李世民釋放了長孫安世等人，交給他們一個特殊任務，進洛陽城給王世充講述戰爭小故事。

聽著長孫安世等人的講述，王世充唯有唏噓，隨即召集軍事會議，商議突圍，南下襄陽。

然而到了這個時候，人心已經渙散，唯一的外援竇建德也成了俘虜，即便殺出重圍又能怎麼樣呢？又能有何作為呢？

看著眾將不斷搖頭，王世充明白自己的時代過去了，為今之計，只有投降一條路，至於能不能活命就要看李世民的心情了。

西元六二一年五月九日，王世充宣布投降，一身白衣白服帶領太子王玄應以及文武百官兩千餘人前往唐軍大營投降，而聞聽消息的李世民早已等在門口以禮相迎，他早就料到有這麼一天，卻沒有想到這一天會來得如此艱難。

投降的王世充趴在地上，一身是汗，往日的神氣早已消失殆盡，此時的王世充就是一條苟延殘喘的賴狗。李世民揶揄他說：「你一直把我當成小孩，今天見了小孩，怎麼如此恭敬呢？」聞聽此言，王世充大氣不敢出，索性裝聾作啞，拼命磕頭。

接受了王世充的投降，李世民整飭各軍進入洛陽，此時的洛陽早已物是人非，民生凋敝，李世民得到的洛陽早已不是昔日的洛陽，而只是一個空殼。

戰爭有勝負，但從來沒有真正的贏家。

封存倉庫，收集金銀綢緞，賞賜全軍，洛陽之戰就此結束，洛陽重建從此開始。中國的歷史就是這樣，無數次興建、無數次毀壞，要麼原地轉圈，要麼無數次輪迴，多少名城、古蹟都湮沒在王朝興替的歷史中。

洛陽尾聲

成王敗寇，王朝興替，現在笑的是唐朝政府的官員，哭的卻是王世充委任的文武百官，挑出能用的，踢走罪孽不大的，剩下十幾個就是不殺不足以平民憤的。

這些人中有幾個人不得不提，首先第一個是棒槌段達，這個棒槌在楊侗和王世充之間投機，又在五貴和王世充之間左右搖擺，搖擺到最後還是逃不過那致命的一刀。他的悲劇告訴我們，是棒槌就別出來丟人現眼了。

第二個是薛德音，他死得其實有點冤，要怪只能怪他的職業不好，什麼職業呢？王世充的槍手。王世充詬罵李淵的詔書都是他寫的，結果罵李淵罵得太過分就招致了殺身之禍。這一點李淵就沒有曹操的肚量大了，曹操抓住當年寫檄文罵自己的陳琳之後責怪他罵自己太狠，陳琳回了一句「箭在弦上，不得不發。」曹操呵呵一笑，就當沒這回事，一笑了之！

第三個需要提的這個人也是因為職業問題招致殺身之禍，這個人叫崔弘丹。他是什麼職業呢？工程師。專門製造弓箭的，斧頭大小的箭就是他製造的。連環大斧箭給唐朝太多痛苦的回憶，不殺不足以洩憤。

第四個要提的也是一個重要人物，這個人名頭甚響，這個人就是瓦崗軍老資格將領單雄信。單雄信、李世勣、王伯當這些人原來都是翟讓的左膀右臂，只可惜三個人走出了不同的人生軌跡。單雄信關鍵時刻不聽命於李密，投降王世充又走到了窮途末路；王伯當對李密生死不棄，最終遭遇伏擊與李密死在一起；唯有李世勣又是挨刀（**挨李密親兵一刀**），又是投降（**短暫投降竇建德**），結果卻在唐朝三任皇帝手下當官當得風生水起，最後還奮鬥成唐太宗的顧命大臣。他們三個人的人生軌跡驗證了一個道理：性格決定命運。

在單雄信臨刑之前，李世勣也算盡到了兄弟情誼，三番五次向李世民推薦單雄信，然而李世民似乎還在忌恨當年戰場上那差點奪命的一刺。李世勣又似乎用自己的官爵換單雄信一命，也沒有得到李世民的認可，最後沒有辦法，李世勣就幹出了一件驚世駭俗的事。

什麼事呢？他割下了自己腿上的一塊肉。

李世勣割下肉後放在水裡煮熟，在刑場上把這塊肉餵給了單雄信：「使我身上的肉隨同你化為塵土，勉強算不辜負從前誓言。」

這就是李世勣，一個圓滑又不失忠義的將軍，觀者無不佩服其信義，而李淵父子也看重他對舊主以及朋友的情誼，就憑這一點再加他的軍事才能，在唐高祖、唐太宗、唐高宗三朝李世勣風生水起，屹立不倒。

說完了前四個，該說說第五個了，第五個人叫朱粲，原本也是起義軍首領，後來輾轉歸順了王世充，這次也被列入了處斬的行列。

說起朱粲這個人吧，準確的說不能把他稱為人，因為這個人根本沒有人性。

這個人早年間在漢水、淮河一帶劫掠，飄忽不定，吃糧食從來都是吃了吐。別人佔領縣城之後一般都是糧食吃光了再走。他不，吃兩天新鮮勁過去了就走，臨走一看糧食，吐出幾個字：「燒了吧！」

由於沒有糧食儲備，他的隊伍經常斷糧，屬下每次一彙報，他就一瞪眼：「慌什麼，那不還有人嘛！只要有人，就餓不著。」一般人都是用來生產創造價值的，對朱粲而言人是用來吃的。

最慘的要屬隋朝著作佐郎陸從典、通事舍人顏溍楚，原本這兩個人是作為高級幕僚被召到朱粲軍中的，開始還作為貴賓款待。後來人們意外地發現這兩個人舉家消失了，怎麼沒打個招呼就走了呢？其實他們並沒有走，只不過已經被朱粲吃了！

有了這些斑斑劣跡，朱粲這個人渣自然要遭到多數人的痛恨，不過在被斬首之後，朱粲的待遇是最好的，好得讓人羨慕。

為什麼呢？因為他在瞬間就有了一座墳。

朱粲被斬首之後，知識份子和平民覺得還不解氣，大家一起拿著石頭和磚頭往屍體上扔，經過大家的不懈努力，一轉眼的工夫就壘成了一個碩大的墳頭。遠遠的有人不明就裡，還在嘖嘖讚歎：「這麼快就入土為安了，真是積德啊！」

處理完罪大惡極的十幾人，李世民著手班師，西元六一七年七月九日，李世民率凱旋大軍返抵首都長安。李世民親披黃金甲，身後鐵馬一萬騎，甲士三萬人，前後部鼓吹，俘二偽主王世充、竇建德及隋氏器物輦輅獻於太廟。高祖大悅，行飲至禮以享焉。高祖以自古舊官不稱殊功，乃別表徽號，用旌勳德，手詔曰：「隋氏分崩，崤函隔絕。兩雄合勢，一朝清蕩。兵既克捷，更無死傷。無愧為臣，不憂其父，並汝功也。」

李世民功成名就，而竇建德卻入地無門，儘管向唐朝表示了自己的誠意，然而「豆入牛口」的結局卻無法改變。

竇建德落敗之後，其妻曹氏及其左僕射齊善行率領數百騎遁於洺州。餘黨欲立建德養子為主，齊善行曰：「夏王平定河朔，士馬精強，一朝被擒如此，豈非天命有所歸也？不如委心請命，無為塗炭生人。」遂以府庫財物悉分士卒，各令散去，綢緞數十萬段堆到萬春宮東街，分給將士，三天三夜發放完畢，所有餘部遣散一空。隨即齊善行與竇建德的右僕射裴矩、行台曹旦及竇建德妻曹氏率偽官屬，舉山東之地，奉傳國等八璽來降。

即便如此，也沒能挽救竇建德的性命，儘管耳聞竇建德的聲名，李淵卻不準備放竇建德一條生路。在他看來此人英雄了得，餘威尚在，不殺不足以平河北之地。

七月十一日，竇建德被公開斬首，隋末英雄竇建德的輝煌就此終結！

然而這一次李淵想錯了，一個人如果餘威尚存，那麼僅憑斬首是斬不盡餘威的，恰恰相反，斬不斷，理還亂。

有的人雖生，但已經威風掃地，比如王世充。

有的人雖死，卻餘威尚存，經久不息，綿綿不絕，比如竇建德。

也是在七月十一日，王世充卻沒有被公開斬首，恰恰相反，他被下詔赦免了。

這又是為什麼呢？

《舊唐書》是這樣記載的：

秦王以世充至長安，高祖數其罪，世充對曰：「計臣之罪，誠不容誅，但陛下愛子秦王許臣不死。」高祖乃釋之。

原來根子還是出在李世民身上，究其根本原因，王世充日薄西山，竇建德餘威尚在，因此就有了「王世充赦免，竇建德伏誅」的結局，不是王世充不該殺、不能殺，而是這個人實在已經沒能力作亂了，殺他還不夠費勁的。

然而冥冥中自有天意，就在王世充慶祝劫後餘生的同時，有幾雙仇恨的眼睛正在對王世充虎視眈眈，這些人等這一天也已經等待很久了。

都是些什麼人呢？事情還得從西元六一九年正月二日說起，當時王世充已經掌握東都朝政，篡權之意昭然若揭。馬軍總管獨孤武都等人就醞釀秘密接應李淵軍隊入東都屠滅王世充，然而事情不幸洩露，獨孤武都等人被王世充全部斬首，這其中有一人是獨孤武都的堂弟，司隸大夫獨孤機。

從那時起獨孤機的兒子獨孤修德就把「王世充」這三個字刻在了心裡，從此與王世充不共戴天。王世充被押往長安，獨孤修德原本準備在刑場上給王世充蓋一座大墳，結果只等來了竇建德，始終沒有等來王世充，後來一打聽才知道原來王世充已經被赦免了。

難道就這麼放過王世充？絕不！

機會總是提供給有準備的人，已起殺意的獨孤修德還是等到了機會。

本來李淵將王世充全族流放蜀地，由於負責押解的差役還沒有齊集，所以就暫時將王世充一家拘押在雍州廨舍，這下就給了獨孤修德復仇的機會。

此時的獨孤修德已經是定州州長，私下報仇可是要被免官的，然而跟殺父的血海深仇相比，官位又算得了什麼。獨孤修德穿著官服帶著自己的兄弟進入到雍州廨舍，聲稱奉李淵詔令召見王世充，王世充和哥哥王世惲急忙出迎，然而沒想到迎來的卻是獨孤修德兄弟復仇的刀。

一代梟雄王世充沒有死於大風大浪，沒有死於唐朝政府的誅殺，卻死在獨孤修德復仇的刀下。

總之一句話，出來混，遲早要還的！

私自報仇的獨孤修德得到了李淵的寬恕，僅僅免去了獨孤修德的官爵。

至於王世充的兄弟與兒子的命運，《舊唐書》裡只有一句話：「子玄應及兄世偉等在路謀叛，伏誅。」

竇建德死了，王世充也被人復了仇，先前的三大主角只剩下李世民一個人。

現在的李世民扶搖直上、蓋世無雙，就連太子建成也黯淡無光了。

不久李世民加號天策上將、陝東道大行台，位在王公上；增邑二萬戶，通前三萬戶；賜金輅一乘，袞冕之服，玉璧一雙，黃金六千斤，前後部鼓吹及九部之樂，班劍四十人。七月十八日，賞賜秦王李世民、齊王李元吉鑄錢爐三爐（三台國家承認的印鈔機），想鑄多少錢，秦王，您隨意。

於時海內漸平，李世民乃銳意經籍，開文學館以待四方之士。行台司勳郎中杜如晦等十有八人為學士，每更直閣下，降以溫顏，與之討論經義，或夜分而罷。

一個人到了這個地步，心裡沒有想法那是不正常的，李世民不是一般人，他的想法比一般人更多。金錢無數，美女成群，官職還差兩級就到盡頭，一級是太子儲君，一級是皇帝，已經沒有其他追求的李世民還會追求什麼呢？地球人都知道。

也正是從這時起，太子建成、秦王李世民、齊王李元吉，三個皇子開始成為歷史的主角，從這時開始到武德九年六月四日，兄弟三人的明爭暗鬥持續了整整五年。

這是一場三選一的殘酷遊戲，一旦開始，就不會輕言結束。

也就是在西元六二一年七月，一個名叫劉黑闥的小角色又舉起了叛亂的大旗，正是這個小角色的叛亂，讓李氏三兄弟徹底地糾纏在一起！

（請看下部《貞觀長歌》）

唐史並不如煙. 壹, 大唐開國 / 曲昌春著. -- 一版.-- 臺北市：大地, 2018.06
面：　公分. --（History：103）

ISBN 978-986-402-285-4（平裝）

1. 唐史　2. 通俗史話

624.1　　107008006

唐史並不如煙(壹)大唐開國

HISTORY 103

作　　者	曲昌春
發 行 人	吳錫清
主　　編	陳玟玟
出 版 者	大地出版社
社　　址	114台北市內湖區瑞光路358巷38弄36號4樓之2
劃撥帳號	50031946（戶名：大地出版社有限公司）
電　　話	02-26277749
傳　　眞	02-26270895
E - mail	vastplai@ms45.hinet.net
網　　址	www.vastplain.com.tw
美術設計	普林特斯資訊股份有限公司
印 刷 者	普林特斯資訊股份有限公司
一版一刷	2018年6月

大地

定　　價：320元